Städtische Transformationsprozesse

Verlag der
Fachhochschule
Potsdam

Städtische Transformationsprozesse

Michael Prytula & Tobias Schröder (Hrsg.)

Studentische Forschung

Urbane Zukunft

IMPRESSUM

Bibliografische Information der Deutschen Nationalbibliothek:
Die Deutsche Nationalbibliothek verzeichnet diese Publikation in der Deutschen Nationalbibliografie; detaillierte bibliografische Daten sind im Internet über http://dnb.d-nb.de abrufbar.

Dieses Buch ist auch als freie Onlineversion über die Homepage des Verlags sowie über den OPUS-Publikationsserver der Fachhochschule Potsdam verfügbar.
http://nbn-resolving.de/urn/resolver.pl?urn:nbn:de:kobv:525-20805

Michael Prytula & Tobias Schröder (Hrsg.)
Städtische Transformationsprozesse
Studentische Forschung *Urbane Zukunft 1*

Die Reihe „Studentische Forschung *Urbane Zukunft*" wird herausgegeben von:
Prof. Dr. Marian Dörk
Prof. Dr. Michael Prytula
Prof. Dr. Tobias Schröder
Institut für angewandte Forschung Urbane Zukunft (IaF) an der FH Potsdam

Verlag der Fachhochschule Potsdam
www.fh-potsdam.de/verlag

ISBN 978-3-934329-94-2 (Druckausgabe)
URN urn:nbn:de:kobv:525-20805 (elektronische Ausgabe)

Layout und Satz: Selim Guelbas
Herstellung und Vertrieb: tredition GmbH, Hamburg
Gesetzt in der FHP Sun

AUTOR*INNEN

Janik **Fechner**

Felix **Grünziger**

Selim **Guelbas**

Clara **Guigas**

Sebastian **Gütte**

Nicole **Hengesbach**

Tobias **Kauer**

Sarah **Krebs**

Nicolas **Kreft**

Judith **Lenz**

Katharina **Mayer**

Nadine **Neidel**

Mohamed **Saleh**

Michael **Schmidt**

Sonja **Spital**

Julia **Ullrich**

Marius **Wittmann**

Kyra **Wohlgemuth**

Alexander **Yacine**

Carol **Yousseu**

Julie **Zwoch**

Caroline **Zygmunt**

INHALT

VORWORT

Bevölkerungswachstum, Demografischer Wandel, Digitalisierung, Klimawandel - globale Trends, welche die Welt rasant verändern. Und mit ihr ihre Städte und Kommunen. Überall in urbanen Räumen lassen sich Veränderungen beobachten. Es entstehen neue Wege der Kommunikation, neue Arbeits- und Wohnformen, neue Mobilitäts- und Energiekonzepte - und gleichzeitig verändern sich die Bedürfnisse der Menschen. Damit einhergehend entstehen neue, komplexe Organisationsformen der Gesellschaft. Diese Entwicklungen können nicht losgelöst voneinander betrachtet werden, da sie einander beeinflussen und weitreichende urbane Transformationsprozesse auslösen.

Der Masterstudiengang Urbane Zukunft der Fachhochschule Potsdam hat die Untersuchung dieser Prozesse zum Hauptgegenstand seines Interesses.

Ziel unseres Studiengangs ist es, Kompetenzen für die Erforschung, die Gestaltung und das Management solcher Prozesse zu vermitteln. Bei der Transformation urbaner Räume zu nachhaltigen Strukturen gilt es soziale, ökonomische und ökologische Herausforderungen zu bewältigen. Hierfür sind unterschiedliche fachliche Disziplinen und Kompetenzen gefragt. Die interdisziplinäre Zusammensetzung der Studierenden ermöglicht eine diverse und ganzheitliche Herangehensweise an das Thema.

Nachdem das erste Semester im Winter 2016/17 darauf ausgerichtet war, verschiedene Forschungsmethoden für die Untersuchung städtischer Räume zu erlernen, lag der Fokus im Sommersemester 2017 auf der Anwendung dieser Methoden in eigenen praxisbezogenen Forschungsprojekten. Dem an der Fachhochschule Potsdam verbreiteten Leitbild des Forschenden Lernens und Lehrens folgend, stellt der inter- und transdisziplinäre Projektkurs das Kernstück des Curriculums des neuen Studiengangs dar. Im Rahmen des Kurses wurden sechs studentischen Arbeitsgruppen gebildet, die unterschiedliche Fragestellungen untersucht und hierfür überwiegend leitfadengestützte Expert*inneninterviews eingesetzt haben, zum Teil ergänzt durch weitere Methoden der Stadt- und Zukunftsforschung.

Das erste Thema behandelt **Städtische Transformationsprozesse in Theorie und Praxis.** Fokus der Untersuchung war es, am Beispiel der Landeshauptstadt Potsdam herauszufinden, welche Akteur*innen in urbanen Transformationsprozessen relevant sind, wie diese Prozesse je nach Perspektive (Wissenschaft oder städtische/r Akteur*in) definiert werden und inwiefern globale Trends, wie zum Beispiel die Digitalisierung, konstituierende Bestandteile lokaler Veränderungsprozesse sind.

Das zweite Thema stellt die Frage nach dem Erfordernis einer **Digitalen Daseinsvorsorge.** Sollten digitale Angebote – analog zu kommunalen Dienstleistungen wie Bildung, Energie- oder Wasserversorgung – zukünftig als Teil einer öffentlichen Daseinsvorsorge verstanden und gemeinwohlorientiert entwickelt werden?

Das dritte Thema **Arbeit 4.0 und New Work** untersucht, wie im Zuge der digitalen Transformation, neue Organisationsmodelle genutzt werden können, um städtische Verwaltungsprozesse und die Kommunikation zwischen Bürger*innen und Stadtverwaltung zu optimieren. Können neue, agile Kommunikations- und Entscheidungsprozesse, wie sie unter dem Begriff „New Work" diskutiert werden, Eingang in städtische Verwaltungen finden und gesellschaftliche Selbstorganisation fördern?

Im vierten Thema **Shared Spaces** wurden gemischte Nutzungen von Wohnen, Arbeiten und Kultur anhand von vier Fallstudien untersucht, die sich an unterschiedlichen Organisationsformen des „sharing paradigma" orientieren. Die zentrale Frage war, wie sich Shared Spaces in urbanen Räumen auf die drei Dimensionen der Nachhaltigkeit (Ökologie, Ökonomie und Soziales) auswirken und welche Rolle die Motivation der Akteure dabei spielten.

Die fünfte Gruppe untersuchte die Nachhaltigkeitspotenziale kritischer Lebensereignisse: Wie können konkrete Veränderungen von Lebensumständen, wie z.B. Familiengründung, Trennung oder Übergang in den Altersruhestand als Chance genutzt werden, gezielt **Verhaltensveränderung zu Gunsten der Umwelt** herbeizuführen? Es wurden Szenarien zu den Bereichen Ernährung, Wohnen, Mobilität erstellt und anhand der Ergebnisse Handlungsempfehlungen für Haushalte und die Stadtverwaltung erarbeitet, die dem Ausbau einer ökologischen Nachhaltigkeit und dem Klimaschutz dienen.

Die letzte Untersuchung hatte die **Attraktivität von Städten** zum Thema. Welche architektonischen und städtebaulichen Merkmale muss ein Wohnquartier unter dem Leitbild „schöne Stadt" erfüllen, um als attraktiv zu gelten? Wie lassen sich die Bedürfnisse von Menschen nach lebenswertem Wohnraum mit den baulichen Herausforderungen wachsender Städte vereinbaren und wie können diese Kriterien besser in den Planungsprozess integriert werden?

Alle Arbeiten, so unterschiedlich ihre thematischen Schwerpunkte sind, zeigen, wie sich im Hochschulalltag oft als selbstverständlich hingenommene Grenzen überwinden lassen. Dazu gehören Grenzen zwischen wissenschaftlichen Disziplinen: Keine der heute drängenden Herausforderungen an die nachhaltige Entwicklung von Städten lässt sich alleine aus einem Blickwinkel lösen. Dazu gehört ebenso die Grenze zwischen Forschung und Lehre: Wissensgenerierung und Wissensvermittlung schließen sich nicht aus, sondern können auch gut 200 Jahre nach den Humboldtschen Bildungsreformen, im angeblich verschulten Bologna-System, noch als zwei Seiten derselben Medaille behandelt werden. Und schließlich zeigen die studentischen Arbeiten, dass auch die Grenze zwischen Akademie und Praxis höchst durchlässig ist: Das vertiefte Nachdenken und Lernen lohnt sich besonders, wo es zur Lösung bedeutungsvoller Probleme in der Praxis beiträgt, und die Lösung bedeutungsvoller Probleme in der Praxis wird besser und nachhaltiger, wo sie nicht meint, auf vertieftes Nachdenken und Lernen verzichten zu können.

Wir sind stolz, als Lehrende wie als Studierende der ersten Stunde, mit diesem Band das erste „bleibende Ergebnis" des brandneuen Masterstudiengangs Urbane Zukunft vorzulegen. Wir danken allen Expert*innen an der Mitwirkung zum Gelingen dieser Arbeiten. Ebenso danken wir allen Kolleg*innen an der Fachhochschule Potsdam, die uns bei der Entwicklung des Studiengangs im Allgemeinen und in der methodischen und didaktischen Bearbeitung des Projektkurses im Besonderen unterstützt haben, insbesondere Prof. Dr. Antje Michel und Prof. Dr. Harald A. Mieg.

Die Herausgeber*innen und die Autor*innen

STÄDTISCHE TRANSFORMATIONSPROZESSE IN THEORIE UND PRAXIS

Was sind Transformationsprozesse und welche Faktoren funktionieren als Motor im städtischen Transformationsprozess in Potsdam?

AUTOR*INNEN

Clara Guigas
Nicole Hengesbach
Julia Ullrich
Julie Zwoch

INTERVIEWPARTNER*INNEN

Janny Armbruster
Fraktionsvorsitzende, Bündnis 90/Die Grünen Potsdam

Matthias Finken
Fraktionsvorsitzender, CDU Potsdam

Dipl. Arch. & MSc Psych. Martina Guhl
Dozentin, Autorin und freie Architektin

Dieter Jetschmanegg
Fachbereichsleiter Kommunikation, Wirtschaft und Beteiligung in der Stadtverwaltung der Landeshauptstadt Potsdam

Dr. rer. Pol. Jens Libbe
Bereichsleiter und Wissenschaftlicher Mitarbeiter am Deutschen Institut für Urbanistik

Jörn-Michael Westphal
Geschäftsführer der ProPotsdam GmbH

1. TEIL

EINLEITUNG & STAND DER FORSCHUNG

Das große Thema der sozialen und gesellschaftlichen Umbrüche in Mittel- und Osteuropa um 1989/90, Leitbildentwicklungen von Städten und Kommunen, die Energiewende, Großbauprojekte und wachsende Städte - all das sind Themen und Entwicklungen, die aus der einen oder anderen Perspektive als Transformationsprozesse bezeichnet werden - oder auch gerade nicht (siehe Abbildung 1). Inwieweit können diese Prozesse wirklich als Transformationen bezeichnet werden und durch welche Indikatoren wird die Bezeichnung legitimiert? Wer legt diese Indikatoren fest und wie lassen sich entscheidende Faktoren identifizieren? Welche Rolle spielen unterschiedliche Akteur*innen wie Regierungen, Kommunen und Bürger*innen? Bedarf es einer Initiierung oder gar einer Steuerung? Oder geht es bei Transformation gerade um das Nicht-Steuerbare?

Bei der Beantwortung dieser Fragen und der Definitionsversuche eines so komplexen wie wichtigen Themas, stehen wir noch am Anfang. Kerstin Walz unterstreicht in ihrer Veröffentlichung „Entwicklung und Stand der Debatte: Transformationsforschung im deutschen Kontext" den bisher sehr jungen Stand der Definition von Transformation im Gegensatz zur gefestigteren Bedeutung vom Konzept der nachhaltigen Entwicklung (vgl. Walz, 2016, S. 3).

Transformation
Potsdam
Stadt
Prozess
Bürger
Urban
Digitalisierung
Beteiligung
Berlin
Governance
Zukunft
Veränderung
Interdisziplinär
Brandenburg

Abbildung 1: Schlagwörter und Themenbereiche des Forschungsprojekts
Eigene Darstellung basierend auf der quantitativen Häufigkeit von Aussagen der interviewten Personen

Rolf Reißig versucht sich in „Transformation – ein spezifischer Typ sozialen Wandels" aus dem Jahr 2014 an einer Charakterisierung der Transformationsdebatte und plädiert für eine weitere Schärfung des Begriffs Transformation. Neben der Ausweitung des Begriffs der ökologischen Transformation zu einer ganzheitlicheren Definition, wird in der Literatur auf die Notwendigkeit weiterer, vor allem praxisbezogener, Forschung eingegangen. In erster Linie wird thematisiert, dass es bei der praktischen Gestaltung von Transformationen an einem systematischen Vorgehen im Sinne von Governance-Steuerung fehlt (vgl. Grießhammer et al., 2015, S. 10 ff.; Walz, 2016, S. 9 ff.). Dies wird auch von Jens Aderhold et al. in dem Bericht „Soziale Innovationen und förderliche Governance-Formen im gesellschaftlichen Transformationsprozess" aus dem Jahr 2014 als eine Priorität der künftigen Forschung gesehen. So gilt es, „einen Transformationsansatz zu entwickeln, der konzeptionell, strategisch und methodisch Möglichkeiten bietet, gegenwärtige und künftige Entwicklungen angemessen zu erfassen sowie heterogene und teilweise auch widersprüchlich angelegte Perspektiven zu einer gesellschaftlichen Transformations-Governance zu bündeln, zu fokussieren und zu integrieren" (Aderhold et al., 2014, S. 112 f.). Damit wird auf die Komplexität des Themas hingedeutet und fundiert die diesem Bericht zugrundeliegende Vermutung, dass das Verständnis des Konzepts Transformation auf wissenschaftlicher Ebene sowie auch auf der Ebene der städtischen Praxis diffus ist und je nach Perspektive variieren kann.

Im Allgemeinen gewinnt das Thema im deutschsprachigen Raum zunehmend an Bedeutung und hat vor allem durch die Gutachten des „Wissenschaftlichen Beirats der Bundesregierung Globale Umweltveränderungen" (WBGU) aus dem Jahr 2011 „Welt im Wandel - Gesellschaftsvertrag für eine Große Transformation" und 2016 „Der Umzug der Menschheit: Die transformative Kraft der Städte" viel Aufmerksamkeit in den wissenschaftlichen Debatten erfahren. Diese Gutachten trugen auch dazu bei, das Konzept der Transformation - ursprünglich aus anderen Forschungsgebieten wie der sozial-ökologischen Forschung, Politikwissenschaften und Wirtschaftswissenschaften stammend (vgl. Engels, 2016, S. 8 ff.) - auf Städte zu übertragen.

„Das 21. Jahrhundert wird das Jahrhundert der Städte sein: Urbane Räume werden zur zentralen Organisationsform nahezu aller menschlichen Gesellschaften" (WBGU, 2016, S. 1). Zur Relevanz der Rolle von Städten und Kommunen betont Jens Libbe in seiner Dissertation „Transformation städtischer Infrastruktur - Perspektiven und Elemente eines kommunalen Transformationsmanagements am Beispiel Energie" aus dem Jahr 2014 die Verantwortung die den Kommunen bei der Transformation (der Energieversorgungssysteme) zukommt: „Aufgrund der mit der Transformation einhergehenden tendenziellen technischen Dezentralität von Versorgungssystemen kommt gerade den Kommunen eine besondere Bedeutung bei der Umsetzung der Transformation zu" (Libbe, 2014, S. 8; vgl. Walz, 2016, S. 19).

Es wird deutlich, dass Transformation ein bisher vages Konzept ist, die Forschung noch in den Kinderschuhen steckt und es eine Menge offener Fragen gibt. Mit Blick auf die Berufspraxis eröffnet sich unweigerlich die Frage, welche Bedürfnisse, Herausforderungen und Kompetenzen bezüglich städtischer Transformation gebraucht werden.

Um diese Lücke zwischen der wissenschaftlichen Welt und der städtischen Praxis zu füllen, vertritt die Berufsbezeichnung „Transformationsmanager*in" als Leitbild die Ziele der Ausbildung im Masterstudiengang Urbane Zukunft an der Fachhochschule Potsdam (vgl. Transforming Cities Nr. 3, 2016, S. 77).

Um dieses Berufsbild zu ergründen, erschien es sinnvoll, sich dem Thema der Transformationsprozesse in Städten möglichst nah an der Wurzel zu nähern. Da Potsdam nicht nur der Studienort der Urbanen Zukunft ist, sondern mit 167.000 Einwohner*innen (Tendenz steigend) und der nahen Lage zur Bundeshauptstadt eine besondere Rolle einnimmt, gleichzeitig aber auch stellvertretend für viele weitere kleinere Großstädte in Deutschland gesehen werden kann, werden in diesem Bericht Fragen über urbane Transformationsprozesse mit Bezug auf die Stadtentwicklung in Potsdam bearbeitet und beantwortet. Dazu kristallisierte sich die folgende übergreifende Forschungsfrage heraus, die in diesem Forschungsbericht beantwortet werden soll:

Was sind Transformationsprozesse und welche Faktoren funktionieren als Motor im städtischen Transformationsprozess in Potsdam?

Der Begriff des Motors stammt von dem lateinischen Wort motor und bedeutet Beweger. Bezeichnet wird damit neben dem Triebwerk eines Autos vor allem eine treibende Kraft, die etwas oder jemanden antreiben und bewegen kann (vgl. Duden, 2017). Der Bericht bedient sich an diesem Bild des Motors, um die zündenden Faktoren, pflegenden und steuernden Einflüsse und die verschiedenen Akteur*innen in städtischen Transformationsprozessen zu identifizieren und anschaulich darzustellen.

Der Vergleich von Theorie und Praxis ist hier von besonderem Interesse, da sich vermuten lässt, dass die Themen und Interessen in der städtischen Praxis anders verortet werden als sie beispielsweise in der wissenschaftlichen Literatur dargestellt werden. Dieses Forschungsprojekt soll daher einen Beitrag zu einer praxisorientierten Transformationsforschung leisten. Die vorliegende Forschung erörtert, inwiefern es Abweichungen im Verständnis und in der Abweichung des Transformationsbegriffs gibt. Die begriffliche Auseinandersetzung und die Analyse der Ergebnisse aus den Expert*inneninterviews bezieht sich explizit auf städtische Transformationsprozesse, auch wenn im Folgenden lediglich von „Transformation" die Rede ist.

2. TEIL

FORSCHUNGSMETHODIK

Es wurde ein qualitativer Forschungsansatz gewählt, da dieser den Anforderungen des Seminars und dem zugrundeliegenden Forschungsinteresse gerecht wird. Dieser beinhaltete zunächst eine fokussierte Literaturrecherche und -arbeit, daran anschließend die Aufstellung von Hypothesen und die Ausarbeitung eines Leitfadens für leitfadengestützte Expert*innen-Interviews. Das auf diese Weise gesammelte Datenmaterial wurde anhand einer qualitativen Inhaltsanalyse in Anlehnung an Mayring ausgewertet.

DIE EXPERT*INNEN-INTERVIEWS

Aufgrund des vergleichenden Charakters dieses Forschungsprojekts wurden sowohl themenrelevante Personen aus der städtischen Praxis Potsdams als auch aus der Wissenschaft kontaktiert. Die letztendlich interviewten Personen lassen sich somit in zwei Gruppen aufteilen. Die Interviewpartner*innen der Stadtpraxis wurden durch die Sichtweise eines kommunalen Unternehmens, der Stadtverwaltung und zwei Personen aus der Kommunalpolitik repräsentiert. Die interviewten Personen aus der Wissenschaft wurden aufgrund ihres erfahrungsgestützen Wissens über urbane Transformationsprozesse ausgewählt. Die städtische Praxis repräsentiert durch ihren Praxisbezug zu Transformationsprozessen in der gelebten Stadtpraxis Potsdams das Gegenstück in der komparativen Darstellung dieses Projekts.

Der Leitfaden für die Expert*innen-Interviews enthielt neben einfachen Einstiegsfragen vor allem Leitfragen zu den Oberthemen Definitionen, Charakteristika, Akteur*innen und Herausforderungen. Nicht alle Interviews gleichen sich in den einzelnen Fragen. Der Interviewleitfaden ist zwar inhaltlich nach Leitthemen vorstrukturiert und nach thematischen Blöcken geordnet (vgl. Przyborski, 2010, S. 144), allerdings wurde er im Gesprächsverlauf flexibel gehandhabt (vgl. ebd.)

TRANSKRIPTION

Die sechs geführten Expert*innen-Interviews, wovon eines aus organisatorischen Gründen per E-Mail erfolgte, wurden für die anschließende Analyse anhand eines vorab definierten Regelsystems transkribiert. Diese Arbeitsschritte werden in Abbildung 2 dargestellt. Um eine wirklichkeitsgetreue schriftliche Wiedergabe der Gespräche zu garantieren, wurden mehrere iterative Schleifen eingebaut. Diese Transkriptionen dienten anschließend als Grundlage für die Auswertung und die Analyse des gesammelten Datenmaterials. Im Verlauf der Auswertung wird aus den Transkripten mit Name der interviewten Person und Zeilenangabe zitiert. Für die Lesbarkeit wurden die umgangssprachlichen Teile der Zitate angepasst.

QUALITATIVE INHALTSANALYSE IN ANLEHNUNG AN MAYRING

Das Ziel der Inhaltsanalyse ist es, durch inhaltliche Abstraktion die wesentlichen Aspekte des Ausgangsmaterials abzubilden (vgl. Mayring, 2002, S. 115). Die qualitative Inhaltsanalyse ist eine etablierte Methode für Auswertungen in sozialwissenschaftlichen Disziplinen. Sie verbindet qualitative und quantitative Analyseschritte, in denen das Kategorisieren des Interviewmaterials als qualitativ gilt und das Hinzuziehen der Häufigkeit der Kategorien als quantitativ (vgl. Mayring 2010, S. 7, 199).

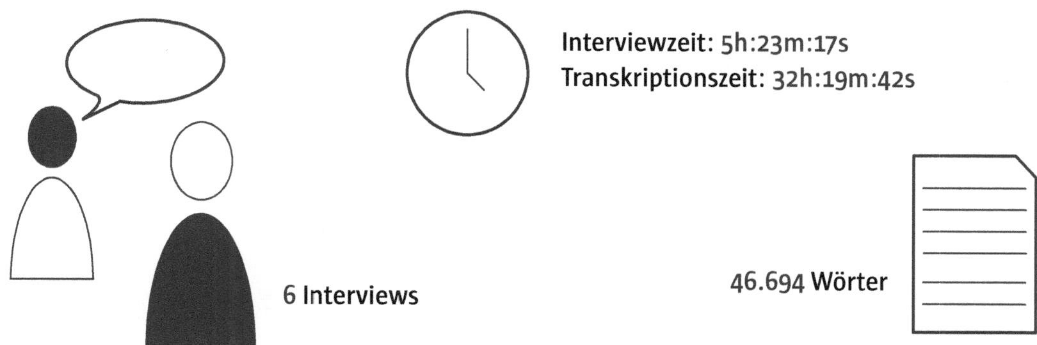

Abbildung 2: Forschungsprojekt in Wort- und Zeitumfang
Eigene Darstellung basierend auf dem Datenmaterial des Projektberichts

Ausgehend von der Theorie wurde ein definiertes Kategoriensystem abgeleitet, welches auch als Grundlage für die Ausarbeitung der Fragen für die Expert*innen-Interviews diente. Bei der Kategorienbildung wurde sowohl induktiv als auch deduktiv vorgegangen. Die deduktiven Kategorien wurden am gesammelten Datenmaterial angewandt. Da einige interessante Textstellen nicht in das System eingeordnet werden konnten, wurden weitere induktive Kategorien aus dem Text gebildet und festgehalten. Einige zuvor deduktiv erstellten Ober- und Unterkategorien wurden mit anderen, passenden Kategorien zusammengeführt. Des Weiteren bestand die Kategorisierung aus einer iterativen Überarbeitung, indem eine mehrmalige Kodierung erfolgte.

Daraufhin erfolgte die Strukturierung des Materials: Die gebildeten Kategorien wurden mit jeweiligen Ankerbeispielen aus den Interviews bzw. den Transkripten festgehalten und anschließend paraphrasiert zusammengefasst. Anhand dieser Zusammenfassungen konnten die jeweiligen Aussagen und Sichtweisen verglichen und im Hinblick auf die Forschungsfrage analysiert werden.

3. TEIL
ANALYSE DER INTERVIEWERGEBNISSE

Die Darstellung der Analyse orientiert sich am Aufbau der Forschungsfrage und gliedert sich daher in die beiden Abschnitte: 1. Was sind Transformationsprozesse? Und 2. Was sind Motoren im städtischen Transformationsprozess?

WAS SIND TRANSFORMATIONSPROZESSE?

Ziel des vorliegenden Kapitels ist die Annäherung an verschiedenen Definitionen des Transformationsbegriffs. Diese beruhen zu einem großen Teil auf dem Stand der Literatur und den Darstellungen der wissenschaftlichen Interviewpartner*innen, da die Ausführungen der Interviewpartner*innen aus der städtischen Praxis zu dieser Frage insgesamt knapper ausfielen.

DEFINITIONSVERSUCHE

In den Interviews besteht Einigkeit hinsichtlich der Einschätzung, dass es sich bei einem Transformationsprozess um einen Veränderungsprozess handelt. Die Stärke der Veränderung und die Komplexität des Prozesses variieren jedoch sehr in den Definitionen der interviewten Personen.

Wissenschafter*innen verstehen unter Transformation zumeist einen Bruch. Transformationsprozess kann als tiefe und radikale Veränderung der Gesellschaft verstanden werden, wodurch die Stadt neu ausgerichtet wird (vgl. Guhl, 2017, Z. 29 ff.; Libbe, Z. 61 ff.). Sie weisen daher auf eine tiefgreifende Strukturveränderung hin. Diese Definition stimmt mit dem allgemeinen Verständnis in der Literatur überein, indem auch hier der komplette Systemwechsel auf verschiedenen Ebenen betont wird (vgl. Grießhammer et al., 2015, S. 7; Walz, 2016, S. 8; WBGU, 2011, S. 1). Die interviewten Personen der städtischen Praxis betonen nicht diese Radikalität und definieren Transformationsprozesse eher als allgemeine Veränderungsprozesse (siehe Einsatz in der Praxis, S. 15).

Während es den Interviewten teilweise schwer fiel, die Charakteristika des städtischen Transformationsprozesses zu erläutern und die Antworten unterschiedlich ausfielen, gab es bei der Definitionsabgrenzung zur Wirtschaft schnelle und übereinstimmende Antworten. Transformation in der Wirtschaft ist demnach geprägt vom Markt, der Konkurrenz und hierarchischer Organisation. Dies bedeutet gleichzeitig, dass Entscheidungen schneller getroffen werden können und der Prozess strukturierter und effizienter gestaltet ist (vgl. Guhl, 2017, Z. 141 ff.; Libbe, 2017, Z. 202 ff.; Westphal, 2017).

Des Weiteren sprechen die Interviewpartner*innen aus der Wissenschaft von einem zeitlichen Aspekt im Transformationsprozess, indem es sich nicht um ein punktuelles Ereignis, sondern um einen laufenden Entwicklungsprozess handelt (vgl. Guhl, 2017, Z. 14; Libbe, 2017, Z. 81 ff.). Da ein Transformationsprozess nicht auf ein Ereignis zurückgeht, lässt sich auch der Anfang einer Transformation schwer erkennen.

Einhergehend mit dem Entstehen stellt sich die Frage, ob eine Transformation einen vordefinierten Endzustand hat. In der Literatur wird der Transformationsprozess als offene Suche beschrieben, dessen Endzustand vorher nicht zu bestimmen ist. Damit verfolgt er kein festgelegtes Ziel, sondern gestaltet sich stattdessen ergebnisoffen (vgl. Aderhold et al., 2014, S. 19; Walz, 2016, S. 13; WBGU, 2011, S. 23). Sowohl Anfang als auch Ende einer Transformation sind daher schwer zu erkennen. Dementsprechend widersprechen sich auch der offene Suchprozess und ein zielgerichtetes Steuerungsvorhaben (siehe Steuerungsfähigkeit von Transformationen, S. 14).

„(...) wo fängt die Transformation an, wo hört sie auf."

(Libbe, 2017, Z. 52 f.)

Trotz der Notwendigkeit einer Begriffsschärfung herrscht in der Literatur ein Konsens darüber, dass es sich bei einer Transformation neben der tiefgreifenden Veränderung auch um eine langfristige Veränderung auf allen Ebenen handelt (vgl. Aderhold et al., 2014, S. 19; Difu, 2017, S. 26; Grießhammer et al., 2015, S. 7; Reißig, 2014, S. 5; Walz, 2014, S. 14; WBGU, 2011, S. 5).

Diese zwei Eigenschaften einer Transformation, zeitlicher Aspekt und Anfang und Ende, werden von den interviewten Personen der städtischen Praxis nicht benannt. Sie erwähnen einen Veränderungsprozess, aber heben nicht den langfristigen Charakter dieses Prozesses hervor. Laut einer interviewten Person kann der Prozess unterschiedlicher Dauer sein, er kann „kurzfristig sein, kann aber auch ein Prozess sein, den man selbst anstößt, aber dessen Ende man selbst nicht erlebt" (Finken, 2017, Z. 214 f.).

Steuerungsfähigkeit von Transformationen

Die verschiedenen Ebenen und Interdependenzen weisen auf eine hohe Komplexität hin. Es müssen viele Dynamiken und Akteur*innen mit einbezogen werden, um ein möglichst ganzheitliches Bild dieses komplexen Systems zu gewinnen. Ohne weiter darauf einzugehen, dient in der Wissenschaft das Modell der Mehrebenen-**Governance** häufig dazu diese verschiedenen Ebenen der Transformationsprozesse zu analysieren (vgl. Grießhammer et al., 2015, S. 9). Dieses Prozessverständnis wird zunehmend in der Literatur beschrieben (vgl. Reißig, 2014, S. 5; Walz, 2016, S. 27). Ein wichtiger Aspekt ist die Steuerungsfähigkeit dieser komplexen Transformationsprozesse. Ein gemeinsamer Nenner vieler Definitionsversuche in der Literatur ist die mangelnde direkte Steuerbarkeit. Stattdessen ist die Rede von einer generellen Einflussnahme und Gestaltungsaufgabe (vgl. Difu, 2017, S. 26; Grießhammer et al., 2015, S. 7; Walz, 2016, S. 6; WBGU, 2011, S.

1). Armbruster definiert Transformationsprozesse als: „(...) gesteuerte Veränderung und zwar BEWUSST gesteuerte Veränderung (...) - politisch und gesellschaftlich gesteuert." (Armbruster, 2017, Z. 333 ff.). Sie betont damit die direkte Steuerung, während bei Jetschmanegg von einer weicheren **Governance**-Strategie die Rede ist. So gehe es darum „Bedingungen [zu] schaffen, die es der Stadtgesellschaft möglich machen, auf neue Herausforderungen eingehen zu können und mit denen umgehen zu können" (Jetschmanegg, 2016, Z. 715 ff.).

Die Aussagen bewegen sich daher zwischen den Polen direkter Steuerung und indirekter Einflussnahme. Wenn Steuerbarkeit auch im Sinne von initiiert betrachtet wird, herrschen zwischen den interviewten Personen unterschiedliche Ansichten, ob Transformationsprozesse in einer Stadt von einer Person oder Institution aktiv initiiert werden können.

Ein Interviewpartner aus der Wissenschaft merkt an, dass Transformationsprozesse nicht initiiert werden können, sondern Reaktionen auf technische oder gesellschaftliche Entwicklungssprünge sind (vgl. Libbe, 2017, Z. 135 ff.). Eine andere interviewte Person fügt hinzu: „Man muss also reagieren auf Entwicklungen. Das wäre jetzt die wachsende Stadt als Paradebeispiel und alle damit verbundenen Themen wie Verkehr und Soziale Infrastruktur (...)" (Finken, 2017, Z. 75 ff.). Laut einer weiteren Interviewpartnerin der Wissenschaft können diese sowohl natürlich als auch initiiert entstehen (vgl. Guhl, 2017, Z. 13). Die Auffassungen der interviewten Personen aus der Wissenschaft sind also keineswegs immer identisch. Eine weitere Auffälligkeit ist, dass die Steuerungsfähigkeit in der Literatur viel beschrieben wird, während nur die Hälfte der interviewten Personen diesen Aspekt erwähnt. Dabei liegen hier die anwendungsbezogenen Aspekte von Transformationsprozessen, indem Kommunen möglicherweise eine Rolle in der indirekten Steuerung von Transformation einnehmen können (siehe Die Rolle der staatlichen Akteur*innen, S. 25).

Governance:
Der Sozial- und politikwissenschaftliche Begriff kann als Ergänzung der traditionellen Regierungsform, Government, verstanden werden. Governance bezieht sich auf informelle Regelungen und geht davon aus, dass sowohl der Staat, als auch die Öffentlichkeit und Privatwirtschaft an der Steuerung und Regelung beteiligt sind. Die Akteur*innen wirken über formelle und informelle Netzwerke zusammen und sind somit voneinander abhängig. Government hingegen steht für das „Lenken einer Gesellschaft über eine top down gerichtete Regierung" (ÖGUT, 2017). Bei Fragen der Steuerung von gesellschaftlicher Transformation kann man in den letzten Jahren ein Wandel von Government zu Governance wahrnehmen (vgl. ebd.).

EINSATZ IN DER PRAXIS

In der städtischen Praxis ist der Begriff Transformation allen Interviewpartner*innen zufolge ein ungenutzter Begriff. Dies spiegelt sich in den vielen genannten Synonymen wider: Umbau, Veränderung, Entwicklung, Stadtentwicklung, Planungen, strategisches Steuern etc. Wenn Transformation als Begriff demnach in der Praxis verwendet wird, wird er nicht einheitlich eingesetzt. Obwohl die Wissenschaft versucht Handlungsanweisungen für die Praxis zu schaffen, zeigt der Einsatz des Begriffs, dass dieser nicht in der städtischen Praxis angekommen ist, bzw. eher alltagssprachliche Synonyme verwendet werden. Der Begriff hat daher in der Praxis seine eigentliche Bedeutung (bezüglich der starken Veränderung und dem langen Prozess) verloren, indem er allgemein auf Veränderungsprozesse angewendet wird.

„Das ist natürlich [...] ein akademischer Begriff auch ein Stück weit. Im realen Leben, sprechen die Menschen davon [...] 'da muss was passieren, hier müssen wir uns engagieren'[...]."

(Armbruster, 2017, Z. 344)

Sowohl die Interviewpartner*innen der Wissenschaft als auch die wissenschaftliche Literatur thematisieren den unterschiedlichen Einsatz und mangelnde Eindeutigkeit des in der Praxis genutzten Begriffs (vgl. Aderhold et al, 2014, S. 113; Reißig, 2014, S. 3). Sie formulieren jedoch nicht, wie damit konkret umgegangen oder dem entgegengewirkt werden kann.

ZEITLICHE DIMENSIONEN

Grundlegend scheint ein Planungsparadox zu herrschen, indem Transformationsprozesse teilweise über mehrere Jahrzehnte andauern können, aber die beteiligten Akteur*innen der Planung, hierunter auch Bürger*innen, später oftmals nicht mehr die von der Transformation betroffenen Personen sind. Dadurch ist die Akzeptanz der Bürger*innen für die in der Vergangenheit getroffenen Entscheidungen nicht garantiert (vgl. Jetschmanegg, 2017, Z. 499 ff.; Westphal, 2017) (siehe Bürger*innen im Potsdamer Transformationsprozess, S. 26).

„Oft sind die zeitlichen Horizonte 10 – 20 Jahre oder sogar noch länger. Man plant für eine Zeit, in der sich Bedürfnisse und Anforderungen noch verändern können."

(Guhl, 2017, Z. 220 ff.)

Die Langfristigkeit der Transformationsprozesse wirkt sich auch insofern aus, dass zukünftige Entwicklungen und aufkommende Bedürfnisse schwer unvorhersehbar sind, aber infrastrukturelle Entscheidungen beispielsweise einen sehr langen Planungshorizont benötigen (vgl. Guhl, 2017, Z. 220 ff.; Jetschmanegg, 2017, Z. 755 ff.; Libbe, 2014, S. 8). Dieses „Zukunftsdilemma" führt wiederum zu viel Unsicherheit und es ist fraglich, wie man mit dieser Unsicherheit umgeht und z.B. als Verwaltung handlungsfähig bleibt.

Noch konkreter äußert sich dieses Paradox in den kurzen Wahlzyklen. In der Politik lassen sich die langfristigen Ziele der Transformation schwer mit kurzzeitig orientierten Zielsetzungen der Politik vereinen. Armbruster wünscht sich eine Verschiebung im Denken für die Stadt: „Was brauchen wir für unsere Stadt? Mein Credo ist immer: Wie wollen wir miteinander leben, wie soll unsere Stadt aussehen in naher Zukunft? Und das kann man nicht in 5-Jahres [Zyklen] denken" (Armbruster, 2017, Z. 271 ff.).

Walz thematisiert diese Herausforderung, indem durch die möglichst schnellen Erfolge beispielsweise der Fokus auf das Erarbeiten von Visionen, die es für tiefgreifende Transformationen bedarf, verloren geht (vgl. Walz, 2016, S. 7). Statt sich der benötigten Leitbilder dieser Transformationsprozesse zu widmen, wird sich durch unmittelbaren Handlungsdruck auf kurzzeitig orientierte Erfolge fokussiert (siehe Akteur*innen in Potsdamer Transformationsprozessen, S, 24).

Planungshorizonte

Neben den Wahlzyklen nennen die interviewten Personen große Unterschiede in den zeitlichen Logiken verschiedener Akteur*innen in der Verwaltung, Wirtschaft, Politik und der Bürger*innen (vgl. Armbruster, 2017, Z. 278 ff.; Guhl, 2017, Z. 220 ff.; Jetschmanegg, 2017, Z. 412 ff.; Westphal, 2017). Diese Unterschiede werden besonders deutlich in den Planungshorizonten zu Themen der Stadtentwicklung. Die Verwaltung plant beispielsweise beim Bau von Verkehrsinfrastruktur oder in der Entwicklung eines Wohngebiets für mehrere Generationen (vgl. Finken, 2017, Z. 185 ff.; Jetschmanegg, 2017, 376 ff.), wobei Bürger*innen durchschnittlich alle fünf bis sechs Jahre umziehen (vgl. Westphal, 2017). Es wird daher für eine Zeit geplant und gebaut, in der sich Bedürfnisse stark verändern können (siehe Abbildung 3).

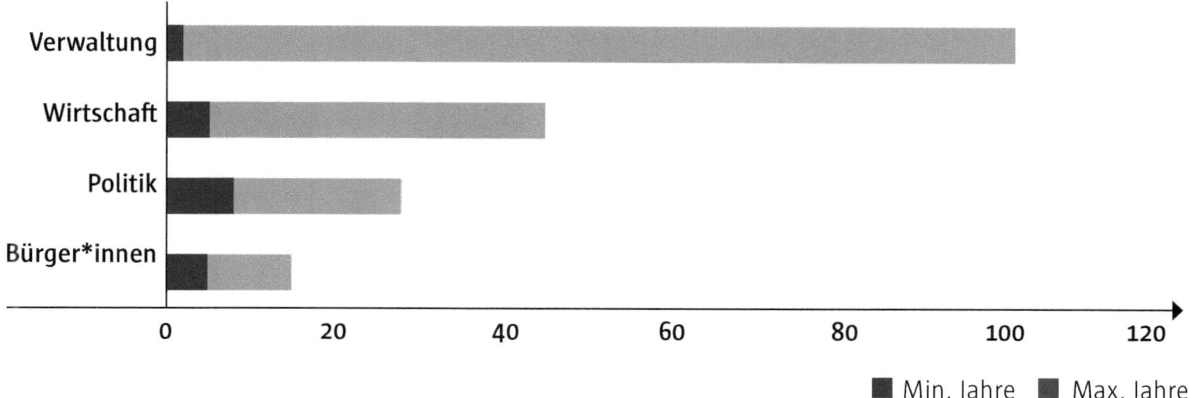

Abbildung 3: Skizze der Planungshorizonte in der Stadtentwicklung
Eigene Darstellung basierend auf den Aussagen der interviewten Personen

Schlüsselfaktor Nr. 1: Ähnliche Planungshorizonte
Unterschiedliche Einstiegs- und Ausstiegszeitpunkte der verschiedenen städtischen Akteur*innen innerhalb eines Transformationsprozesses stellen einen kritischen Faktor dar, beim Versuch den Transformationsprozess zum Gelingen zu führen (vgl. Jetschmanegg, 2017, Z. 397 ff.; Westphal, 2017). Daher gilt es zum Beispiel Umzugszyklen und damit einhergehende Bedürfnisveränderungen der Bevölkerung bestmöglich in städtische Bauprojekte einzubeziehen.

Ein weiterer Faktor, der sich bremsend auf Transformationsprozesse auswirken kann, ist die Pfadabhängigkeit etablierter Systeme. Diese Pfadabhängigkeiten lassen sich u.a. dadurch erklären, dass es kostenintensiver ist neue Pfade zu beschreiten, als den bisherigen Systemen zu folgen (vgl. Grießhammer et al., 2015, S. 7; Walz, 2016, S. 11). Dieser Perspektivenwechsel wird im WBGU Hauptgutachten durch eine Leitfrage charakterisiert: „Wie können heute Wege eingeschlagen und Sackgassen vermieden werden, um diese nachhaltige Zukunft zu ermöglichen?" (WBGU, 2016, S. 3).

Neben den Herausforderungen wird von einem Interviewpartner aus der Wissenschaft auch ein Vorteil angegeben. Er führt an, dass es ebenfalls von Bedeutung sein kann, in einem gewissen zeitlichen Abstand zu stehen, um eine wirkliche Beurteilung des Prozesses vorzunehmen. So könne man zum Beispiel erst rückblickend die Jahrzehnte der Kernenergie mit ihren Zukunftsversprechungen als gescheitert ansehen, da sie zu keinem Zeitpunkt wirklich vollkommen gesellschaftlich akzeptiert wurden (vgl. Libbe, 2017, Z. 392 ff.).

„Bei Transformationsprozessen oder Steuerungsprozessen ist es von ganz großer Bedeutung, dass man sich im Klaren darüber sein muss, (...) dass man es nicht bis zum Ende denken kann."
(Jetschmanegg, 2017, Z. 402 ff.)

Neben der Frage, in welchen zeitlichen Horizonten Potsdams Akteur*innen planen, wurde aufgrund des dünnen Forschungsstandes darauf eingegangen, ob die Interviewpartner*innen den Transformationsprozess in verschiedene Phasen unterteilt sehen.

PHASEN IM TRANSFORMATIONSPROZESS

Laut der interviewten Personen existieren verschiedene Phasen in einem Transformationsprozess. Die genannten Phasen und deren Abfolge werden jedoch nicht einheitlich beschrieben. Grob können die erwähnten Phasen der Interviewten folgendermaßen zusammenfassen gefasst werden (siehe Abbildung 4):

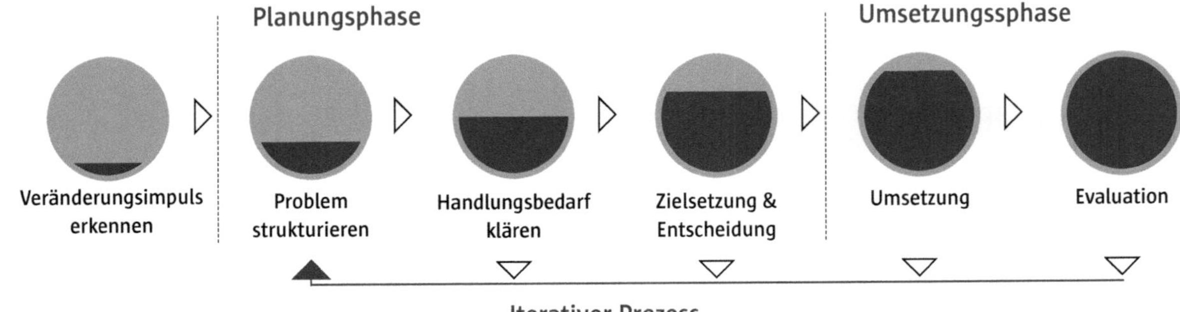

Abbildung 4: Phasen einer Transformation
Eigene Darstellung basierend auf den Aussagen der interviewten Personen

Es herrschen jedoch vor allem bezüglich der ersten Phasen unterschiedliche Auffassungen. Während manche der Interviewten direkt bei der Problemstrukturierung anfangen, gehen andere einen Schritt zurück und nennen das Erkennen eines Veränderungsimpulses (vgl. Guhl, 2017, Z. 162; Jetschmanegg, 2017, Z. 544 ff.) oder das Erzeugen einer Bereitschaft für Veränderung als erste Schritte (vgl. Armbruster, 2017, Z. 292 ff.). Eine weitere Interviewte sieht die Einbindung der Betroffenen in alle relevanten Prozessphasen vor (vgl. Guhl, 2017, Z. 282), um emotionale Akzeptanz herzustellen. Dies wirft zum einen die Frage auf, in welcher Phase des Transformationsprozesses Bürgerbeteiligung stattfinden sollte (siehe Bürger*innen im Potsdamer Transformationsprozess, S. 26), aber auch, welchen Stellenwert diese Bereitschaft für Veränderung in einem Transformationsprozess einnimmt.

Schlüsselfaktor Nr. 2: Akzeptanz der Bürger*innen
Die Bereitschaft für Veränderung ist ein wichtiger Faktor, wenn eine Transformation gelingen soll. Die Akzeptanz bzw. Nicht-Akzeptanz der Bürger*innen entscheidet über die Nachhaltigkeit der Veränderung (vgl. Guhl, 2017, Z. 277; Libbe, 2017, Z. 370 ff.).

Auch das Ende des Transformationsprozesses wird unterschiedlich beschrieben. Während manche der Interviewten die Phasen nach der Umsetzung enden lassen, sehen eine Interviewte aus der Wissenschaft und ein Interviewpartner aus der Praxis idealerweise immer eine Evaluation zum gemeinsamen Lernen und eine Weiterentwicklung vor (vgl. Guhl, 2017, Z. 162; Westphal, 2017). Wiederum andere Interviewte verstehen den Transformationsprozess als einen iterativen Prozess, der nach der Umsetzungsphase nicht unbedingt endet (vgl. Finken, 2017, Z. 206 ff.; Libbe, 2017, Z. 296 ff.; Westphal, 2017). Die Wichtigkeit iterativer Aspekte wird auch in der Literatur beschrieben (vgl. Aderhold et al, 2014, S. 140; Libbe, 2014, S. 15).

Ein weiterer Aspekt, der in der Literatur großen Anklang findet und als Phase eines Transformationsprozesses verstanden werden kann, ist die Erprobung von kleinskaligen Maßnahmen. Ziel dieser sogenannten **Reallabore** ist es, kleinskalige Maßnahmen in einer experimentellen Erprobung auf ihre Anschlussfähigkeit in größeren Kontexten zu testen (vgl. Libbe, 2014, S. 121; Schneidewind, 2014, S. 3; Walz, 2016, S. 6; WBGU, 2011, S. 9).

Reallabore:
Reallabore haben das Ziel die Transdisziplinarität zu stärken und vor allem innovative Praxisakteur*innen mit der Wissenschaft zu verbinden. Dieser Rahmen ermöglicht es in der Gesellschaft technische und organisatorische Machbarkeit mit sozialen Prozessen zu verbinden, um Transformationsdynamiken zu untersuchen und diese auf andere Orte zu übertragen (vgl. Schneidewind, 2014, S. 3).

Phasen als Verortung

Des Weiteren beschreibt ein Interviewter der Wissenschaft konkrete Phasen des Transformationsprozesses, betont aber, dass dieser Ablauf eher als idealtypisches Modell angesehen werden muss, welches: „(...) erstmal einer gewissen Verortung dient und nicht einer Handlungsanweisung, wie ich eine Transformation zu organisieren habe" (Libbe, 2017, Z. 262 f.). Das Hauptgutachten des WBGU aus dem Jahr 2016 hebt diesen Aspekt ebenfalls hervor. Dieses erläutert, dass Transformationen keinem allgemeingültigen Plan folgen können, da diese zu divers sind. Stattdessen wird eine Betrachtung der Transformationspfade, der individuellen Historie und der jeweiligen Pfadabhängigkeiten empfohlen (vgl. WBGU, 2016, S. 13).

Die diversen Abfolgen und Inhalte der in den Interviews genannten Phasen zeigen, dass es bisher kein allgemeines Verständnis dieser Thematik gibt. Dies bedeutet für die städtischen Akteur*innen, dass sich die Verortung innerhalb eines Transformationsprozesses schwierig gestaltet, da es an konkreten abgrenzbaren, chronologisch aufeinanderfolgenden Phasen fehlt. Es stellt sich die Frage, ob das Transformationskonzept in seiner Komplexität und der eingeschränkten Steuerungsfähigkeit überhaupt mit konkreten Phasen zu vereinen ist.

PLANUNGSTHEMEN UND TRANSFORMATIONSFELDER

Die Interviewpartner*innen aus der städtischen Praxis wurden zu konkreten Planungsthemen in Potsdam befragt um herauszufinden, vor welchen konkreten Herausforderungen und Planungsthemen die Stadt zurzeit steht. Außerdem interessierte, wo sich künftige Veränderungen oder Transformationen abzeichnen könnten.

„Was beschäftigt eine Stadt, eine Kommune wie Potsdam mit 167.000 Einwohnern? Die beschäftigt erstmal grundsätzlich die Frage, wie wollen wir miteinander leben. Und da hat natürlich jede Partei und jede Fraktion auch ein Stück weit andere Vorstellungen."

(Armbruster, 2017, Z. 42 ff.)

Die aktuellen städtischen Planungsthemen in Potsdam beziehen sich laut der Interviewpartner*innen vor allem auf:

- **(Elektro-)Mobilität und Verkehr, wie dem Ausbau der Infrastruktur**
(vgl. Armbruster, 2017, Z. 45 f., 417, 535 ff.; Jetschmanegg, 2017, Z. 34, 976 f.),

- **das soziale Zusammenleben, vor allem bezogen auf Migration und die soziale Infrastruktur**
(vgl. Armbruster, 2017, Z. 43 ff., 282 ff.; Jetschmanegg, 2017, Z. 91, 165 ff.; Westphal, 2017),

- **die gebaute Infrastruktur, darunter der Bau und die Sanierung von Wohnungen, Schulen und Kindertagesstätten**
(vgl. Armbruster, 2017, Z. 64 f.; Finken, 2017, Z. 126 f., Jetschmanegg, 2017, Z. 33 ff.; Westphal, 2017),

- **die Arbeit an dem Leitbild der Stadt Potsdam sowie dessen Umsetzung**
(vgl. Finken, 2017, Z. 42 ff., 53 ff.; Jetschmanegg, 2017, Z. 82 ff.),

- **das Voranbringen der Trans- und Interdisziplinarität**
(vgl. Jetschmanegg, 2017, Z. 176 ff.; Westphal, 2017),

- **die Digitalisierung**
(vgl. Armbruster, 2017, Z. 381 f., 589 ff.; Finken, 2017, Z. 56, 317 ff., 332 ff.; Jetschmanegg, 2017, Z. 964 ff., 987 ff.; Westphal, 2017).

Im Gutachten des WBGU (2016, S. 19) werden die folgenden Felder als „transformative Handlungsfelder" beschrieben: „Dekarbonisierung, Energie und Klimaschutz; Mobilität und Verkehr; Armutsbekämpfung und sozioökonomische Disparitäten; baulich-räumliche Gestalt von Städten (urban form); Anpassung an den Klimawandel; urbane Flächennutzung; Materialien und Stoffströme; urbane Gesundheit" (ebd.).

Im Vergleich wird deutlich, dass diese Handlungsfelder nur teilweise deckungsgleich mit den aktuellen Planungsthemen in Potsdam sind. Klimawandel, Klimaschutz, Energie, Stoffströme usw. werden von den Interviewpartner*innen der städtischen Praxis nicht explizit als Planungsthemen genannt. Diese Themen kommen hingegen bei der Frage nach relevanten Akteur*innen und Initiator*innen von Transformationen auf (siehe Akteur*innen in Potsdamer Transformationsprozessen, S. 24). Auch bei der Frage nach konkreten Beispielen von Transformation wird ein klimaneutrales Wohnprojekt im Norden Potsdams genannt (vgl. Jetschmanegg, 2017, Z. 847 ff., 120 ff.). Jetschmanegg äußert dahingehend, dass es vor allem lokale Unternehmen wie die ProPotsdam GmbH und die Stadtwerke sind, die Klimaschutz durch Eigeninitiative thematisieren, umsetzen und Fragen zu klimaneutraler Sanierung und erneuerbaren Energien aufkommen lassen (vgl. Jetschmanegg, 2017, Z. 150 ff., 117 ff., 673 ff.).

> **„Das ist im Moment der wichtigste Punkt: die wachsende Stadt. Dazu kommt natürlich noch der Übergang von der analogen zur digitalen Welt. Das ist auch ein riesen Schritt, der auch finanziell zu bewältigen ist. Da müssen wir uns Gedanken machen wie eine Stadt wie Potsdam dies bewältigen kann."**
>
> (Finken, 2017, Z. 31 ff.)

Digitalisierung

Die Digitalisierung wird als Beispiel für Modernität und als unterstützendes Element beispielsweise bei Beteiligungsformaten von den Interviewten der städtischen Praxis eher als positiv bewertet (vgl. Armbruster, 2017, 581 ff.; Finken, 2017, Z. 274 ff.; Jetschmanegg, 2017, Z. 1052 ff.). Der tatsächliche aktuelle Status der Digitalisierung innerhalb der Verwaltung scheint teilweise unstrukturiert und im Vergleich nicht schritthaltend. Die Möglichkeiten sind bisher eingeschränkt, umfassen zum Beispiel PDF-Downloads oder stellenweise Online- Beteiligung vor allem in der Form von Diskussionsforen. Die Interviewpartner*innen der städtischen Praxis sind sich einig, dass die Digitalisierung gewisse Priorität hat und es ist ebenfalls Konsens, dass eine kritische und reflektierte Implementierung von digitalen Elementen und Diensten notwendig ist, vor allem hinsichtlich der Rechtmäßigkeit, Langfristigkeit und Verlässlichkeit von digitalen Diensten. Wie die Ausgestaltung der Digitalisierung im Genauen aussieht ist noch nicht eindeutig und deutet die Komplexität dieser Entwicklung an (vgl. Armbruster, 2017, Z. 38 ff., 381 ff., 589 ff.; Finken, 2017, Z. 56 ff., 197 ff., 317 ff., 332 ff.; Jetschmanegg, 2017, Z. 889 ff., 962 ff., 989 ff.; Westphal, 2017).

Inter- und transdisziplinäre Zusammenarbeit

Mit Bezug auf aktuelle und künftige Herausforderungen und Fragestellungen sieht Westphal in Inter- und Transdisziplinarität eine zunehmende Notwendigkeit. Er stellt die Frage in den Raum, ob eine grundlegende interdisziplinäre Zusammenarbeit anstelle einer normalerweise erst spät einsetzenden Zusammenarbeit eine bessere Organisationsform darstellen könnte. Eindimensionale Herangehensweisen auf urbane Herausforderungen würden auf den ersten Blick gut aussehen, aber unter Umständen zu einem unerwünschten Ergebnis führen. Transformationsprozesse könnten dabei gar gebremst oder zurückgedreht werden (vgl. Westphal, 2017). Auch Jetschmanegg stellt dar, dass bei der Interdisziplinarität der Zusammenarbeit in der Stadt „Luft nach oben ist" (Jetschmanegg, 2017, Z. 176) und beschreibt vor allem die Zusammenarbeit mit städtischen Unternehmen oder das Schaffen von Austauschmöglichkeiten beispielsweise in Bezug auf Migration oder andere Themen der Stadtpolitik als Potentiale für interdisziplinären Austausch (vgl. Jetschmanegg, 2017, Z. 167 ff.). Die Entwicklung hin zu einer transdisziplinären Zusammenarbeit wird auch im WBGU-Gutachten betont. Dort bezieht sich eine von fünf dargestellten grundlegenden Handlungsempfehlungen für zukünftige Transformationsforschung auf genau diesen Aspekt und benennt das Aufbauen von „transdisziplinäre[n] Forschungszentren auf Stadt- und Regionalebene“ (WBGU, 2016, S. 31) als eine Priorität.

MOTOREN IM TRANSFORMATIONSPROZESS

Ziel dieses Kapitels ist die Annäherung an verschiedene Themen, die als Motoren für städtische Transformation in Potsdam genannt werden. Es wird dargelegt, inwiefern die einzelnen Bestandteile des Motors zündende oder bremsende Wirkungen im Transformationsprozess entfalten können.

GRÜNDE UND INSPIRATIONEN FÜR TRANSFORMATION

Die konkreten Zustände, Ereignisse und Entwicklungen, die von den Interviewpartner*innen als Gründe für Transformationen benannt werden, können als grundsätzlicher Motor oder auch als zündender Moment, für Transformationen in städtischen Räumen charakterisiert werden. Die von den Interviewpartner*innen genannten Gründe für Transformation lassen sich zum Zwecke der Analyse in vier Kategorien einteilen. Diese Kategorien unterscheiden sich durch die Ebene auf der die genannten Gründe entstehen und sich primär abspielen. (1) und (2) beziehen sich vorwiegend auf innere Faktoren wie innerstädtische Entwicklungen und Zustände, während bei (3) und (4) eher äußere Faktoren wie das Handeln von Kollektiven bzw. Menschen/ Gesellschaften oder Faktoren von höherer Macht ausschlaggebend sind (siehe Abbildung 5). Die Kategorien sollen ein Spektrum darstellen und als Orientierung dienen, nicht jedoch deutlich voneinander trennbare Gründe aufzeigen.

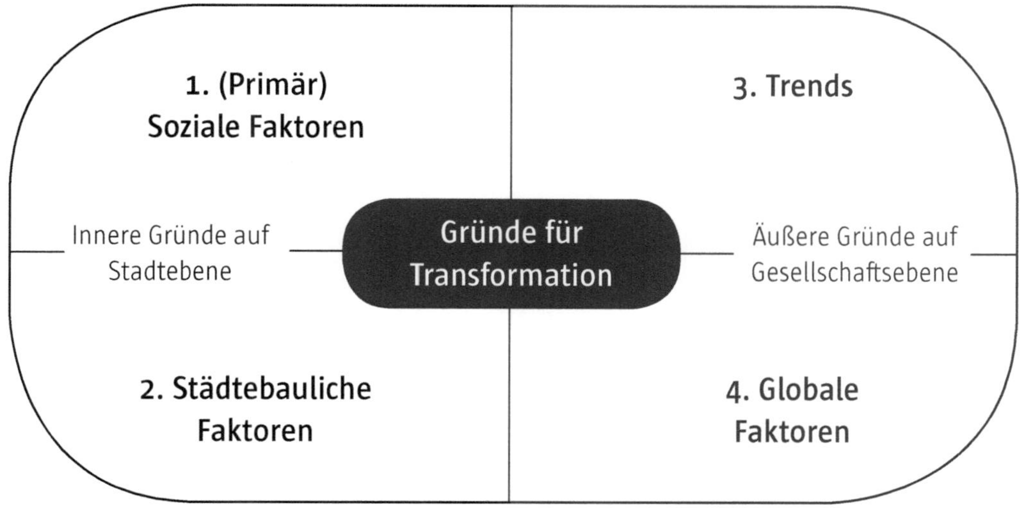

Abbildung 5: Gründe für Transformation
Eigene Darstellung basierend auf den Aussagen der interviewten Personen

Innere und äußere Gründe für Transformation

Von den Interviewpartner*innen werden größtenteils innere, meist sozial bedingte Faktoren (1) als Gründe für Transformation geltend gemacht. Dazu gehören vor allem Bevölkerungswachstum und -zunahme in städtischen Gebieten und die damit einhergehenden lokalen Herausforderungen wie entstehende Bedarfsveränderungen und das Anpassen gebauter und sozialer Infrastruktur (vgl. Armbruster, 2017, Z. 61 ff.; Finken, 2017, Z. 25 ff.; Jetschmanegg, 2017, Z. 30 ff.; Westphal, 2017). Als sozial und demografisch bedingte

Entwicklungen die zu Transformationen führen können, gelten ein sich veränderndes Durchschnittsalter der Gesellschaft oder Veränderungen im Freizeitverhalten der Bürger*innen (vgl. Guhl, 2017, Z. 188 ff.; Westphal, 2017). Auf einer eher individuellen Ebene gelten Initiativen (von Teilen) der Bevölkerung und kollektive Wahrnehmungsveränderungen als ausschlaggebende Momente für Transformationen (vgl. Guhl, 2017, Z. 98 f., 203). Außerdem können die wirtschaftliche Lage und Bestrebungen einer Stadt selbst (bspw. Marketingstrategien), sowie die wirtschaftliche Lage ansässiger Unternehmen und strukturelle Veränderungen wie eine Abwanderung der Industrie eine Rolle spielen (vgl. Guhl, 2017, Z. 168 ff., 182 ff.).

Städtebauliche Faktoren (2) werden als weitere Gruppe von Faktoren aufgeworfen, die städtische Transformationen hervorrufen können. Hierzu wird beispielsweise die bauliche Verdichtung, Umnutzung historischer Bausubstanz, Umnutzungen von Brachlandschaften, Überalterung von Infrastrukturen, der Neubau von Infrastrukturen und die Erschließung von neuen Gebieten durch öffentlichen Verkehr genannt (vgl. Guhl, 2017, Z. 166 ff.).

Trends (3) wie eine fortschreitende Digitalisierung und die Energiewende spielen laut Interviewpartner*innen eine Rolle und können einer Transformation zugrunde liegen, da sie den Handlungsdruck auf eine Stadt oder Kommune erhöhen (vgl. Guhl, 2017, Z. 201; Finken, 2017, Z. 31 ff.; Westphal, 2017).

Zuletzt zählen äußere, globale Faktoren (4), die eher von größeren oder hierarchisch höheren Gruppen kontrollierbar sind oder von höherer Macht zeugen wie z.B. Klimaveränderungen, veränderte Gesetzeslagen, Kriege und Zerstörungen als Gründe für Transformationen (vgl. Guhl, 2017, Z. 196 ff.).

> **„Dieses Wachstum zu organisieren, Zielkonflikte abzuwägen etc. (...) ist eine riesige Herausforderung, die Transformation (...) nötig macht."**
>
> (Jetschmanegg, 2017, Z. 37 ff.)

Die wachsende Stadt

Herausforderungen, die mit dem Bevölkerungswachstum einer Stadt einhergehen, machen Transformationen notwendig und sind ein deutlicher Motor für Transformationen. Dies wird auch durch das WBGU-Gutachten (2016, S. 1) unterstrichen: „Der Umzug der Menschheit [in die Städte] könnte der wirkungsmächtigste Prozess sozialen Wandels im 21. Jahrhundert werden".

Es fällt auf, dass die wachsende Stadt auf der Ebene der Interviewpartner*innen der städtischen Praxis ein sehr präsentes Thema ist und den meistgenannten Grund für Transformation darstellt (vgl. Armbruster, 2017, Z. 60 ff.; Finken, 2017, Z. 25 ff.; Jetschmanegg, 2017, 30 ff.; Westphal, 2017).

Von den Interviewpartner*innen aus der Wissenschaft werden auch wirtschaftliche Gründe, städtebauliche Gründe oder klimatische Veränderungen als Gründe genannt (vgl. Guhl, 2017, Z. 98 f., 166 ff.,188 ff., 201 ff.; Libbe, 2017, Z. 90 f., 155 f.). Infrastrukturelle und städtebauliche Themen sind auch bei den Akteur*innen in Potsdam ein großes Thema, werden von diesen jedoch eher als aktuelle Planungsthemen eingestuft und nicht explizit als Grund für Transformation betitelt (siehe Planungsthemen und Transformationsfelder, S. 19). Ähnliches lässt sich für den Aspekt der Digitalisierung feststellen. Digitalisierung wird häufig als aktuelles Planungsthema thematisiert aber nicht explizit als Grund für Transformation genannt (vgl. Armbruster, 2017, Z. 38 ff., 381 ff., 592 ff.; Finken, 2017, Z. 56, 197 ff., 317 ff., 332 ff.; Jetschmanegg, 2017, Z. 925 ff., 962 ff., 987 ff; Westphal, 2017).

Die ausschlaggebenden Faktoren scheinen sich häufig wechselseitig zu beeinflussen und das Ergebnis von aufeinanderfolgenden Faktoren zu sein. Gerade bei den, den städtebaulichen Faktoren (2) zugeordneten Entwicklungen fällt auf, dass diese möglicherweise durch Entwicklungen aus den inneren, meist sozialen Faktoren (1) entstehen können. So könnte eine Verdichtung von Bausubstanz beispielsweise die Folge von Bevölkerungswachstum in einer Stadt sein (vgl. Guhl, 2017, Z. 166 ff.).

Klima-Themen

Themen wie Klimawandel oder Energiewende werden nur von den Interviewpartner*innen der Wissenschaft ausdrücklich als ausschlaggebender Grund für Transformation vorgelegt (vgl. Guhl, 2017, Z. 196 ff.; Libbe, 2017, Z. 90 f., 155 f.). Auch in den wissenschaftlichen Arbeiten wird diesen Themen viel Aufmerksamkeit gegeben; sie werden zusammen mit weiteren Problemen, welche mit einer Verknappung von Ressourcen zusammenhängen, diskutiert. Libbe (2014, S. 40) stellt dar, dass Klimawandel, Energiewende und die „Verknappung nicht erneuerbarer energetischer Ressourcen" (ebd.) einen Teil der grundsätzlichen Faktoren und Impulse für Veränderungen, vor allem im Bereich der Infrastruktur, ausmachen.

Dass Themen, die mit dem Klimawandel und -schutz zusammenhängen bereits ausführlich in der wissenschaftlichen Literatur zu Transformation behandelt werden, wurde bereits in der Einleitung thematisiert (siehe Einleitung & Stand der Forschung, S. 10). In der bisherigen Analyse fällt auf, dass die Interviewpartner*innen dieses Thema weder als primäres Planungsthema noch als expliziten Grund für Transformation zur Sprache bringen. Es kann vermuten, dass die Interviewpartner*innen aus der Wissenschaft einen breiteren Blick auf mögliche Gründe für Transformation haben. Die Interviewpartner*innen aus der städtischen Praxis sind hingegen vor allem auf die aktuellen, lokalen Herausforderungen fokussiert. Diese Erkenntnis bekräftigt das aktuelle Argument der wissenschaftlichen Literatur, dass der Transformationsbegriff erweitert und auch abseits von Klima-Themen stärker thematisiert und diskutiert werden muss (vgl. Reißig, 2014, S. 4).

Inspirationen für Transformation

Um einen weiteren Motor für städtische Transformation zu beleuchten, wurde in den Interviews nach Inspirationen für Transformationen gefragt. Bei den Antworten zeichnet sich ab, dass bestimmte **Städte eine Vorreiterrolle** einnehmen und damit eine Inspiration darstellen können. Ebenso können bestimmte Beteiligte aus den jeweiligen Vorreiter-Städten als Expert*innen dienen und Austausch befördern (vgl. Armbruster, 2017, Z. 593 ff.; Westphal, 2017). Auch das Difu wird als Institution mit einer wichtigen Rolle als Experte für die Inspiration zur lokalen Transformation genannt (vgl. Jetschmanegg, 2017, Z. 45 ff.). Die konkrete Übernahme von Ideen und Projekten ist laut Verständnis der Interviewpartner*innen der Stadtpraxis dabei nur bedingt möglich, da in den Städten unterschiedliche Gegebenheiten, Anforderungen und Bedürfnisse vorhanden sind (vgl. Armbruster, 2017, Z. 448 ff.; Jetschmanegg, 2017, Z. 51 ff.). Dies erschwert auch die Zuordnung von konkreten und chronologisch aufeinanderfolgenden Phasen in einem städtischen Transformationsprozess (siehe Phasen im Transformationsprozess, S. 17).

Städte als Inspiration:
Städte und Länder mit einer Vorreiterrolle gelten als mögliche Inspirationen. Insbesondere werden Barcelona mit der Barcelona Card, Leipzig mit dem gleichen Problem der wachsenden Stadt, Mannheim und Ludwigsburg mit einer strategischen Prozessgestaltung und Tel Aviv mit der elektronischen Bürgerkarte DigiTel genannt (vgl. Armbruster, 2017, Z. 449 ff., 593 ff.; Jetschmanegg, 2017, Z. 50 ff., 69 ff.; Westphal, 2017).

Potsdamer Leitbild als Motor

Leitbilder, die für eine jeweilige Stadt erstellt werden, werden als fortlaufende Inspiration für Transformation genannt. In Potsdam ist das Beispiel der Erstellung eines Leitbildes sehr aktuell und präsent, da dieser Prozess von 2014 bis 2016 durchgeführt wurde. Viele der Interviewpartner*innen aus der Stadtpraxis verweisen auf den Prozess und die entstandenen Ergebnisse als eine Form der Inspiration für künftige Transformationen (vgl. Finken, 2017, Z. 37 ff.; Jetschmanegg, 2017, Z. 82 ff.; Westphal, 2017). Entgegen der Darstellung in Kapitel Zeitliche Dimensionen scheint der Aspekt des Planungsparadoxons' nach Ansicht der Interviewten in Potsdam bei dem speziellen Prozess der Leitbildentwicklung nicht zum Tragen zu kommen. Hier scheint das Erarbeiten von Leitbildern und Visionen aufgrund kurzfristigen Handlungsdrucks nicht in den Hintergrund gerückt zu sein. Die Rolle von Leitbildern und sogenannten Visionen wird auch in der wissenschaftlichen Literatur thematisiert. Grießhammer et al. stellen dar, dass Visionen als wesentliche Treiber von Transformationen dienen (vgl. Grießhammer et al., 2015, S. 21). Ferner wird dargestellt, dass Leitbilder und Visionen eine Möglichkeit der Orientierung für gesellschaftlichen Wandel sind und beispielsweise von Vorreitern der Veränderung mitentwickelt werden (vgl. WBGU, 2011, S. 6 f.).

Schlüsselfaktor Nr. 3: Partizipative Visionsfindung
Ob eine Vision in eine nachhaltige urbane Transformation mündet, hängt davon ab, ob sie von den Bürger*innen angenommen und aktiv mitgetragen wird. Neben einer Visionsfindung in Top-Down-Manier existieren auch Formate „bei denen größere Gruppen Bottom-Up-Ansatz gemeinsam Visionen entwickeln" (Fink et. al., 2011, S. 141) wie beispielsweise Zukunftswerkstätten (siehe Akteur*innen in Potsdamer Transformationsprozessen, S. 24).

Um zu erörtern, welche Akteur*innen sich als Initiator*innen, steuernde oder begleitende Personen den oben genannten Themen und Herausforderungen annehmen und in Transformationsprozessen vorzufinden sind, wurden die Interviewpartner*innen nach leitenden Akteur*innen gefragt. Es sollte zudem eingefangen werden, wie sich diese Akteur*innen als Motoren auswirken und welche Berufsbezeichnungen, Positionen und Kompetenzen diese Personen innehaben.

AKTEUR*INNEN IN POTSDAMER TRANSFORMATIONSPROZESSEN

Eine große Zahl von zivilgesellschaftlichen, staatlichen und wirtschaftlichen Akteur*innen wie auch Akteur*innen aus Wissenschaft und Kultur ist an Transformationen in Städten beteiligt, wobei Akteur*innen im Laufe des Prozesses „unterschiedliche Rollen einnehmen können" (Grießhammer et al., 2015, S. 14) und sowohl eine treibende wie auch bremsende Funktion (ebd.) im Prozess entfalten können (siehe Abbildung 6).

Dem gegenwärtigen Stand der Forschung zufolge scheint es vage bis widersprüchlich welche Akteur*innen eine intendierte Transformation ausrufen, vorantreiben und aktiv gestalten (vgl. ebd., S. 13 f.). Es wurde versucht, Initiator*innen und Gestalter*innen von Transformationsprozessen in Potsdam abzubilden, um die Rolle der unterschiedlichen Akteur*innen in Potsdam auszuloten.

Abbildung 6: Akteur*innen bei Transformationen
Eigene Dartellung adaptiert nach Grießhammer et al., 2015

Die Rolle der Zivilgesellschaft

Die Interviewten haben, wie in Definitionsversuche (S. 13) erläutert, unterschiedliche Auffassungen inwiefern Transformationsprozesse aktiv initiiert werden können. Die Interviewpartner*innen der städtischen Praxis sind der Meinung, dass eine Initiierung der städtischen Transformation grundsätzlich möglich ist und messen der Potsdamer Zivilgesellschaft eine vorantreibende Bedeutung bei. Potsdamer*innen bringen sich als interessierte, gestaltende Bürger*innen und von kommunalen Entscheidungen betroffene Stakeholder in städtische Diskussionen ein und formen dadurch den Diskurs um Transformationsbedarfe (vgl. Armbruster, 2017, Z. 99 ff., 189 ff.; Jetschmanegg, 2017, Z. 152 f.). Die Potsdamer Zivilgesellschaft wird von dem Interviewten Jetschmanegg als „eine sehr aktive Stadtgesellschaft" (Jetschmanegg, 2017, Z. 104 ff.) wahrgenommen, welche im Zweifel auch Mängel definiere und auf Konflikte aufmerksam mache. Der Organisationsgrad der Bürger*innen reiche dabei von Ehrenämtern und Mitgliedschaften in Vereinen bis hin zu Engagement in Bürgerinitiativen (vgl. ebd).

Der treibende Faktor der Zivilgesellschaft deckt sich mit Einschätzungen, die in der wissenschaftlichen Literatur (vgl. Grießhammer et al., 2015, S. 14; WBGU, 2011, S. 256; Walz, 2016) vorzufinden sind. Die Zivilgesellschaft und private Akteur*innen spielen als Change Agents vor allem „als Initiatoren zu Beginn eines Innovationsprozesses eine entscheidende Rolle" (Walz, 2016, S. 23), während staatliche Instanzen im Laufe des Prozesses zur Institutionalisierung und Verbreitung der Transformation beitragen (vgl. ebd.).

Eine große Zahl von zivilgesellschaftlichen, staatlichen und wirtschaftlichen Akteur*innen wie auch Akteur*innen aus Wissenschaft und Kultur ist an Transformationen in Städten beteiligt, wobei Akteur*innen im Laufe des Prozesses „unterschiedliche Rollen einnehmen können" (Grießhammer et al., 2015, S. 14) und sowohl eine treibende wie auch bremsende Funktion (ebd.) im Prozess entfalten können (siehe Abbildung 6).

Die Rolle der staatlichen Akteur*innen

In den Antworten der Interviewten ist eine häufige Nennung von staatlichen bzw. kommunalpolitischen Akteur*innen und Institutionen auffallend, was an der Auswahl der Befragten liegen kann, die entweder selbst als Kommunalpolitiker*innen tätig sind oder in ihrer Tätigkeit eng mit diesen in Verbindung stehen. Die Stadtverordnetenversammlung ist als Begleiterin und Initiatorin von Veränderungsprozessen „mit ihren jeweils politischen Fraktionen und Parteien ein ganz enormer Gestalter" (Armbruster, 2017, Z. 79 f.).

Schlüsselfaktor Nr. 4: Akzeptanz innerhalb der Institutionen

Vor allem die Akzeptanz innerhalb staatlich-kommunaler Institutionen auf Seiten der Beschäftigten in Stadtverwaltungen ist ein wichtiger Faktor für die Durchführung der Transformation. Im Idealfall sollten alle am Prozess beteiligten Akteur*innen der Veränderung auch persönlich oder beruflich Sinnhaftigkeit und Notwendigkeit zuschreiben. Um dies sicherzustellen, ist es aus Sicht der Interviewpartner*innen wichtig, die Rückendeckung der Führungspersonen in Verwaltungen und Rathäusern zu haben (vgl. Westphal, 2017).

Der Stadtverwaltung fällt im Transformationsprozess eine Doppelrolle zu, da sie Transformationen auf operativer Ebene initiieren kann, gleichzeitig auch strukturelle Anlaufstelle für Initiator*innen, zum Beispiel aus der Zivilgesellschaft, darstellt.

Die wissenschaftliche Literatur der Transformationsforschung (vgl. WBGU, 2011, S. 256; Kristof, 2017, S. 165 ff.) führt den Begriff der Change Agents oder auch Pioniere des Wandels bzw. der Transformation ein, welche das „Weiter-so-wie-bisher hinterfragen, eine alternative Praxis schaffen und somit etablierte Weltbilder und Pfade in Frage stellen" (ebd., S. 256). Ferner fordern Change Agents etablierte Einstellungs- und Verhaltensmuster heraus (vgl. ebd.). Die Zivilgesellschaft sowie staatlich-kommunale Akteur*innen werden am häufigsten in den Antworten der Interviewpartner*innen genannt, woraufhin sich festhalten lässt, dass die Interviewten jenen viel Gestaltungsgewicht als Change Agents beimessen (vgl. Armbruster, 2017, Z. 99 f., 189 ff.; Finken, 2017, Z. 78 f.; Jetschmanegg, 2017, Z. 103 ff.; Westphal 2017).

Weitere Akteur*innen im Transformationsprozess

Zum nachhaltigen Vorantreiben der Transformation sei die Gestaltung der Kooperation zwischen den verschiedenen Akteur*innen laut Armbruster bedeutsam. Vor allem die staatlich-kommunalen Akteur*innen seien auf eine „gute Zusammenarbeit mit Bürgerinitiativen (...) und Bürgern" (Armbruster, 2017, Z. 84 f.) angewiesen.

Aus der Perspektive der Interviewpartner*innen wird städtische Transformation außerdem in hohem Maße von städtischen Unternehmen, deren Expertise und Erfahrungswerten (vgl. Jetschmanegg, 2017, Z. 163 ff.) gestaltet. Jetschmanegg nennt beispielhaft die ProPotsdam GmbH, die Stadtwerke, das Potsdamer Klinikum mit den entsprechenden pflegerischen Einrichtungen sowie das Hans Otto Theater (vgl. Jetschmanegg, 2017, Z. 141 ff.).

Hochschulen und wissenschaftliche Einrichtungen können laut Libbe im Transformationsprozess Impulse geben, indem sie „beratend wirk[en]" (Libbe, 2017, Z. 317). Des Weiteren nimmt Armbruster die (lokalen) Medien als entscheidenden Partner für Veränderung wahr (vgl. Armbruster, 2017, Z. 318 ff.). Die Partnerschaft zwischen kommunalen Institutionen und Medien bezeichnet sie als „vierte Gewalt" (vgl. ebd, Z. 320).

Die Interviewaussagen bilden ab, dass aus Sicht der Interviewpartner*innen eine große Anzahl institutioneller und nicht-institutioneller Akteur*innen an Potsdamer Transformationsprozessen beteiligt sind. Die Interviewpartner*innen nennen in ihren Aussagen alle wesentlichen Akteur*innen, die auch in wissenschaftlicher Literatur aufgezählt (vgl. Grießhammer et al., 2015, S. 14) und in Abbildung 6 dargestellt werden.

Eine große Anzahl von Akteur*innen erhöht die Komplexität von Transformationsprozessen und stellt besondere Herausforderungen an die Governance von Veränderung in Potsdam. Westphal wertet die große Anzahl von Akteur*innen, die Transformationsprozesse in Potsdam begleiten, als Vorteil. Städtische Akteur*innen dienen, sofern sie sich mit dem stattfindenden Veränderungsprozess identifizieren, als potentielle Multiplikator*innen und tragen die Implementierung der Transformation nachhaltig weiter (vgl. Westphal, 2017).

Welche Akteur*innen- und Multiplikator*innenkonstellationen in Potsdam vorwiegend treibend und vornehmlich bremsend wirken, müsste spezifisch am Einzelfall untersucht werden. Da nicht alle Interviewpartner*innen auf Transformationsfälle im Detail eingegangen sind, lassen sich diesbezüglich aus den Interviews keine konkreten Schlüsse ziehen.

„Eine Gemeinsamkeit zwischen städtischer und nicht-städtischer Transformation ist, dass die Akteure, die mit dieser Transformation konfrontiert sind, häufig ratlos sind."

(Libbe, 2017, Z. 222 f.)

Im Hinblick auf moderne Governanceformen rückt das Thema Bürger*innenbeteiligung in den Fokus der Kommunen, wo demokratische Entscheidungsprozesse für Bürger*innen „besser erlebbar und direkter mitzugestalten (sind) als auf anderen staatlichen Ebenen" (Deutscher Städtetag, 2013, S. 5). Daher wurde in den Interviews auch die Frage nach dem Stellenwert der Bürger*innenbeteiligung in Potsdamer Transformationsprozessen gestellt, was im folgenden Kapitel erläutert wird.

EXKURSE: ZWEI SPEZIELLE MOTOREN UND IHR STELLENWERT

Im Folgenden werden die beiden Themen Bürger*innenbeteiligung und das Berufsbild Transformationsmanager*in näher betrachtet, da beide Themen in gewisser Weise eine besondere Stellung innerhalb der Motoren von Transformationsprozessen einnehmen. Obwohl Bürger*innenbeteiligung durch die Leitfragen des Interviews behandelt werden sollte, brachten die Interviewpartner*innen dies durch eine eigene Themensetzung in die Gespräche ein. Das Berufsbild des/der Transformationsmanager*in spielt in Transformationsprozessen bisher noch keine große Rolle, kann aber in Zukunft an Bedeutung gewinnen und wird deshalb als Exkurs behandelt.

BÜRGER*INNEN IM POTSDAMER TRANSFORMATIONSPROZESS

Zwei der interviewten Personen der Stadtpraxis gaben an, dass Potsdam bezüglich Bürger*innenbeteiligung eine Vorreiterrolle im Vergleich mit anderen Städten Deutschlands einnimmt (vgl. Finken, 2017, Z. 270 f.;

Westphal, 2017). Die unterschiedlichen Formate **formeller und informeller Bürger*innenbeteiligung** in Potsdam sind aus der Sicht der Befragten vielfältig.
Sie finden sich in unterschiedlichen Formen, beispielsweise in Bürgerinitiativen, Bürgerbeiräten oder in Person eines Bürgervertreters wieder (vgl. Armbruster, 2017, Z. 187 ff.). Die **„WerkStadt für Beteiligung"** in Potsdam kann ebenfalls als eine Form der formellen Bürgerbeteiligung in Potsdam gewertet werden, da sie sowohl mit der Stadtverwaltung zusammenarbeitet (vgl. Westphal, 2017), als auch in der Stadtverordnetenversammlung als festes Gremium der Beteiligungskultur der Landeshauptstadt legitimiert wurde.

In diesem Zusammenhang wurden in Potsdam u.a. folgende Grundsätze für eine gute Beteiligungskultur beschlossen: frühzeitige Einbeziehung der Einwohner*innen, niedrigschwellige Information, angemessene Kommunikation, verbindliche Beteiligung und Aktivierung von Beteiligung in Verwaltung und bei den Einwohner*innen (vgl. WfB, 2013).

Formelle und informelle Bürger*innenbeteiligung:
Formelle Bürger*innenbeteiligung: Hierbei handelt es sich um gesetzlich vorgeschriebene Formen der Beteiligung der Bevölkerung. Dies ist zum Beispiel bei Bauleitverfahren, Genehmigungsverfahren der Landes- und Regionalplanung und bei Umweltverträglichkeitsprüfungen der Fall. Oftmals werden in diesen Verfahren dann Bürgerbegehren, -entscheide oder -anhörungen durchgeführt. Informelle Bürger*innenbeteiligung: Gemeint sind hiermit alle Verfahren, die nicht gesetzlich geregelt bzw. verankert sind. Dazu zählen zum Beispiel Zukunftswerkstätten, Planungszellen/ Bürgergutachten und Bürgerbefragungen (vgl. Böhm, 2010, S. 4 ff.).

WerkStadt für Beteiligung (WfB) - Potsdam mitgestalten:
Die WerkStadt für Beteiligung arbeitet sowohl mit den Einwohner*innen als auch mit der Stadtverwaltung und den Stadtverordneten zusammen und ist ihnen dabei behilflich, eine gute Beteiligungskultur in Potsdam zu entwickeln. Zu diesem Zweck besteht die WerkStadt aus einem Team, das in der Verwaltung angesiedelt ist und aus einem Team, das bei einem zivilgesellschaftlichen Träger, dem mitMachen e.V., angesiedelt ist. So unterstützt die WerkStadt sowohl Beteiligung „von oben", bei der Verwaltung und Stadtverordnete die Einwohner*innen zur Beteiligung aufrufen als auch Beteiligung „von unten", bei der Einwohner*innen ihr Anliegen an die Verwaltung und die Stadtverordneten herantragen können (vgl, WfB, 2013).

Gestaltung der Bürger*innenbeteiligung

In der Frage, wie diese Beteiligungskultur methodisch gestaltet werden soll, variierten die Meinungen der interviewten Personen zwischen der Informationsbereitstellung zum Beispiel via Online-Auftritten der Stadt und der aktiven und persönlichen Einbeziehung (vgl. Finken, 2017, Z. 169 f.; Jetschmanegg, 2017, 650 ff.).

Städtische Beteiligung bedarf zunächst einer Informiertheit der Bürger*innen. Informationen zu Stadtentwicklungsthemen werden von der Stadt Potsdam zum Beispiel zur Bekanntmachung an die Presse weitergegeben (vgl. Finken, 2017, Z. 168 f.). Darüber hinaus muss Veränderung, wenn sie in die Wege geleitet oder vollzogen wurde, abgeglichen werden mit dem Status Quo der Stimmung in der Bevölkerung (vgl. Jetschmanegg, 2017, Z. 614 f.). Dieser Abgleich erfordert eine aktive Einbeziehung der Bürger*innen- auch während laufender Prozesse sowie eine kontinuierliche Kommunikation mit der Bevölkerung (vgl. Guhl, 2017, Z. 224). Dem stimmte eine weitere Interviewpartnerin der städtischen Praxis zu und gab an, dass die Vertreter*innen der Stadt hier eine Gratwanderung zwischen ernst gemeinter Beteiligung bzw. Umsetzung der Interessen der Bevölkerung und der Vermittlung eines gewissen Bestandsschutzes von bereits vor Jahren getroffenen Beschlüssen zu meistern haben (vgl. Armbruster, 2017, Z. 209 ff.).

In diesem Zusammenhang stoßen Städte aus Sicht der interviewten Personen auf eine weitere Hürde, denn gerade bei komplexen Sachverhalten und Jahrzehnte lang andauernden Prozessen ist es notwendig, alle entscheidungsrelevanten Faktoren zusammenzubringen und fachlich begründet zu bewerten (vgl. Finken, 2017, Z. 260 ff.). Diese Herausforderung mit einer breiten Bevölkerungsbeteiligung lösen zu wollen, kann sich aus Sicht der interviewten Personen aus der städtischen Praxis bremsend auf Transformationsprozesse auswirken (vgl. Finken, 2017, Z. 258 ff.; Jetschmanegg, 2017, Z. 363 ff.).

Akzeptanz der Bürger*innen

Mit der aktiven Kommunikation und Einbeziehung der Bürger*innen steigt aus Sicht der interviewten Personen aus der Stadtpraxis auch die Akzeptanz der Bürger*innen, welche als Motor für die anstehenden Veränderungen funktionieren kann und damit ebenfalls die Chance steigert, dass das Geplante auch zur Umsetzung kommt (vgl. Jetschmanegg, 2017, Z. 368 ff.). Im Gegensatz dazu kann die fehlende Akzeptanz seitens der Bürger*innen direkt zum Scheitern oder massivem Blockieren von Transformationsprozessen, insbesondere in Form von Großprojekten (wie beispielsweise Stuttgart 21) beitragen, sollte es der Stadt nicht gelingen, die Bürger*innen mitzunehmen und Verständnis für notwendige Veränderungen herzustellen (vgl. Westphal, 2017). „Gleichzeitig zeigen die Proteste gegen große Infrastrukturvorhaben aber zweierlei: Erstens ist ein Protest eine Vorstufe von auch auf den ersten Blick produktiven Formen der Beteiligung. Zweitens wird eine Planung gegen die Bürger in Zukunft nicht mehr zu machen sein" (Burmeister, 2016, S. 74). Diese positive Wirkung von Bürger*innenprotesten in großen Bauvorhaben wurde auch von einer interviewten Person aus der Stadtpraxis genannt, da der Aufschrei oftmals auch als Aktivierung von mehr (benötigten) interessierten Bürger*innen beitragen kann und damit als Teil des Motors für Transformationsprozesse wirkt (vgl. Westphal, 2017).

„Urbane Transformationsprozesse können nie unabhängig vom Menschen verstanden werden."

(Guhl, 2017, Z. 85)

Zeitpunkt der Beteiligung

Idealerweise findet diese Aktivierung der Bevölkerung in einer geplanten städtischen Veränderung frühestmöglich im Prozess statt. Je später die Beteiligung vorgesehen ist, desto schwieriger gestaltet sich laut Westphal die Akzeptanz der Bürger*innen für die angestrebte Veränderung (vgl. Westphal, 2017). Städte und Kommunalpolitik sehen sich allerdings mit dem Partizipationsparadox konfrontiert. Dieses besagt, dass Interesse und Engagement seitens der Bevölkerung in vielen Fällen erst bei persönlicher Betroffenheit oder entsprechender Popularität in der öffentlichen Diskussion entstehen. Dieses Interesse wiederum tritt aber oft ein, wenn Entscheidungsprozesse schon ein Stadium erreicht haben, in dem die Möglichkeiten zur Einflussnahme nur noch begrenzt sind (vgl. Westphal, 2017) (siehe Abbildung 7).

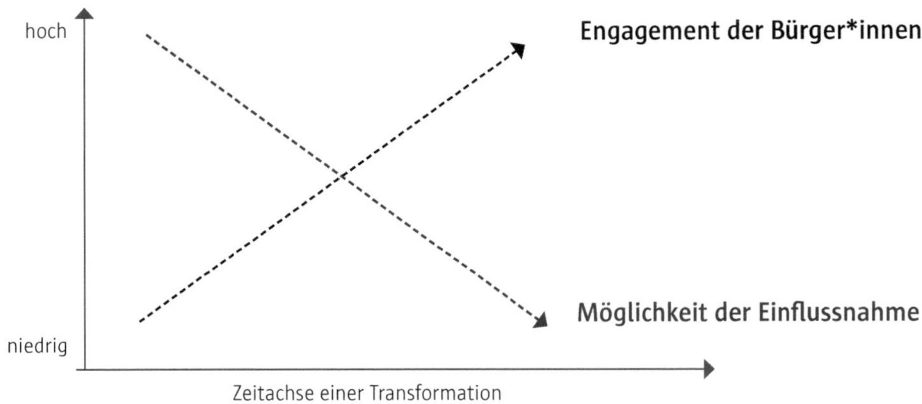

Abbildung 7: Das Partizipationsparadox
Eigene Darstellung basierend auf den Aussagen der interviewten Personen

Einigkeit herrscht also vor allem in der Ansicht, dass Beteiligung - auf welche Art auch immer - am besten frühestmöglich im Prozess anzusiedeln ist, um dem Effekt des Partizipationsparadox entgegenwirken zu können und Bürger*innenbeteiligung zum selbstverständlichen Teil der Transformationsprozesse in der Stadt zu machen.

Auch der WBGU hat die Etablierung von kollaborativen Governance-Strukturen und die Integration der gesamten Stadtbevölkerung als Kernempfehlung für gelingende Transformationsprozesse formuliert (vgl. WBGU, 2016, S. 27). Es ist sogar die Rede davon, dass ohne die nötige Zustimmung und Unterstützung der Bevölkerung auch Stadtverwaltungen mit umfassenden Entscheidungsbefugnissen und ausreichenden finanziellen Ressourcen an den Herausforderungen eines Transformationsprozesses scheitern würden (vgl. ebd.).

Schlüsselfaktor Nr. 5: Bürger*innenbeteiligung
Folgt man der Schlussfolgerung der Interviewpartner*innen, dass Bürger*innenbeteiligung als ein Bestandteil des Motors der Transformation gesehen werden kann, ist es notwendig, sowohl den Motor als Ganzes zu betrachten, als auch die einzelnen Bestandteile dauerhaft im Blick zu haben. Hierbei funktionieren die frühzeitige und niedrigschwellige Aktivierung und Einbeziehung der Bürger*innen und die kontinuierliche Kommunikation und Einbeziehung verschiedener Interessen als Faktoren, um den Motor als Ganzes am Laufen zu halten und den Kontakt zur Bevölkerung zu pflegen.

Um diese und weitere Anforderungen eines erfolgreichen Transformationsprozesses meistern zu können und gleichzeitig den Prozess als Ganzes nicht aus den Augen zu verlieren, bedarf es einer übergeordneten Steuerung, die sowohl die Kompetenzen, als auch den Überblick und den Kontakt zu allen beteiligten Akteur*innen hat.

TRANSFORMATIONSMANAGER*IN

Transformationsmanagement wird in der Studiengangsbeschreibung des Masterstudiengangs Urbane Zukunft der FH Potsdam als mögliches Berufsbild der Absolvent*innen angegeben. Es ist denkbar, dass Transformationsmanager*innen als Schnittstellen-Kommunikator*innen im Netzwerk der städtischen Akteur*innen eingesetzt werden und städtische Governance der Transformation mitprägen (vgl. Transforming Cities Nr. 3, 2016, S. 77). Transformationsmanager*innen könnten zur proaktiven Koordination und indirekten Steuerung städtischer Transformationsprozesse beitragen, um den Motor der Transformation am Laufen zu halten.

Die Interviewpartner*innen wurden befragt, inwiefern ihnen der Begriff Transformationsmanager*in in ihrem Umfeld gegenwärtig begegnet.

Vier der sechs Interviewpartner*innen äußern, dass ihnen die Bezeichnung Transformationsmanager*in im Kontext der Stadt(verwaltung) unbekannt vorkommt bzw. nicht vorhanden ist (vgl. Armbruster, 2017, Z. 143; Finken, 2017, Z. 109; Guhl, 2017, Z. 272; Westphal, 2017). Finken relativiert seine Aussage und fügt hinzu, dass man sich sehr wohl als Transformationsmanager*in verstehen kann, auch wenn man nicht die explizite Berufsbezeichnung trüge (vgl. Finken, 2017, Z. 109 ff.).

Armbruster und Jetschmanegg sehen potentielle Transformationsmanager*innen zum Beispiel in Personen, die innerhalb der Stadtverwaltung Projekte leiten (vgl. Armbruster, 2017, Z. 159 ff.; Jetschmanegg, 2017, Z. 223 f.). Armbruster wie auch Jetschmanegg merken an, dass die Stadtverwaltung gerade dabei sei, im Fachbereich Innovation und Steuerung eine strategische Steuerung einzurichten und umzusetzen, die sie als Aufgabenfeld dem/der Transformationsmanager*in zuschreiben (vgl. Armbruster, 2017, Z. 164 ff.; Jetschmanegg, 2017, Z. 221 f.).

Armbruster ist die einzige der interviewten Personen, die betont, dass Transformationsmanager*innen, sofern die Position (zukünftig) in dieser Bezeichnung existiere, in der Stadtverwaltung strukturell höherrangig eingestuft werden sollten. Je „subaltern[er] der eingeordnet wird, desto weniger ist er ein Transformationsmanager" (Armbruster, 2017, Z. 148).

Alle Interviewten stimmen überein, dass das Arbeitsgebiet noch nicht in der Stadt(verwaltung) angekommen ist (vgl. Armbruster, 2017, Z. 143; Finken, 2017, Z. 109; Guhl, 2017, Z. 272; Westphal, 2017). Die berufliche Plattform für urbane Transformationsmanager*innen müsste noch geschaffen werden (vgl. Guhl, 2017, Z. 312).

Benötigte Kompetenzen

Fraglich ist, über welche Kompetenzen ein/e Transformationsmanager*in verfügen sollte. Wie in Kapitel Definitionsversuche beschrieben, herrscht in der Literatur ein Konsens darüber, dass Transformationsprozesse tiefgreifende strukturelle Veränderungen darstellen, die mit einem offenen Suchprozess einhergehen. Die Überwindung von Widerständen gegen die Transformation (Unsicherheit vor Veränderung) (vgl. Grießhammer et al. 2015, S. 6 f.) sowie die Berücksichtigung von Pfadabhängigkeiten (siehe Zeitliche Dimensionen, S. 16) sind Herausforderungen, welche ein Transformationsmanagement bewältigen muss. Transformationsmanagement ziele laut Libbe darauf ab, „die Richtung und die Geschwindigkeit des Transformationsprozesses zu beeinflussen“ (Libbe 2014, S. 13). Angesichts unterschiedlicher Interessen der Akteur*innen und Machtverhältnissen in der Stadt gestaltet sich Transformationsmanagement als vielschichtig (vgl. ebd.).

Aufgaben und Anforderungen, die auf Transformationsmanager*innen zukommen, liegen aus Sicht eines Interviewpartners der Stadtpraxis im Bereich Projektmanagement (vgl. Westphal, 2017). Transformationsmanagement im urbanen Kontext weise jedoch laut Guhl und Libbe darüber hinaus: Transformationsmanager*innen müssten mit städtischen Akteur*innen und deren Know-How arbeiten, in der Lage sein verschiedene Sichtweisen zusammenzuführen, und organisieren, dass Akteur*innen der Stadt zusammenwirkend in eine Richtung gehen (vgl. Guhl, 2017, Z. 161 f., 318 f.; Libbe, 2017, Z. 320 f.). Guhl fügt hinzu, dass das Wissen „aus angrenzenden Wissenschaften sowie Methodik-Kompetenzen aus Sozialwissenschaften bzw. Organisationsentwicklung und Changemanagement“ (Guhl, 2017; Z. 319) in ein urbanes Transformationsmanagement integriert werden sollte. Changemanagement Ansätze der Wirtschaft seien durchaus übertragbar und nutzbar für urbane Transformationen (vgl. Guhl, 2017, Z. 145 ff.).

Schlüsselfaktor „X”

Das Berufsbild von Transformationsmanager*innen zeichnet sich als Idee ab, die in Zukunft eine Rolle in der Steuerung, Koordinierung und Begleitung von Transformationsprozessen spielen kann. Die Schnittstellenposition der Transformationsmanager*in muss die Interessen und Bedürfnisse sowie die Veränderungsbereitschaft städtischer Akteur*innen im Blick behalten und zusammenführen. Interdisziplinäre Methoden scheinen benötigte Kompetenzen für dieses Berufsbild zu sein.

Dennoch sei die Anwendung eines Standardinstrumente-Kastens in der Stadt weniger angebracht (vgl. Westphal, 2017). Da Standardlösungen bei der Transformation von Städten angesichts unterschiedlicher lokaler Gegebenheiten und Anforderungen (siehe Gründe und Inspirationen für Transformation, S. 21) ein schwieriges Unterfangen darstellen, ist Methodensensibilität gefragt (vgl. Westphal, 2017).

Libbe schlussfolgert, dass der Begriff des/der Transformationsmanager*in nicht „zu wörtlich (zu) nehmen” (Libbe, 2017, Z. 318 ff.) ist. Nichtsdestotrotz kann die Mehrheit der Interviewpartner*innen unter dem Bild des/der Transformationsmanager*in ein Bündel aus bestimmten Kompetenzen nennen, welche relevant sind, um Veränderungsprozesse in der Stadt zu gestalten und zu beeinflussen, was als Motor in einem städtischen Transformationsprozess dienen kann.

4. TEIL
ZUSAMMENFASSUNG DER ERGEBNISSE

Ziel des vorliegenden Forschungsprojekts war es, sich dem Thema der städtischen Transformation zu nähern. Zu diesem Zweck wurde analysiert, was die interviewten Personen aus der Wissenschaft und Stadtpraxis unter dem Begriff verstehen, wie sie mit ihm umgehen und welche Aspekte sie als Motoren für Transformationsprozesse sehen. Dies wurde exemplarisch am Beispiel der Stadt Potsdam erforscht.

In der Literatur und bei den Interviewten aus der Wissenschaft herrscht ein grober Konsens über die allgemeine Definition was eine Transformation ausmacht, während die Definitionen der städtischen Akteur*innen diverser und auffallend weniger eindeutig ausfallen. Ebenso zeigte sich, dass eine spezifischere Auffassung von

Charakteristiken der Transformationsprozesse nötig ist: Zum einen, um dem Planungsparadox zwischen langfristiger Transformation und kurzfristigen Erfolge entgegen zu wirken und zum anderen, damit Kommunen sich durch Bestandsaufnahmen besser in Transformationsphasen verorten können.

Insgesamt deutet die unklare Abgrenzung zwischen Transformation und allgemeinen Veränderungsprozessen darauf hin, dass das Konzept oder zumindest die Begrifflichkeit nicht hinreichend in der Praxis bekannt ist. Damit sich das Konzept in der Praxis etablieren kann, bedarf es weiterer Forschung im Hinblick auf die Übertragung auf Akteur*innen der städtischen Praxis.

Dies bedeutet auch, dass die Vorstellungen darüber, was sich verändern soll, vielfältig ausfielen. Was die Aussagen über die aktuellen Planungsthemen in Potsdam betrifft, so konnte anhand der Analyse gezeigt werden, dass es nur teilweise Übereinstimmungen mit den Transformationsfeldern des WBGU Gutachtens (2016) gibt. Andererseits konnte festgestellt werden, dass Themen wie die Digitalisierung und inter- und transdisziplinäre Zusammenarbeit sowohl in der wissenschaftlichen Literatur als auch von den Interviewten aus der städtischen Praxis als Priorität angesehen werden. Die anstehende Digitalisierung, vor allem hinsichtlich in der Verwaltung, steht in Potsdam jedoch noch am Anfang; es wurde gerade begonnen diese Entwicklung zu strukturieren. Der Ausblick auf eine zunehmende inter- und transdisziplinäre Zusammenarbeit gilt für einige Interviewpartner*innen aus der städtischen Praxis als vorteilhaft und erstrebenswert.

Auch bei der Frage der grundsätzlichen Motoren für Transformationen zeigten sich unterschiedliche Ansichten in den Interviews. Dabei ergab sich, dass sich die von den Interviewpartner*innen genannten Gründe in vier Kategorien aufteilen lassen: innere Faktoren, st dtebauliche Faktoren, Trends und äußere, globale Faktoren. Diese Gründe für Transformation gehen allgemein mit den wissenschaftlichen Arbeiten zum Thema einher. Ein weiterer Motor für städtische Transformation sind Inspirationen. Hier zeigen sich vor allem bestimmte Städte als Inspirationen, aber auch einzelne Expert*innen oder Institutionen. Leitbilder und Visionen, die für eine jeweilige Stadt erstellt werden, wurden auch als Inspiration für Transformation genannt. Und vor allem die partizipative Visionsfindung kann als Schlüsselfaktor für eine gelungene Transformation angesehen werden. Diesem Aspekt wird auch seitens der Literatur eine große Relevanz zugeschrieben.

Alles in allem können Akteur*innen als mögliche Motoren einer Transformation funktionieren. Am häufigsten nennen die Interviewten die Zivilgesellschaft sowie die Kommune als gestaltende Akteur*innen in Potsdam. Allgemein ist eine große Anzahl von Akteur*innen an diesen Prozessen beteiligt. Dies erhöht einerseits die Komplexität von Transformationsprozessen und stellt hohe Anforderungen an die Governance in Potsdam. Andererseits wird die große Anzahl vorwiegend als Vorteil wahrgenommen, da städtische Akteur*innen als Multiplikator*innen und somit als zusätzlicher Antrieb für den Motor der Transformation fungieren können.

Weiterhin wurde in den Interviews das Thema Bürger*innenbeteiligung eindeutig thematisiert und kann als ein weiterer wichtiger Motor für eine gelungene Transformation aufgelistet werden. Hier ist aus Sicht der Interviewten vor allem die Bereitschaft für Veränderung ein Schlüsselfaktor, wenn eine Transformation gelingen soll. Diese ist zu bewerkstelligen, indem allgemein eine aktive Beteiligungskultur geschaffen wird und somit in der Bevölkerung eine große Akzeptanz für Veränderung herrscht. Des Weiteren ist die aktive Einbeziehung der Bürger*innen generell möglichst frühzeitig zu öffnen, um dem Partizipationsparadox entgegen zu wirken.

Was die Transformationsmanager*in betrifft, so konnte anhand der Interviews gezeigt werden, dass die Mehrheit der Interviewpartner*innen die Berufsbezeichnung im Kontext der Stadt(verwaltung) nicht kennt, weil diese (noch) nicht vorhanden ist. Die Interviewten konnten jedoch konkrete Kompetenzen nennen, die aus ihrer Sicht relevant sind, um Veränderungsprozesse in der Stadt zu gestalten. Deshalb kann festgehalten werden, dass angesichts der Komplexität städtischer Problemlagen und Governance-Fragen alle Interviewpartner*innen das abstrakte Bild der/des Transformationsmanager*in mit Leben füllen konnten.

Abschließend kann festgehalten werden, dass das Verständnis des Konzepts Transformation auf wissenschaftlicher Ebene sowie auch auf der Ebene der städtischen Praxis diffus ist und je nach Perspektive variiert. Sowohl in den Definitionen, den beschriebenen Motoren und Handhabungen von Transformationen sind Abweichungen zwischen der Wissenschaft und der städtischen Praxis in Potsdam zu erkennen.

5. TEIL

REFLEXION DER FORSCHUNGSMETHODIK

Dieses Forschungsprojekt zielte neben der Beantwortung der Forschungsfrage darauf ab, die Lücke zwischen der wissenschaftlichen Welt und der städtischen Praxis in den unterschiedlichen Wahrnehmungen städtischer Transformationsprozesse zu beleuchten. Im Rückblick kann festgehalten werden, dass sich die Mehrheit der Interviewpartner*innen der städtischen Praxis durch ihre Eingebundenheit in politische Prozesse in Potsdam und ihrer Nähe zu institutionellen Akteur*innen (Stadtverordnetenversammlung oder Mitarbeiter*innen der Stadtverwaltung) relativ ähnlich waren. Interviewpartner*innen, die primär der Zivilgesellschaft zuzurechnen sind, finden keine direkte Stimme in den Antworten. Deshalb sind beispielsweise Schilderungen zur Beteiligung von Bürger*innen vorwiegend eine 'externe Bewertung' des Status Quo der Bürger*innenbeteiligung. Allerdings ist diese Kritik zu relativieren, da sich unser Erkenntnisinteresse vorwiegend daran orientierte, wie der Transformationsbegriff aus Sicht der (institutionellen) städtischen Akteur*innen und den Akteur*innen der Stadtforschung definiert wird. Das Ausmaß des Themas Bürger*innenbeteiligung und die prägende Rolle von Bürger*innen in Potsdam offenbarte sich erst in der Durchführung der Interviews. In einer Folgeforschung könnten daher die Perspektiven engagierter Bürger*innen auf Transformationsprozesse eingefangen werden, um deren Sicht analytisch zu integrieren.

Bezüglich der Konzeption des Leitfadens muss selbstkritisch reflektiert werden wie leitend die Fragen waren. Beim Oberthema Leitende Akteure im Transformationsprozess tauchte zum Beispiel die Frage auf: „Wie und durch wen werden Transformationsprozesse initiiert?" So wurde implizit vorgegeben, dass man von einer Initiiertheit von Transformationsprozessen ausgehen kann. Dem widerspricht Libbe sowohl in den Interviewaussagen als auch in seiner publizierten Dissertation (vgl. Libbe, 2014). Solcherlei Fragen müssten beim nächsten Mal offener gestellt werden, sodass ein weiteres Antwortspektrum ausgebreitet werden kann. Außerdem fiel auf, dass persönliche Interviews und schriftlich per E-Mail geführte Interviews massive Unterschiede aufweisen. Wie leitend eine Frage ist, lässt sich während der Durchführung eines persönlichen Interviews unter Umständen erahnen, was Möglichkeiten des Einlenkens und Nachfragens seitens der Interviewer*innen bietet. Bei schriftlich geführten Interviews gestaltet sich dies hingegen schwierig.

Leitfadengestützte Expert*inneninterviews als Erhebungs- und qualitative Inhaltsanalyse als Auswertungsmethode boten uns den Vorteil, dass wir über systematische Orientierung aber auch relative Offenheit verfügten. So taten sich im Zuge einer kombinierten induktiven und deduktiven Vorgehensweise (induktiv) neue interessante Kategorien durch die Interviews auf wohingegen Themen, die in der Literatur behandelt werden (wie z.B. Best practice Beispiele gelungener Transformationen) in der Analyse vernachlässigt werden mussten, da nicht genügend Antworten der Interviewpartner*innen vorlagen.

6. TEIL

AUSBLICK

Das Forschungsprojekt fing die Perspektiven städtischer Akteur*innen Potsdams auf Transformationen und deren Motoren ein. Dadurch gibt das Forschungsprojekt einerseits der Stadtforschung Impulse, sich mit Transformationen und deren Governance zu beschäftigen und andererseits setzt es der Transformationsforschung den Anreiz, auf das Thema Stadt zu fokussieren. Da beide Richtungen noch in Kinderschuhen zu stecken scheinen, trug das Projekt mit seiner breiten Fragestellung sowohl basalen als auch lokalen Charakter. Im Verlauf dieses Forschungsprojektes stießen wir auf interessante Themen, welche Gegenstand zukünftiger Forschungsprojekte sein könnten:

- Bürger*innenbeteiligung gilt als Motor, wie im Rahmen dieser Arbeit herausgestellt wurde (siehe Bürger*innen im Potsdamer Transformationsprozess, S, 26). Wie kann die Stadt Potsdam vorhandene Bürger*innenbeteiligungspotentiale fördern (vgl. deutscher Städtetag, 2013), Beteiligungsformate weiter ausbauen (Stichwort Digitalisierung) und beteiligungsferne Schichten aktivieren?

- Wie gehen kommunale Akteur*innen mit Unsicherheiten im Transformationsprozess um? Die Verwaltung steht vor der herausfordernden Aufgabe, dass infrastrukturelle Entscheidungen für einen langfristig angelegten Transformationsprozess getroffen werden müssen (siehe Zeitliche Dimensionen, S. 16), aber zukünftige Entwicklungen und Bedürfnisse mit gängigen Methoden nur bedingt greifbar sind. Inwiefern lassen sich strukturell Methoden, wie beispielsweise aus der Zukunftsforschung, innerhalb der Stadtverwaltung einbinden, um sich mit möglichen Zukunfts-Szenarien auseinanderzusetzen?

- Der Erfolg von Transformationsprozessen hängt maßgeblich von den Akteur*innenkonstellationen und deren Veränderungsbereitschaft ab (siehe Akteur*innen in Potsdamer Transformationsprozessen, S. 24). Welche Akteur*innen Transformationsprozesse treiben oder steuern, könnte in einer konkreten Fallstudie untersucht werden.

- Auf den Ergebnissen dieses Forschungsprojekts basierend scheint das Konzept urbaner Transformationsmanager*innen unseres Studienganges, dem ein futuristischer Ton anhaftet, durchaus richtungsweisend für die Stadt (der Zukunft) zu sein. Es gilt jedoch eine flächendeckende Bedarfsanalyse aus Sicht der Kommunen durchzuführen.

Das Forschungsprojekt fing die Perspektiven städtischer Akteur*innen Potsdams auf Transformationen und deren Motoren ein. Dadurch gibt das Forschungsprojekt einerseits der Stadtforschung Impulse, sich mit Transformationen und deren Governance zu beschäftigen und andererseits setzt es der Transformationsforschung den Anreiz, auf das Thema Stadt zu fokussieren. Da beide Richtungen noch in Kinderschuhen zu stecken scheinen, trug das Projekt mit seiner breiten Fragestellung sowohl basalen als auch lokalen Charakter. Im Verlauf dieses Forschungsprojektes stießen wir auf interessante Themen, welche Gegenstand zukünftiger Forschungsprojekte sein könnten:

„Also was die Zukunft bringt? I don't know."

(Jens Libbe, 2017, Z. 417)

PRINT

Burmeister, K., Rodenhäuser, B. (Hrsg.) (2016): Stadt als System - Trends und Herausforderungen für die Zukunft urbaner Räume. Oekom Verlag.

Deutscher Städtetag (Hrsg.) (2013): Beteiligungskultur in der integrierten Stadtentwicklung: Arbeitspapier der Arbeitsgruppe Bürgerbeteiligung des Deutschen Städtetages. Berlin/Köln.

Deutscher Städtetag (Hrsg.) (2013): Thesen zur Weiterentwicklung lokaler Demokratie - Bürgerbeteiligung als Chance begreifen: Arbeitspapier der Arbeitsgruppe Bürgerbeteiligung des Deutschen Städtetages. Berlin, Köln.

Fink, A., & Siebe, A. (2011): Handbuch Zukunftsmanagement: Werkzeuge der strategischen Planung und Früherkennung. Campus Verlag.

Grießhammer et al. (2015): Wie Transformationen und gesellschaftliche Innovationen gelingen können. Baden-Baden: Nomos.

Kristof, K. (2017): Change Agents in gesellschaftlichen Veränderungsprozessen. In: Reinermann et al.: Die Experimentalstadt: Kreativität und die kulturelle Dimension der Nachhaltigen Entwicklung, Springer Verlag.

Libbe, J. (2014): Transformation städtischer Infrastruktur - Perspektiven und Elemente eines kommunalen Transformationsmanagements am Beispiel Energie. Dissertation.

Mayring, P. (2002): Einführung in die qualitative Sozialforschung, Weinheim: Beltz.

Mayring, P. (2010): Qualitative Inhaltsanalyse: Grundlagen und Techniken. 11. aktualisierte und überarbeitete Auflage. Weinheim: Beltz.

Przyborski, A., Wohlrab-Sahr, M. (2010): Qualitative Sozialforschung: Ein Arbeitsbuch. Walter de Gruyter.

Schneidewind, U., Scheck, H. (2012): Zur Transformation des Energiesektors – ein Blick aus der Perspektive der Transition-Forschung. In: H.G. Servatius, U. Schneidewind, D. Rohlfing, (Hrsg.): Smart Energy. Berlin, Heidelberg: Springer, 45-61.

Walz, K. (2016): Entwicklung und Stand der Debatte: Transformationsforschung im deutschen Kontext. In: Engels, Anita (ed.): Global Transformations towards a Low Carbon Society, 11 (Working Paper Series). Hamburg: Universität Hamburg.

WBGU (2011): Welt im Wandel – Gesellschaftsvertrag für eine Große Transformation. Zusammenfassung für Entscheidungsträger. Berlin: Wissenschaftlicher Beirat der Bundesregierung Globale Umweltveränderungen.

WBGU (2016): Der Umzug der Menschheit: die transformative Kraft der Städte. Hauptgutachten. Berlin: Wissenschaftlicher Beirat der Bundesregierung Globale Umweltveränderungen.

ONLINE

Aderhold, J. et al (2014): Soziale Innovationen und förderliche Governance-Formen im gesellschaftlichen Transformationsprozess, Zentrum Technik und Gesellschaft Berlin im Auftrag des Umweltbundesamtes. URL: http://www.bmub.bund.de/fileadmin/Daten_BMU/Pools/Forschungsdatenbank/fkz_3712_17_ 100_transformationsprozess_bf.pdf, zuletzt aufgerufen am 31.08.2017.

Engels, A., Pohlmann, A. (Hrsg.) (2016): Klimawandel und nachhaltige Entwicklung: Theoretische Grundlagen zum Verst ndnis von gesellschaftlichem Wandel und gesellschaftlichen Transformationsprozessen. Literaturstudien aus den Sozial- und Wirtschaftswissenschaften. Universität Hamburg. URL: https://www.wiso.uni-hamburg.de/fachbereich-sowi/professuren/engels/archiv/wor-king-papers/wps-no- 12aktuell.pdf, zuletzt aufgerufen am 01.09.2017.

Difu (2017): Das Magazin des Difu. URL: https://difu.de/sites/difu.de/files/archiv/publikationen/zeitschriften/difu-berichte/berichte-2-17- internet.pdf, zuletzt aufgerufen am 15.08.2017.

Dörk, M. (2016): Transforming Cities 3. URL: http://mariandoerk.de/papers/transformingcities2016.pdf, zuletzt aufgerufen am 15.08.2017.

Dudenredaktion (2017):„Motor" auf Duden online. URL: http://www.duden.de/node/658700/revisions/1350406/view, zuletzt aufgerufen am 31.08.2017.

Ministerium für Infrastruktur und Landesplanung, Land Brandenburg. Folienbeitrag Böhm, B. (2010): Partizipative Methoden in der Praxis. URL: http://www.mil.brandenburg.de/cms/detail.php/bb1.c.219865.de?highlight=nexus, zuletzt aufgerufen am 26.08.1017.

ÖGUT (Österreichische Gesellschaft für Umwelt und Technik) (2017): URL: http://www.partizipation.at/governance.html, zuletzt aufgerufen am 25.08.2017.

Reißig, R. (2014): Transformation – ein spezifischer Typ sozialen Wandels. URL: http://www.biss-online.de/downloads/reissig_futuring.pdf, zuletzt aufgerufen am 11.08.2017.

Schneidewind, U. (2014): Urbane Reallabore – ein Blick in die aktuelle Forschungswerkstatt. In: pnd online III. URL: https://epub.wupperinst.org/frontdoor/deliver/index/docId/5706/file/5706_Schneidewind.pdf, zuletzt aufgerufen am 11.08.2017.

Stiftung Mitarbeit (o.J.): Zukunft der Bürgerbeteiligung - Handlungsansätze zur Stärkung von Bürgerbeteiligung. URL: https://www.buergergesellschaft.de/mitentscheiden/grundlagen- leitlinien/grundlagen/zukunft-der-buergerbeteiligung/, zuletzt aufgerufen am 27.08.2017.

WerkStadt für Beteiligung - Potsdam mitgestalten (Hrsg.) (2013): Die „Werkstadt für Beteiligung. URL: https://buergerbeteiligung.potsdam.de/node/4777, zuletzt aufgerufen am 26.08.2017.

ABBILDUNGEN

Abbildung 1: Schlagwörter und Themenbereiche des Forschungsprojekts

Eigene Darstellung basierend auf der quantitativen Häufigkeit von Aussagen der interviewten Personen

DIGITALE DASEINSVORSORGE

Wie können digitale Angebote zukünftig als Teil der Daseinsvorsorge gemeinwohlorientiert entwickelt werden?

AUTOR*INNEN

Felix Grünziger
Tobias Kauer
Nicolas Kreft

INTERVIEWPARTNER*INNEN

Sebastian Askar
Senatsverwaltung für Wirtschaft, Energie und Betriebe; Berlin

Katalin Gennburg
Mitglied des Abgeordnetenhauses; Sprecherin für Stadtentwicklung, Tourismus, Smart City

Yannick Haan
Wissenschaft im Dialog gGmbH; Projektleiter Hack Your City

Dr. Tobias A. Krause
PricewaterhouseCoopers; Senior Consultant

Dr. Karin Sadowski
Stadtwerke Potsdam GmbH; Abteilungsleiterin Marketin

Dr. Sönke Schulz
Geschäftsführendes Vorstandsmitglied des Schleswig-Holsteinischen Landkreistages

Oliver Wagner
Wuppertal Institut; Projektleiter Energie-, Verkehrs- und Klimapolitik

Julia Wohland
TU Kaiserslautern; Wissenschaftliche Mitarbeiterin für Entwicklung und Raumordnung

THEMA UND HANDLUNGSEMPFEHLUNGEN

Digitalisierung durchdringt und bestimmt unser Leben in vielen Bereichen: Sie verändert unsere Kommunikation und die Wege, wie wir Wissen austauschen; sie schafft Berufe, die es vor wenigen Jahren noch nicht gab; sie prägt unseren Konsum und die Art und Weise, wie wir Waren produzieren und vermarkten. Diese Entwicklung bedeutet einerseits, dass unser Alltag komplexer und schneller wird – andererseits bietet sie die Chance, objektivere Entscheidungen zu treffen, Ressourcen besser zu nutzen und die Teilhabe von Bürger*innen am gesellschaftlichen Leben zu gestalten. Ziel der Daseinsvorsorge muss die Grundversorgung von Bürger*innen mit Infrastrukturen und Dienstleistungen sein, die eine gesellschaftliche Teilhabe ermöglichen und langfristig sichern.

Im Rahmen dieser Untersuchung wird erörtert, wie es um den derzeitigen Stand der Digitalen Daseinsvorsorge bestellt ist, welche Akteur*innen an ihrer Organisation beteiligt sind und was konkrete Handlungsempfehlungen für den Staat und seine Kommunen sind, um die Qualität der Daseinsvorsorge durch Digitalisierung zu steigern und diese langfristig zum Wohle aller Bürger*innen zu entwickeln. Unsere Forschungsfrage lautet daher: Wie können digitale Angebote zukünftig als Teil der Daseinsvorsorge gemeinwohlorientiert entwickelt werden?

Übersicht: Handlungsempfehlungen

1.	**Den Mensch in den Mittelpunkt stellen**
2.	**Eine digitale Agenda schaffen**
3.	**Digitalisierungsbeauftragte*n benennen**
4.	**Know-how in die Kommune bringen**
5.	**Dialog institutionalisieren**
6.	**Digitale Infrastruktur ausbauen**
7.	**Steuerungsanspruch geltend machen**
8.	**Shared Services ausbauen**
9.	**Standortfaktor erkennen und steigern**
10.	**Reallabore einrichten**
11.	**Wissensintegration implementieren**
12.	**Pionier*in werden**

Tabelle 1: Übersicht der Handlungsempfehlungen
Eigene Darstellung

1. TEIL
EINLEITUNG

Die folgenden Absätze dienen der Herstellung eines Überblicks über die zentralen Begriffe sowie die Problemstellung der Arbeit. Weiterhin wird in Kürze das methodische Vorgehen erläutert.

BEGRIFFSDEFINITION

Daseinsvorsorge

Daseinsvorsorge ist die Grundversorgung der Bürger*innen durch den Staat. Der Staat verpflichtet sich hierbei auf Basis des Grundrechts zu der Aufgabe, die gesellschaftliche Teilhabe der Bürger*innen zu sichern. Daseinsvorsorge umfasst speziell die allgemeine Zugänglichmachung von Gütern und Versorgungsstrukturen, zu der sich die Mehrheit der Bürger*innen selbst keinen Zugang verschaffen kann. Hierzu zählen klassischerweise die Versorgung mit Wasser, Energie und Verkehrsinfrastruktur, das Bildungs- und das Gesundheitswesen sowie der Arbeitsmarkt. Vor dem Hintergrund der Digitalisierung muss diskutiert werden, welche neuen Infrastrukturen und Dienstleistungen zukünftig Teil der notwendigen Grundversorgung sein werden (Forsthoff, 1938; Schulz, 2017; Schulz, 2016, Deutsches Institut für Urbanistik, 2012; Herbst et al, 2016; BVerfG, 2010). Eine tiefergehende Erläuterung des Begriffs, die auf die Rechtsgrundlage, die Ermittlung von Aufgaben sowie die zukünftige Entwicklung der gegenwärtigen Handlungsfelder eingeht, befindet sich in Teil 2.

Gemeinwohl

Vereinfacht gesagt handelt es sich um Gemeinwohl, wenn eine Tätigkeit den Interessen der gesamten Gesellschaft dient. Eine Daseinsvorsorge, die alle Teile einer Gesellschaft gleichermaßen adressiert, ist also stark am Gemeinwohl ausgerichtet und sollte sich auch zukünftig an ihm orientieren (Waas, 2007; Felber, 2010; Schulz, 2017; Askar, 2017; Meynhardt et al, 2008; Krause, 2017; Gennburg, 2017). Eine differenzierte Erläuterung des Begriffs, die auf die für diese Publikation relevanten Konzepte des Gemeinwohls sowie die Bedeutung des Gemeinwohls für Akteur*innen der Daseinsvorsorge eingeht, bietet Teil 2.

PROBLEMSTELLUNG

„Wenn wir über Digitale Daseinsvorsorge reden, dann können wir das natürlich nur, weil wir wissen, dass wir in einer Gesellschaft der Digitalisierung leben und alles Analoge nicht mehr die Lebensrealität von Menschen abdeckt. Insofern stellen sich völlig neue Fragen, wie wir eigentlich leben wollen, wie wir Stadt organisieren wollen, wie wir Gemeinwohl organisieren wollen.“

(Katalin Gennburg, 2017)

Die Digitalisierung verändert die Gesellschaft fundamental. Ein Leben ohne digitale Dienste und Services ist in Deutschland und Europa nicht mehr vorstellbar. Die erste Welle der Digitalisierung hat bereits tiefe Spuren in nahezu allen Lebensbereichen hinterlassen; die zweite Welle der Digitalisierung wird noch stärkere Veränderungen und ein noch höheres Tempo des Wandels mit sich bringen (vgl. BMWi, 2017: 22ff). Digitale Kommunikations- und Handelsplattformen sowie Suchmaschinen und verschiedenste Betriebssysteme haben einen enormen Stellenwert in unserem täglichen Leben eingenommen. Durch eine Konzentration von Daten, Geld und Technologie bei den Gewinnern der Digitalisierung werden wirtschaftliche und gesellschaftliche Bereiche disruptiv umgestaltet – aktuell weitestgehend ohne Einfluss und Kontrolle durch den Staat (vgl. Schlüter 2017: 1). Die Digitalisierung bietet große Chancen für Kommunen und Bürger*innen; gleichzeitig birgt sie auch das Risiko, durch Netzwerkeffekte, Monopolbildung und die Bereitschaft einiger Akteur*innen, nationales Recht zu beugen oder gar auszuhebeln, die gesellschaftliche Teilhabe, das Gemeinwohl und den fairen Wettbewerb zu gefährden (vgl. BMWi, 2017: 42).

Zusammenfassung der Problemstellung; Sicherung der gesellschaftlichen Teilhabe:

> **Die Gefahr der nachlassenden Sicherung der gesellschaftlichen Teilhabe aller Bürger*innen in der digitalen Welt stellt das zentrale Problem dar, welches in der vorliegenden Publikation untersucht werden soll. Die Herausforderung ist dabei einerseits, den Status quo des komplexen Systems „Digitale Daseinsvorsorge" adäquat zu erfassen und abzubilden. Andererseits müssen aus der Analyse der Situation Handlungsempfehlungen abgeleitet werden, die den vielfältigen Interessen der Akteur*innen im (urbanen) Governance-Prozess gerecht werden.**

So kann verhindert werden, dass kleine Unternehmen nicht am digitalen Markt partizipieren können, regionale Kultur und Werte zerstört werden, die Angebotsvielfalt gemindert wird, Monopole entstehen, die Unabhängigkeit und der Selbsterhalt des Staates gefährdet werden und der gesellschaftliche Zusammenhalt ins Wanken gerät (vgl. Schlüter, 2017: 3).

METHODIK UND INTERVIEWPARTNER*INNEN

Ziel der Forschungsarbeit ist es, die offene Frage nach den Möglichkeiten einer gemeinwohlorientierten Entwicklung der Digitalen Daseinsvorsorge mit einem 12-Punkte-Plan und darin enthaltenen Handlungsempfehlungen für Kommunen zu beantworten.

ZIELGRUPPE

Durch die Formulierung konkreter Handlungsempfehlungen sollen speziell kommunale Entscheider*innen und Ressortverantwortliche des Bereichs Digitalisierung angesprochen werden. Die Publikation soll dazu dienen, im Governance-Dialog mit den beteiligten Akteur*innen

a) Begrifflichkeiten klar zu definieren,
b) Aktionsfelder zu identifizieren,
c) die eigene Position im systemischen Kontext der Akteur*innen zu finden und
d) konkrete Handlungsempfehlungen auf die Eigenart der eigenen Kommune anzuwenden.

EXPERT*INNENINTERVIEWS

Grundlage der Handlungsempfehlungen sind sieben leitfadengestützte Expert*inneninterviews, ein Sondierungsgespräch mit einem Experten sowie eine Auswertung der aktuellen Literatur zum Thema. Die Expert*innenauswahl erfolgte in der Absicht, Fachleute und Stimmen aus allen direkt an der Daseinsvorsorge beteiligten Ebenen und Bereichen (Politik, Verwaltung, Beratung, Forschung und Zivilgesellschaft) zu Wort kommen zu lassen. Die Interviews wurden im Zeitraum Juni/Juli 2017 persönlich oder telefonisch auf Basis des zuvor entwickelten Interviewleitfadens durchgeführt und mittels Audioaufnahmen dokumentiert. Die Audioaufnahmen wurden anschließend wortgenau transkribiert.

INTERVIEWAUSWERTUNG

Die Auswertung der transkribierten Interviews erfolgte anhand der qualitativen Inhaltsanalyse nach Mayring. Über ein deduktives, am Interviewleitfaden und den Hypothesen orientiertes Kategoriensystem wurden eine computergestützte Codierung und die nachfolgende Auswertung des Interviewmaterials vorgenommen.

INTERVIEWPARTNER*INNEN

Name	Funktion und Institution
Sebastian Asker	**Digitalisierung, Digitalwirtschaft und digitale Infrastruktur** Senatsverwaltung für Wirtschaft, Energie und Betriebe
Katalin Gennburg	**Sprecherin für die Politikfelder Stadtentwicklung, Tourismus, Smart City** Mitglied des Abgeordnetenhauses
Yannick Haan	**Projektleiter Hack Your City** Wissenschaft im Dialog gGmbH
Dr. Tobias A. Krause	**Senior Consultant** PricewaterhouseCoopers GmbH
Dr. Karin Sadowski	**Marketing Leiterin** Stadtwerke Potsdam GmbH
Dr. Sönke Schulz	**Geschäftsführendes Vorstandsmitglied** Schleswig-Holsteinischer Landkreistag
Oliver Wagner	**Projektleiter Energie-, Verkehrs- und Klimapolitik** Wuppertal Institut
Julia Wohland	**Wiss. Mitarbeiterin: Lehrstuhl für regionale Entwicklung und Raumordnung** Technische Universität Kaiserslautern

Tabelle 2: Interviewpartner*innen, Funktion und Institution
Eigene Darstellung

2. TEIL
DASEINSVORSORGE & GEMEINWOHL

Um im interdisziplinären Dialog der Akteur*innen ein gemeinsames Vokabular zu schaffen, sollen nachfolgend zunächst die relevanten Begriffe Gemeinwohl und Daseinsvorsorge eingeführt, diskutiert und von nicht-relevanten Konzepten abgegrenzt werden. Darüber hinaus wird erläutert, in welchem Wirkungszusammenhang der jeweilige Begriff mit der Digitalen Daseinsvorsorge steht.

GEMEINWOHL

Definition und Abgrenzung

Gemeinwohl bezeichnet das Gesamtinteresse einer Gesellschaft, welches im Gegensatz zu Individual- oder Gruppeninteressen steht. Oberflächlich betrachtet steigert demnach eine Tätigkeit, die nicht nur einem selbst bzw. einer bestimmten Gruppe nutzt, das Gemeinwohl. Diese Betrachtung illustriert zwar das zugrundeliegende Prinzip, ist in der Praxis jedoch kaum anwendbar: Ob sich Gemeinwohl a priori, also rein analytisch, bestimmen lässt oder ob es vielmehr a posteriori Teil eines gesellschaftlichen Prozesses ist, ist Teil der gegenwärtigen Debatte (vgl. Waas, 2007: 1). In der vorliegenden Publikation wird vor allem die letztere Betrachtungsweise berücksichtigt, um eine praktische Anwendung des Begriffs möglich zu machen. Konkret werden im Folgenden zwei Managementtheorien aus dem Gemeinwohl betrachtet, um eine spätere Beurteilung von Handlungsempfehlungen zu ermöglichen: Gemeinwohlökonomie und Public Value.

Gemeinwohlökonomie

Die Gemeinwohlökonomie ist ein ökonomisches Modell, bei dem Erfolg nicht mit dem größtmöglichen Gewinn eines einzelnen Akteurs, sondern mit dem größtmöglichen Gewinn für alle Akteur*innen bemessen wird (vgl. Felber, 2010: 1). Zu diesem Zweck wurde ein Prozess für die Bilanzierung geschaffen, in dem anhand einer sog. Gemeinwohlmatrix (vgl. Felber, 2010: 7) die Gemeinwohlbilanz eines Unternehmens ermittelt werden kann. Somit soll ein Anreizsystem geschaffen werden, welches durch messbare Ergebnisse die Vergleichbarkeit verschiedener Unternehmen, Organisationen und Dienstleistungen ermöglicht.

Die Gemeinwohlmatrix umfasst folgende fünf Dimensionen, deren Relevanz für das Gemeinwohl von mehreren Interviewpartner*innen bestätigt wurde (vgl. Schulz, 2017: Zeile 17, Askar, 2017: Zeile 10):

1. Menschenwürde
2. Solidarität
3. Ökologische Nachhaltigkeit
4. Soziale Gerechtigkeit
5. Demokratische Mitbestimmung und Transparenz

Public Value

Einen ähnlichen, wenn auch integrativen Ansatz verfolgt die Ermittlung des Public Value, der den „Wert für die Öffentlichkeit" misst. Dabei wird Gemeinwohl nicht lediglich durch deduktive Kategorienbildung (vgl. Gemeinwohlökonomie) definiert, sondern auch von psychologisch fundierten Grundbedürfnissen (Epstein: Cognitive-Experiential Self Theory) des Menschen abgeleitet (vgl. Meynhardt, 2009: 192).

Das Konzept des Public Value bietet sich besonders als Kompass in der Führung einer öffentlichen Verwaltung an (vgl. Meynhardt et al, 2008: 246) und eignet sich somit dazu, die Gemeinwohlorientierung der Digitalen Daseinsvorsorge zu bewerten. Hier ist insbesondere die Abgrenzung des Public Value von dem im Privatsektor üblichen Shareholder Value hervorzuheben (vgl. Krause, 2017: Zeile 9).

Bedeutung für Daseinsvorsorge und ihre Akteur*innen

> **„Was der Markt leisten kann, das leistet er nach seinen Funktionsprinzipien, nämlich marktorientiert. Dass damit vielfach auch Gemeinwohl realisiert wird, ist sozusagen das Abfallprodukt."**
>
> (Dr. Sönke Schulz, 2017)

Staatliche Akteur*innen handeln, wenn sie Daseinsvorsorge ausüben, im Sinne des Gemeinwohls (vgl. Schulz, 2017: Zeile 14). Sie sind demnach um die notwendige Grundversorgung ihrer Bürger*innen bemüht und agieren dabei nicht profit- sondern gemeinwohlorientiert. Beispiel hierfür sind öffentliche Grünflächen, die durch Pflege und Instandhaltung Kosten verursachen, nicht veräußerbar sind und gleichzeitig keinen direkt messbaren (finanziellen) Nutzen bringen (vgl. Gennburg, 2017: Zeile 30).

Jedoch sind profitorientierte Akteur*innen nicht grundsätzlich davon ausgeschlossen, Leistungen der Daseinsvorsorge anzubieten (vgl. Schulz, 2017: Zeile 8). So wird etwa die flächendeckende Nahversorgung mit Nahrungsmitteln und Waren des täglichen Bedarfs nahezu ausschließlich durch den privaten Sektor organisiert (einzige Ausnahmen sind karitative Einrichtungen, siehe Dritter Sektor), ohne dass grundlegende Bedürfnisse der Bürger*innen gefährdet wären (Schulz, 2017: Zeile 82). Diese Gefahr ist lediglich gegeben, wenn eine angebotene Leistung, die Teil der Daseinsvorsorge ist, für einen privaten Anbieter nicht (mehr) wirtschaftlich ist und somit eine Wirtschaftlichkeitslücke entsteht (Schulz, 2017: Zeile 68; siehe Konflikte und Spannungsverhältnisse, S. 51).

DASEINSVORSORGE

Begriffserläuterung

Daseinsvorsorge bezeichnet Leistungen eines Staates, die der Versorgung der Bürger*innen mit grundlegenden Gütern, Infrastrukturen und Dienstleistungen dienen. Sie wird – je nach Kontext – auch als Existenzsicherung, zivilisatorische Grundversorgung oder Public Services bezeichnet. Der Begriff der Daseinsvorsorge wurde von Ernst Forsthoff (Forsthoff, 1938) in die deutsche Staatslehre eingeführt.

Die theoretischen Grundlagen für das Konzept eines vorsorgeorientierten Sozialstaatsprinzips gehen auf Lorenz von Stein zurück (Schulz, 2017: Zeile 5).

> **„Wichtig ist, dass man differenziert: Daseinsvorsorge ist aus meiner Sicht eben nicht nur Infrastruktur, sondern auch die Dienste, die auf bestimmten Infrastrukturen geleistet werden."**
>
> (Dr. Sönke Schulz, 2017)

Klassische Aufgaben der Daseinsvorsorge umfassen Abfallbeseitigung, Gas-, Wasser- und Stromversorgung sowie den Betrieb des öffentlichen Personennahverkehrs (vgl. Deutsches Institut für Urbanistik, 2012: 16). Gleichzeitig beschränkt sich Daseinsvorsorge nicht auf die Sicherung der rein physischen Existenz. Vielmehr geht es darum, die Teilhabe der Bürger*innen am gesellschaftlichen Leben zu ermöglichen (vgl. Herbst et al 2016: 6). Dementsprechend beinhaltet die Daseinsvorsorge nicht lediglich eine physische Versorgung mit Ressourcen und Infrastruktur, sondern auch Zugang zu Informationen, Zugang zum Arbeitsmarkt, Beteiligungsmöglichkeiten sowie Kultur und Bildung (vgl. Abbildung 3).

RECHTSGRUNDLAGE

Um zu erörtern, wann man als Bürger*in gegenüber dem Staat einen Anspruch auf die Erbringung von Leistungen hat, ist ein Einblick in die entsprechende Rechtsgrundlage notwendig. Relevant sind hierbei insbesondere der Grundgesetzartikel 1 in Verbindung mit Artikel 20. Hier wird das „soziale Grundrecht auf ein menschenwürdiges Existenz- und Teilhabeminimum" (BVerfG, 2010) beschrieben, welches den Bürger*innen gesellschaftliche Teilhabe zusichert, die nur wahrnehmbar ist, wenn entsprechende wirtschaftliche und infrastrukturelle Voraussetzungen bestehen (vgl. Schulz, 2016). Wichtig für die Diskussion der Akteursvielfalt (vgl. Teil 3 Konflikte und Spannungsverhältnisse) ist hierbei insbesondere das in Artikel 20 verwurzelte Sozialstaatsprinzip, das zwar grundlegend die marktwirtschaftliche Wirtschaftsverfassung bestätigt, aber „steuernde Eingriffe" (vgl. Schulz, 2016) durch den Sozialstaat legitimiert, um die oben genannte Teilhabe aller zu sichern. Darüber hinaus wird in Artikel 118 Abs. 2 der Wirkungsbereich der Kommunen definiert, der „alle Angelegenheiten, die im ausschließlichen oder überwiegenden Interesse der in der Gemeinde verkörperten örtlichen Gemeinschaft gelegen (...) sind", umfasst. Die Hoheit über die Organisation der Daseinsvorsorge liegt demnach bei den Kommunen. Neben diesen staatlichen Grundlagen werden die Aufgaben einzelner Teilbereiche in eigenen Gesetzen und Verordnungen auf unterschiedlichen Hierarchieebenen konkretisiert, beispielsweise dem bundesweit gültigen Telekommunikationsgesetz, den Bildungsgesetzen unter der Hoheit der Länder oder verschiedenen kommunalen Abfallverordnungen.

ERMITTLUNG VON AUFGABEN

„Bin ich denn von soziokulturellem Austausch ausgeschlossen, wenn ich kein Facebook-Profil habe?"

(Dr. Sönke Schulz, 2017)

Bereits 1842 erklärte der Staatsrechtler Zachariä, dass Daseinsvorsorge sich im stetigen Wandel befinde und somit die staatlichen Maßnahmen ständig überprüft und ergänzt werden müssen (vgl. Schlüter, 2017: 2). Welche Aufgaben, Dienstleistungen und Infrastrukturen also Teil der Daseinsvorsorge sind, muss permanent neu ausgehandelt werden. Ein mögliches, wenn auch nicht exklusives Kriterium für diese Auswahl bietet das Gemeinwohl: Leistungen, die dem Wohle aller dienen, ermöglichen auch eine bessere gesellschaftliche Teilhabe (siehe Gemeinwohl, S. 43). Ebenso wie die Frage, welche Leistungen gut für das Gemeinwohl sind, kann also auch die Auswahl von Aufgaben der Daseinsvorsorge nur demokratisch getroffen und durch ein inhaltliches Korrektiv legitimiert werden (Schulz, 2017: Zeile 14). Teil dieses Prozesses ist auch, dass Aufgabenbereiche, die Teil der Daseinsvorsorge sind, durch technischen Fortschritt obsolet werden. So ist im Telekommunikationsgesetz (siehe Rechtsgrundlage, S. 45) nach wie vor verankert, dass Telefonbücher und Münzfernsprecher im öffentlichen Raum installiert werden müssen – eine Richtlinie, die aus heutiger Sicht veraltet erscheint.

Die Tatsache, dass Daseinsvorsorge allein schon durch technischen Fortschritt einem permanenten Wandel unterliegt, ist jedoch nicht nur für die Vergangenheit, sondern auch für die Zukunft der Digitalen Daseinsvorsorge von besonderer Bedeutung: Laut Gennburg leben wir in einer „Gesellschaft der Digitalisierung", in der das Analoge nicht mehr die Lebensrealität von Menschen abbildet. Es stellen sich also vollkommen neue Fragen danach, wie „wir eigentlich leben wollen, wie wir Stadt organisieren wollen, wie wir Gemeinwohl organisieren wollen" (Gennburg, 2017: Zeile 30). Ein konkretes Beispiel hierfür ist die schwer zu beantwortende Frage, ob Bürger*innen von „soziokulturellem Austausch ausgeschlossen" sind, wenn sie kein Facebook-Profil haben (Schulz, 2017: Zeile 25). Die Frage illustriert einerseits die Dimension, in der digitale Medien Einfluss auf unsere gesellschaftliche Teilhabe haben, und welche Potenziale beispielsweise für den Austausch von Informationen oder die Organisation von Partizipation in ihnen liegen. Andererseits zeigt sich aber deutlich, dass an dieser Stelle ein grundlegendes Bedürfnis (soziokultureller Austausch) nicht durch den Staat, sondern durch einen privaten Akteur außerhalb deutscher Rechtssprechung organisiert wird (siehe Akteur*innen der Daseinsvorsorge, S. 47). Im gegebenen Fall ist dies nicht per se ein Problem, zumal Facebook als Kanal für digitale Kommunikation aus der deutschen Medienlandschaft nicht mehr wegzudenken ist. Allerdings verlangt es für zukünftige Dienste nach einer Diskussion über datenschutzrechtliche Anforderungen, Standards und Offenheit (Schulz, 2017: Zeile 37).

ZUKÜNFTIGE ENTWICKLUNG GEGENWÄRTIGER HANDLUNGSFELDER

Aus allen geführten Interviews lassen sich gegenwärtige Handlungsfelder der Daseinsvorsorge sowie mögliche Entwicklungsdimensionen ableiten. Diese umfassen „nicht nur Infrastruktur, sondern auch die Dienste, die mittels bestimmter Infrastrukturen geleistet werden" (Schulz, 2017: Zeile 5).

„Mir geht es nicht nur darum, neue Apps zu programmieren, sondern analoge Räume zu schaffen, in denen neue Produktionswege gegangen werden können und in denen sich Gesellschaft neu konstituiert."

(Katalin Gennburg, 2017)

Zukünftige Entwicklung gegenwärtiger Handlungsfelder

Handlungsfeld	Zukünftige Entwicklung
Verkehrsinfrastruktur und ÖPNV	Elektromobilität (ua. Wohland, 2017: Zeile 13), Autonomes Fahren (ua. Schulz, 2017: Zeile 98), Integrierte Verkehrssysteme (Wohland, 2017: Zeile 45), Selbstfahrende Logistik (Wagner, 2017: Zeile 66)
Energie- Gas- und Wasserversorgung	Smart Grid (Krause, 2017: Zeile 63), Smart Home (Sadowski, 2017: Zeile 44), Smart Meter (Schulz, 2017: Zeile 23), Smarte Straßenbeleuchtung (Sadowski, 2017: Zeile 83)
Telekommunikation	Breitbandausbau (ua. Askar, 2017: Zeile 41), Öffentliches WLAN (Gennburg, 2017: Zeile 14), Dezentrale städtische Rechenzentren (Schulz, 2017: Zeile 31), Internet-of-Things, Sensorik (Sadowski, 2017: Zeile 83)
Nahversorgung	Nahversorgung durch E-Commerce (Wohland, 2017: Zeile 13), Kommunale FabLabs (Gennburg, 2017: Zeile 42, Schulz, 2017: Zeile 102)
Entsorgungs-infrastruktur	Smarte Mülltonnen (Sadowski, 2017: Zeile 28), Autonomes Fahren (u.a. Schulz, 2017: Zeile 98)
Post (-filialen)	Wiederbelebung zentraler Orte mit Co-Working (Schulz, 2017: Zeile 46)
Gesundheitswesen	E-Health (Wohland, 2017: Zeile 13)
Altenpflege	Ambient Assisted Living (Wohland, 2017: Zeile 45)
Bildungswesen, Kinderbetreuung	E-Learning, E-Teaching (u.a. Krause, 2017: Zeile 15)
Rettungsdienste, Katastrophenschutz, Brandschutz	Digitale Nothilfe (Wohland, 2017: Zeile 13)
e-Government	Bürgerkonto, digitales Bürgeramt (Krause, 2017: Zeile 13, 15, 23, 37)

Tabelle 3: Gegenüberstellung der gegenwärtigen und zukünftigen Handlungsfelder,
gegenwärtige Handlungsfelder wurden aus folgenden Quellen konsolidiert: Wohland (2017: Zeile 3), Krause (2017: Zeile 5), Schulz (2017: Zeile 5), Sadowski (2017: Zeile 14), Gennburg (2017: Zeile 14), Askar (2017: Zeile 5).

3. TEIL
AKTEUR*INNEN DER DASEINSVORSORGE

Die Daseinsvorsorge in Deutschland wird durch staatliche, wirtschaftliche und zivilgesellschaftliche Akteur*innen organisiert (vgl. z. B. Schulz, 2017: Zeile 8). Innerhalb dieser Kategorien herrscht eine große Vielfalt an Aufgaben, Organisationsformen und Motivationen. Daher sollen in diesem Kapitel die einzelnen Bereiche zunächst getrennt voneinander betrachtet werden, um im Anschluss das systemische Zusammenspiel der Akteur*innen zu skizzieren (Abbildung 1). Die Betrachtung der sich dabei ergebenden Konflikte ist besonders wichtig, da diese in der Formulierung von Handlungsempfehlungen adressiert werden müssen. Dies gilt insbesondere für die Aktionsfelder der Digitalen Daseinsvorsorge, da hier neue Aufgaben an die bestehenden Akteur*innen herangetragen werden.

AKTEUR*INNEN

Staat und Verwaltung

Für die Daseinsvorsorge sind folgende staatliche Einflusskräfte von Bedeutung:

a) Kommunen, Städte und Gemeinden
b) Bundesländer
c) Bund
d) Europäische Union

Zwar liegt die Umsetzung vieler Maßnahmen vor Ort in der Hand der Kommunen (siehe Rechtsgrundlage der Daseinsvorsorge, S. 45), jedoch werden die entsprechenden Rahmenbedingungen auf höheren Ebenen geschaffen: So sind beispielsweise im Bereich E-Learning durch die Landeshoheit der Bildung die jeweiligen Ministerien der Bundesländer zuständig, während der Ausbau der Telekommunikationsinfrastruktur mit nationalen Gesetzen (z. B. DigiNetz-Gesetz) angegangen wird.

Die Rolle der Europäischen Union ist insofern relevant, da sie an oberster Stelle der Gesetzeshierarchie steht und ihre Richtlinien und Verordnungen somit im Zweifelsfalle nationale Rechtsprechung brechen. Die sich daraus ergebenden Konflikte der Liberalisierungs- und Deregulierungspolitik (vgl. Deutsches Institut für Urbanistik 2012: 16) sind in Teil 3 beschrieben.

Grundlegende Motivation des Staates in der Organisation des Gemeinwohls ist die Sicherstellung der Teilhabe aller Bürger*innen am gesellschaftlichen Leben (siehe Rechtsgrundlage, S. 45).

Wirtschaft

Rein privatwirtschaftlich agierende Akteur*innen sind aus der Daseinsversorgung nicht mehr wegzudenken. Einige Bereiche, beispielsweise die Nahversorgung (z. B. Supermärkte mit der dahinterstehenden Versorgungslogistik), werden ausschließlich durch private Akteur*innen organisiert und gewährleisten weitestgehend die notwendige Grundversorgung. In anderen Bereichen wie beispielsweise der Telekommunikation handeln die entsprechenden Konzerne innerhalb gegebener Gesetze und Richtlinien oder orientieren sich an einer staatlich aufgestellten Agenda (z. B. DigiNetz-Gesetz). Dabei unterscheiden sich die Akteur*innen unter anderem in ihrer Größe bzw. ihrer Marktdurchdringung: Sowohl multinationale Unternehmen (z. B. Amazon für Angebote in der Nahversorgung) als auch kleine und mittelständische Unternehmen (KMU, vgl. Wohland, 2017: Zeile 5) können Angebote in der Daseinsvorsorge bereitstellen. Darüber hinaus gibt es eine Vielzahl an Organisations- und Geschäftsformen (z. B. Aktiengesellschaften, (gemeinnützige) Gesellschaften mbH, sowie weitere internationale Formate), die sich unter anderem in ihrer Orientierung am Gemeinwohl (siehe Gemeinwohlökonomie, S. 44) unterscheiden und dementsprechend auch Auswirkungen auf die Daseinsvorsorge haben (siehe Gemeinwohlorientierung von Körperschaften, S. 63).

Da es natürlich eine Nachfrage nach den grundlegenden Dienstleistungen der Daseinsvorsorge gibt, können wirtschaftliche Akteur*innen ein entsprechendes Angebot gestalten und verkaufen. „Was der Markt leisten kann, das leistet er nach seinen Funktionsprinzipien, nämlich marktorientiert. Das damit vielfach auch Gemeinwohl realisiert wird, ist sozusagen das Abfallprodukt" (Schulz, 2017: Zeile 68). Die grundlegende Motivation rein privatwirtschaftlich agierender Akteur*innen ist somit – wenn auch nicht ausschließlich – die Generierung von Profit.

Staatliche Unternehmen

Eine wichtige Sonderrolle nehmen Unternehmen ein, die teilweise oder ganz durch staatliche Akteur*innen kontrolliert werden: So werden viele klassische Aufgaben der Daseinsvorsorge von Stadtwerken übernommen, die sich beispielsweise um Ver- und Entsorgungsdienstleistungen der Kommunen kümmern.

Wie auch bei rein privatwirtschaftlichen Unternehmen gibt es eine Vielzahl an möglichen Rechtsformen für diese kommunalen Betriebe: Einerseits gibt es an der Privatwirtschaft orientierte Modelle, in denen die

Unternehmen als Gesellschaft mit beschränkter Haftung (GmbH) mit Gewinnerzielungsabsicht (siehe § 15 Abs. 2 EStG) agieren, als Gesellschafter jedoch – teilweise neben privaten Personen – die Kommune als juristische Person eingesetzt wird. Ähnliches gilt für größere Unternehmen, die sich als Aktiengesellschaft (AG) formieren, welche allerdings im Staatsbesitz ist und deren Aufsichtsrat unter anderem mit Verwaltungskräften besetzt wird (z. B. Deutsche Bahn AG). Andererseits gibt es klassische Modelle, wie den Regie-, Eigen- oder Landesbetrieb, welche nicht insolvenzfähig sind und eine andere steuerliche Behandlung erfahren als GmbH. Größere Betriebe – beispielsweise die BVG in Berlin – können als Anstalt öffentlichen Rechts aufgestellt werden, wobei öffentliche Aufgaben, mit der die Anstalt betraut ist, in ihrer Satzung festgeschrieben werden.

Eine vielversprechende Entwicklung, die allerdings noch nicht Einzug in die gängige Praxis gefunden hat, ist die Entwicklung von öffentlich-rechtlichen Genossenschaften (Schulz, 2017: Zeile 63), welche die Perspektive eröffnen, viele (ungleiche) Partner*innen in einer Gesellschaft zu bündeln und somit den für eine erfolgreiche Digitale Daseinsvorsorge notwendigen Dialog zu institutionalisieren. Auf die Frage, in welcher rechtlichen Form staatliche Unternehmen ihre Aufgabe in der Digitalen Daseinsvorsorge gemeinwohlorientiert erfüllen können, wird in Teil 8 Gemeinwohlorientierung von Körperschaften weiter eingegangen.

Zivilgesellschaft

Die Zivilgesellschaft – der sogenannte Dritte Sektor – setzt sich aus Vereinigungen, Stiftungen, Initiativen, Nichtregierungsorganisationen und Vereinen zusammen. Der gemeinsame Nenner dieser Akteur*innen in der Daseinsvorsorge besteht in der Erbringung gemeinwohlorientierter Versorgungsleistungen, beispielsweise Obdachlosenhilfe, Bedürftigentafeln sowie Alten- und Krankenpflege. Zielgruppe dieser meist karitativen Leistungen sind insbesondere sozial schwache Bürger*innen, da diese sich andere, privatwirtschaftliche Alternativen nicht leisten können und es keine Grundsicherung durch den Staat gibt (siehe Wirtschaftlichkeitslücke, S. 52).

> **„Die Zivilgesellschaft kommt hinzu, um zu unterstützen und in gewissen Dingen, wo es nicht mehr anders geht, einzuspringen und sich einzubringen. […] Aber man darf sie auch nicht überfordern und alles auf das Ehrenamt abwälzen; sondern die Hauptverantwortung liegt schon bei den staatlichen Ebenen."**
>
> (Julian Wohland, 2017)

Somit ist die Aktivität des Dritten Sektors in der Daseinsvorsorge besonders in Zeiten knapper kommunaler Kassen notwendig (Wohland, 2017: Zeile 24), da durch ihn der Staat in der Erhaltung der Qualität der Daseinsvorsorge unterstützt wird (ebd.: 29).

Neben dem Anbieten von konkreten Dienstleistungen kommt der Zivilgesellschaft – an dieser Stelle oftmals verkörpert durch Nichtregierungsorganisationen, soziale Bewegungen und Gewerkschaften – die Aufgabe zu, sich am Dialog zur Ermittlung von Aufgaben der Daseinsvorsorge zu beteiligen. Diese Aufgabe ist vor dem Hintergrund der Digitalisierung unserer Gesellschaft besonders wichtig.

Eine klare Abgrenzung des zivilgesellschaftlichen vom privaten Sektor ist im Einzelfall oftmals nicht möglich, da auch viele klassische Bereiche des Dritten Sektors gegenwärtig marktorientiert organisiert werden, beispielsweise die Altenpflege oder Hospize.

SYSTEMISCHES ZUSAMMENWIRKEN

Kontextdiagramm der Akteur*innen

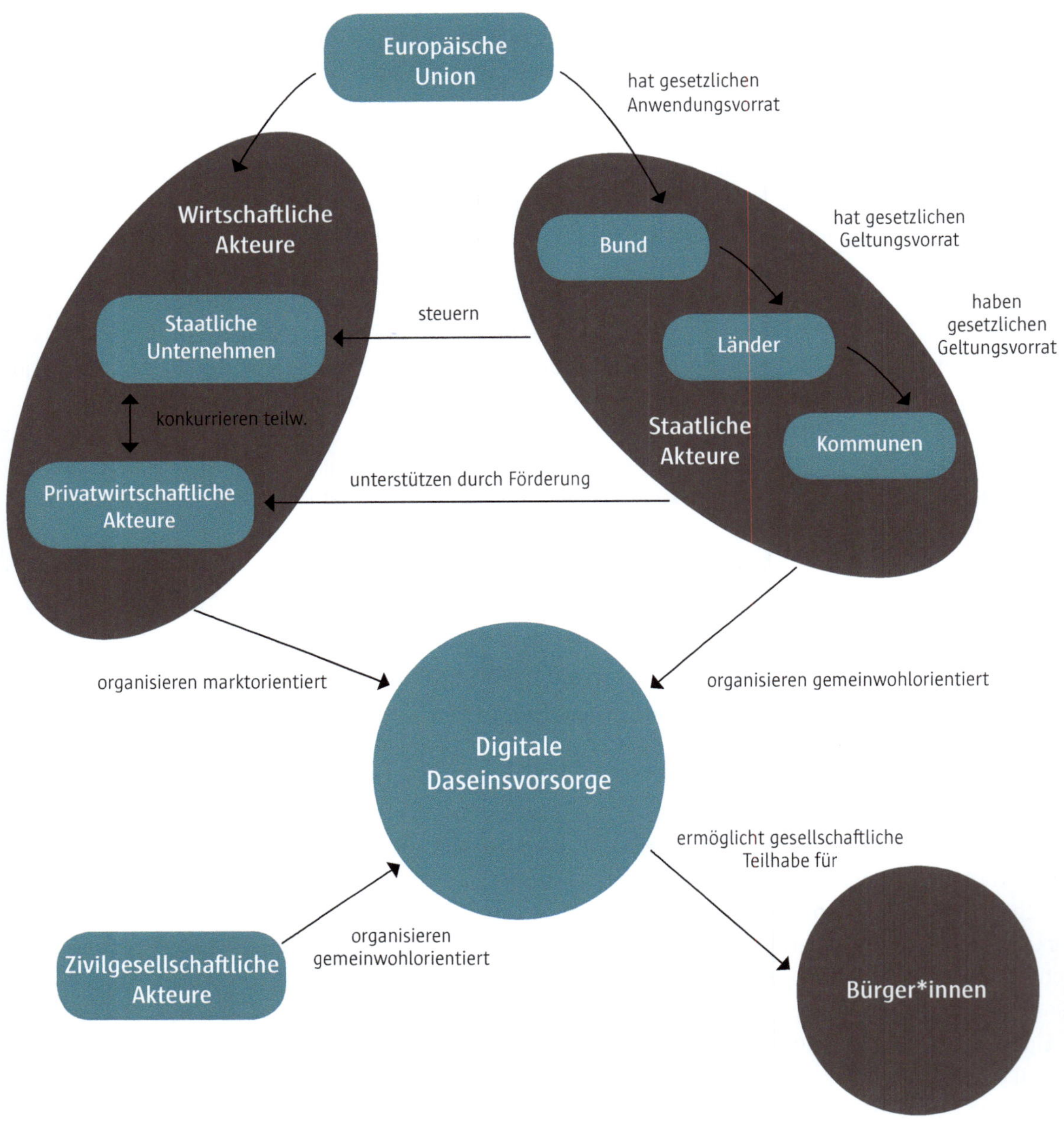

Abbildung 1: Kontextdiagramm der Akteure in der Digitalen Daseinsvorsorge
Eigene Darstellung

KONFLIKTE UND SPANNUNGSVERHÄLTNISSE

Gewährleistungsstaat

Von einem Gewährleistungsstaat spricht man, wenn der Staat lediglich zentrale Kernelemente selbst übernimmt, sämtliche Aufgaben der Daseinsvorsorge aber der Privatwirtschaft überlässt (Wagner, 2017: Zeile 14) und dabei die möglichen Einnahmen, aber auch die Kontrolle über die Qualität eben dieser Aufgaben aus der Hand gibt (Wagner, 2017: Zeile 58). Welche Aufgaben dabei Kernelemente sind und welche veräußert werden sollen, wird durch den demokratischen Prozess identifiziert. Die Frage, ob die deutsche Politik sich von dem Konzept eines Wohlfahrtsstaates abgewendet hat und das Prinzip eines Gewährleistungsstaates verfolgt, ist Teil des öffentlichen Diskurses (Karl, 2009). Befürworter des Gewährleistungsstaates argumentieren, dass die Selektion des Marktes das beste Angebot stärke, während Kritiker befürchten, dass bei einer Privatisierung zentraler Aufgaben das Gemeinwohl auf der Strecke bleibt (ebd.)

„Die Gewährleistung dessen, also dass das es überhaupt noch funktioniert, liegt immer noch beim Staat. Das heißt, wenn er sich nicht kümmert, funktioniert es nicht, insofern gibt es inzwischen ganz viele, oder sagen wer mal ganz viele Public Privat Partnerships auf diesem Gebiet."

(Katalin Gennburg, 2017)

Steuerungsanspruch

Wenn der Staat Aufträge für die Erbringung der Daseinsvorsorge an private Akteur*innen vergibt, wie kann die Nachhaltigkeit und Qualität der Leistung nicht nur im Nachhinein kontrolliert, sondern auch im Vorfeld gesteuert werden? Gegenwärtig wird diese Steuerung kaum in Anspruch genommen (Schulz, 2017: Zeile 37), somit werden Potenziale des Dialogs und der langfristigen Qualitätssicherung verschenkt.

Dies ist insbesondere vor dem Hintergrund der Digitalisierung der Daseinsvorsorge wichtig (Wagner, 2017: Zeile 29), da gerade hier neue Aufgaben auf Akteur*innen warten, die sie umsetzen.

„Es muss auch – und ich stelle fest, dass das sehr wenig ausgeübt wird – in der digitalen Welt einen staatlichen Steuerungsanspruch geben. Den sehe ich vielfach nicht."

(Dr. Sönke Schulz, 2017)

Liberalisierung des EU-Binnenmarktes

Seit den 1930er Jahren hat sich in Deutschland eine umfassende öffentliche Daseinsvorsorge mit einer öffentlich-rechtlichen Anbieterstruktur gebildet. Demgegenüber stehen die Bestrebungen der Europäischen Union, durch Liberalisierung und Deregulierung des europäischen Binnenmarktes einen grenzüberschreitenden Wettbewerb zu ermöglichen (Deutsches Institut für Urbanistik 2012: 16). Dieses offensichtliche Spannungsverhältnis zwischen der EU und Deutschland (Müller, 2008: 206) stellt kein triviales Problem dar, da die Mission der EU-Kommission, einen freien europäischen Binnenmarkt zu schaffen einer nationalstaatlich organisierten gemeinwohlorientierten Daseinsvorsorge entgegenläuft. Kellermann (2007) fordert daher, zum Erhalt der Daseinsvorsorge das Verhältnis von staatlicher Ordnungspolitik und dem Wettbewerb im EU-Binnenmarkt klar festzulegen. Dies kann nur durch die „Ausgestaltung von EU-Recht" geschehen und nicht auf nationalstaatlicher Ebene gelöst werden. Insgesamt sollte dem „Wettbewerbsgedanken des EU-Binnenmarktes die Idee eines gleichrangigen Sozialmodells entgegengesetzt werden" (Kellermann, 2007: 4), um Gemeinwesen und Sozialausgleich zu sichern.

WIRTSCHAFTLICHKEITSLÜCKE

Da privatwirtschaftliche Akteur*innen nach den Prinzipien des Marktes agieren, ist es für sie sinnvoll lediglich, solche Leistungen anzubieten, die für sie – zumindest langfristig – wirtschaftlich sind. So stellt beispielsweise der Breitbandausbau einen Teil der notwendigen Grundversorgung der Bürger*innen dar; jedoch ist er unter anderem in ländlichen Regionen nicht wirtschaftlich. Eine solche Wirtschaftlichkeitslücke kann durch das Eingreifen des Staates geschlossen werden, beispielsweise durch Förderprogramme (Schulz, 2017: Zeile 37f). Diese Förderprogramme bieten eine zu wenig genutzte Gelegenheit, Dialog zu institutionalisieren und den staatlichen Steuerungsanspruch zu erhalten.

FINANZIELLE AUSSTATTUNG DER KOMMUNEN

Neben der Wettbewerbsöffnung der EU ist es vor allem die finanzielle Lage der Kommunen, die eine Privatisierung ehemals öffentlich-rechtlicher Vorsorgeaufgaben vorantreibt. Als Folge der Sparpolitik – insbesondere unter Bundesfinanzminister Wolfgang Schäuble, und der zunehmenden Urbanisierung fehlen den Kommunen die notwendigen Mittel, um selbstständig Lösungen zu organisieren. Vor dem Hintergrund der Digitalisierung und den damit verbundenen neu entstehenden Aufgabenfeldern ist dieses Spannungsverhältnis besonders prekär (Gennburg, 2017: Zeile 92).

> **„Das Problem ist, dass uns dieser ganze Innovationsschub und die Digitalisierungsoffensive an einem gesellschaftlichen Punkt treffen, an dem wir gerade aus jahrelangen Spar-Exzessen herauskommen. [...] In diesem Moment trifft uns diese Innovationswelle besonders hart, weil die Kommunen überhaupt keine Möglichkeiten haben, jetzt zu investieren."**
>
> (Katalin Gennburg, 2017)

4. TEIL

DIGITALISIERUNG UND DASEINSVORSORGE

AUSWIRKUNGEN DER DIGITALISIERUNG

Digitalisierung hat einen beträchtlichen Einfluss auf das gesellschaftliche Leben. Im Folgenden werden auf Grundlage der geführten Expert*inneninterviews die Chancen und Risiken der Digitalisierung, die Digitalisierung der Daseinsvorsorge sowie weitere Punkte, wie die Privatisierung und die Schaffung neuer digitaler Angebote im Bereich der Daseinsvorsorge diskutiert. Die Digitalisierung verändert unsere gesamte Gesellschaft und hat insofern auch einen starken Einfluss auf die Daseinsvorsorge (Wagner, 2017: Zeile 20) Die immer schneller eintretenden Veränderungen werfen grundsätzliche Fragen hinsichtlich der Organisation des gesellschaftlichen Lebens auf, die weit darüber hinausgehen, ob öffentliches W-Lan Teil der Daseinsvorsorge sein sollte oder nicht. Vielmehr stellt sich die Frage, wie durch Digitalisierung das Gemeinwohl gestärkt und ein echter Mehrwert für die Gesellschaft geschaffen werden kann (vgl. Gennburg, 2017: Zeile 30). Es ist zu erwarten, dass in den kommenden Jahren viele Arbeitsplätze durch die Digitalisierung verloren gehen oder zumindest massive Umstrukturierungen und Umwälzungen auf neue Sektoren stattfinden werden (vgl ebd.: Zeile 59). Schon heute lässt sich beobachten, dass ein Teil der Gesellschaft nicht willens oder aus unterschiedlichen Gründen nicht in der Lage ist, digitale Angebote im beruflichen und/oder privaten Alltag zu nutzen (vgl. Sadowski, 2017: Zeile 57). Vor diesem Hintergrund erscheint es besonders wichtig, bürgerorientierte Services zu entwickeln und die bekannten Möglichkeiten der digitalen Technologien in die bestehenden Prozesse einzubinden (vgl. Krause, 2017: Zeile 23).

CHANCEN UND RISIKEN DER DIGITALISIERUNG

Durch die Schaffung neuer Dienstleistungen bzw. die Neuorganisation und Effizienzsteigerung bestehender Angebote bietet die Digitalisierung große Chancen für die Daseinsvorsorge: Das Autonome Fahren wird den öffentlichen Personenverkehr revolutionieren; Bereiche wie die Energieversorgung werden durch Smart Metering dynamisch und schalten Verbraucher in dem Moment zu, in dem viel Energie, z. B. aus Wind- oder Solarkraft, im Netz vorhanden ist (vgl. Wagner, 2017: Zeile 20). Die Bündelung und Vernetzung von öffentlicher Infrastruktur – sogenannte Shared Services – wird enorme Effizienzsteigerungen von öffentlichen Verwaltungsprozessen bewirken und damit einerseits Arbeitsaufwand und Kosten in der öffentlichen Verwaltung und andererseits Zeit für Bürger*innen einsparen (vgl. Krause, 2017: Zeile 13). Durch die Nutzung von Lösungen wie E-Partizipation und E-Government können neue digitale Wege der Beteiligung erprobt und etabliert werden (vgl. Krause, 2017: Zeile 11). Mit höherer Transparenz der öffentlichen Prozesse und neuen Möglichkeiten, nutzerorientierte Ideen einzubringen und Bürger*innen mitbestimmen zu lassen, wird die Demokratie nachhaltig gestärkt (vgl. PricewaterhouseCoopers, 2017: 20). Der mobile Zugang zu E-Partizipation und E-Government kann Beteiligung und Behördengänge an den modernen Alltag der Bürger*innen anpassen, welcher oft von Zeitmangel geprägt ist (vgl. Krause, 2017: Zeile 23). Gerade ländlichen und wirtschaftlich schwachen Regionen eröffnet die Digitalisierung – richtig umgesetzt – große Chancen, da in Verbindung mit einer Breitbandversorgung neue Arbeitsplätze geschaffen werden können, beispielsweise durch Telearbeit. Auch lassen sich bestehende Arbeitsplätze leichter sichern wie auch neue Geschäftsmodelle entwickeln und dadurch die regionale Wertschöpfung ankurbeln (Wohland, 2017: Zeile 19). Auf diese Weise kann die Digitalisierung der Daseinsvorsorge zur Herstellung gleichwertiger Lebensbedingungen und so zu einem Aufschwung in aktuell schlecht(er) gestellten Gebieten beitragen (vgl. Wohland, 2017: Zeile 7).

Auf der anderen Seite ist Digitalisierung ein komplexes und sehr schnelllebiges Thema, wodurch es gerade für kleinere Kommunen schwierig wird abzuwägen, wie eine nachhaltige Digitalisierungsstrategie im Sinne der Bürger*innen aussehen könnte (vgl. Wagner, 2017: Zeile 78). Kommunen stehen, trotz Mangel an finanziellen Mitteln und Know-how, unter dem enormen öffentlichen Druck, rasch zu handeln. Für schnelle Lösungen und Beratung stehen hauptsächlich privatwirtschaftliche Unternehmen und deren Vertreter bereit, wodurch mitunter Interessenkonflikte (siehe Akteur*innen der Daseinsvorsorge, S. 47) entstehen (vgl. Gennburg, 2017: Zeile 96). Hier sind unter anderem Aufgabenbereiche des Datenschutzes zu nennen: So gehört die brisante Frage, ab welchem Punkt das Sammeln, Bündeln und Auswerten von Nutzerdaten zum „Gläsernen Bürger" führen, zur aktuell geführten Debatte um die Digitalisierung der Daseinsvorsorge (vgl. Krause, 2017: Zeile 15). Für weniger technikaffine Bürger*innen wird durch das enorme Tempo des Wandels und den beständig wachsenden Bedarf an Wissen die Teilhabe an der digitalen Welt und der damit verbundenen Wertschöpfung zunehmend schwieriger (Askar, 2017: Zeile 19). Menschen, die keinen Zugang zur Online-Welt haben oder haben wollen, sind gefährdet, in ihrem Zugang zu essenziellen Dienstleistungen, Gütern und Bürgerrechten benachteiligt oder gar behindert zu werden (vgl. Wagner, 2017: Zeile 20). Laut Prognosen sind es nicht nur Arbeitsplätze in der Fertigung, sondern auch hochbezahlte Positionen, die durch Robotik und Künstliche Intelligenz ersetzt werden (Krause, 2017: Zeile 19). Einzelhändler, die sich bisher noch gut in Klein- und Mittelstädten halten konnten, geraten unter erhöhten Konkurrenzdruck durch den Online-Versandhandel und müssen unter Umständen aufgeben (vgl. Wagner, 2017: Zeile 42). In Folge dieser Entwicklung besteht die Gefahr, dass die Qualität der physischen Infrastruktur in den genannten Bereichen weiter abnimmt und die Daseinsvorsorge nahezu ausschließlich onlinebasiert erbracht wird, wodurch direkte Kontaktmöglichkeiten und Angebote noch weiter schwinden werden (vgl. Wohland, 2017: Zeile 17). In dieser Hinsicht birgt die Digitalisierung also auch das Potenzial, die Gesellschaft (weiter) zu spalten, insofern wenige gut ausgebildete und finanziell bereits besser gestellte Personen und Unternehmen viel Geld mit der Digitalisierung verdienen, während die Mehrheit der Bevölkerung wenig an der digitalen Wertschöpfung teil hat (vgl. Askar, 2017: Zeile 19).

DIGITALISIERUNG DER DASEINSVORSORGE

Die Auswirkungen der Digitalisierung der Daseinsvorsorge lassen sich grundlegend in zwei Bereiche aufteilen: Auf der einen Seite findet eine Digitalisierung der überkommenen Daseinsvorsorge statt; auf der anderen Seite stellt sich die Frage, ob durch die Digitalisierung neue Elemente zur Daseinsvorsorge hinzukommen müssen, die für die gesellschaftliche Teilhabe essenziell geworden sind, wie beispielsweise der Zugang zu Sozialen Medien (Schulz, 2017: Zeile 22f) und Telekommunikationsdiensten sowie die Breitbandverfügbarkeit (Wagner, 2017: Zeile 16). Durch die neuen digitalen Möglichkeiten ist es in einigen Bereichen leichter geworden, Daseinsvorsorge bereitzustellen, allerdings unter der Voraussetzung, dass die Akteur*innen der Daseinsvorsorge sich intensiv mit dem Thema auseinandersetzen (Askar, 2017: Zeile 11).

Digitalisierung verändert Aufgaben

Zahlreiche Dienstleistungen, Produkte und Arbeitsweisen innerhalb der Daseinsvorsorge verändern sich, werden überflüssig oder müssen neu erfunden werden. So sind manche vertrauten Dinge, wie die Telefonzelle und das Telefonbuch, schon weitestgehend aus unserem Alltag verschwunden, und die Tatsache, dass sich beides noch vereinzelt finden lässt, ist mehr dem veralteten Telekommunikationsgesetz geschuldet als der täglichen Nachfrage durch die Bürger*innen (Schulz, 2017: Zeile 24). Grundsätzlich erscheint es logisch, dass durch das Hinzukommen neuer Aufgaben im Bereich der Daseinsvorsorge veraltete oder überflüssig gewordene Bereiche wegfallen (vgl. ebd.: Zeile 28). In naher Zukunft ist beispielsweise zu erwarten, dass die heute in Deutschland meist noch analog mit Akten arbeitende öffentliche Verwaltung großteils digitalisiert werden wird und dadurch eine Effizienzsteigerung erreicht werden kann (Krause, 2017: Zeile 13). Auch der physische Gang zum Amt könnte in Verbindung mit der Nutzung der digitalen Ausweisfunktion durch die Bürger*innen in den meisten Fällen überflüssig werden. Mithilfe einfacher Sensorik an Straßenlaternen zur Fahrzeugzählung können die analoge Aufnahme ersetzt und viele Arbeitsstunden eingespart werden. Zusätzlich stünden durch derartige Maßnahmen die Verkehrsdaten ständig „live" zur Verfügung, wodurch eine optimierte Verkehrsführung gewährleistet werden könnte (vgl. Sadowski, 2017: Zeile 26). Es ist auch anzunehmen, dass durch das Autonome Fahren im ÖPNV keine Berufskraftfahrer mehr gebraucht werden und sich die Beschaffenheit der Fahrzeuge sowie deren Organisation stark verändern wird (Schulz, 2017: Zeile 28).

Probleme bei der Digitalisierung der Daseinsvorsorge

Neben den Spannungsverhältnissen, die sich aus der Vielfalt der beteiligten Akteur*innen (siehe Aktuer*innen der Daseinsvorsorge, S. 47) ergeben, birgt die Digitalisierung zahlreiche strukturelle, technische sowie rechtliche Hürden und erfordert beachtliches Know-how und Weitblick innerhalb der Kommunen. Diesbezüglich ist beispielsweise Berlin aktuell schlecht ausgestattet: An vielen Stellen scheint es noch am Bewusstsein dafür zu fehlen, dass das Thema Digitalisierung finanziell wie personell aufwändig ist. Derzeit ist man eher darum bemüht, analoge Prozesse in der Verwaltung wieder zum Laufen zu bringen. Dabei stellt sich nicht nur bei der Neueinstellung von Personal die Frage, inwieweit hier auch die bevorstehende Digitalisierung brücksichtigt werden muss (vgl. Gennburg, 2017: Zeile 96). Gleichzeitig werden auch die zu verarbeitenden Datenmengen enorm ansteigen, beispielsweise durch die beständig verfeinerte Sensorik, die in Städten und Gemeinden zum Einsatz kommt. Aus diesem Grund sollte in den Verwaltungen bereits heute die Ausgestaltung der Infrastruktur von morgen mitbedacht und lokale Rechenzentren in Betracht gezogen werden (vgl. Schulz, 2017: Zeile 31). Ähnliches gilt auf Bundesebene, beispielsweise im Bereich des Autonomen Fahrens: Versäumt es der Staat, das Thema frühzeitig anzugehen, werden privatwirtschaftliche Akteur*innen Fakten schaffen und der Staat seine Gestaltungsmöglichkeiten und seinen Steuerungsanspruch verwirken (vgl. ebd.: Zeile 60). Schaut man z. B. auf die Ladestationen im Bereich der E-Mobilität, so zeigt sich, dass Nutzer*innen aktuell auf verschiedenste Services unterschiedlicher Anbieter zurückgreifen müssen, um Energie für ihre Fahrzeuge zu beziehen. Dies ist kompliziert und nicht nutzerfreundlich (vgl. Sadowski, 2017: Zeile 50). Für die Vernetzung innerhalb der öffentlichen Verwaltung und der kommunalen Unternehmen ist eine moderne IT-Struktur und die Entwicklung von Schnittstellen nötig, die sich jedoch häufig noch im Aufbau befindet. Für eine erfolgreiche Verzahnung und Planung sind eine ganzheitliche Strategie und tiefgreifende Kooperationen zwischen den Akteur*innen absolut entscheidend (vgl. ebd.: Zeile 24). An der Schnittstelle zwischen Bürger*in und Verwaltung werden bestehende Technologien, die beispielsweise den mobilen Behördengang ermöglichen würden, aufgrund noch zu klärender Probleme des Datenschutzes auf Bundes-, Länder- und Kommunalebene noch nicht eingesetzt, wodurch vorhandene Potenziale ungenutzt bleiben (vgl. Krause, 2017: Zeile 15).

STANDORTFAKTOR DIGITALISIERUNG UND REGIONALE WERTSCHÖPFUNG

Der strategisch sinnvolle Ausbau von digitaler Infrastruktur wie Breitband und darauf aufbauenden digitalen Services ist und wird zunehmend zu einem wichtigen Standortfaktor, welcher beispielsweise für die Schaffung und den Erhalt von Arbeitsplätzen entscheidend sein kann und einen starken Einfluss auf die Lebensqualität am Standort hat (vgl. Wagner, 2017: 48). Speziell die Unterschiede zwischen Ballungsräumen und dem ländlichen Raum können durch die Digitalisierung verstärkt oder abgeschwächt werden. Digitalisierung kann entscheidend zur Sicherung von gleichwertigen Lebensumständen zwischen Stadt und Land beitragen (vgl. Wohland, 2017: Zeile 7). Gleichzeitig kann ein fehlender Ausbau von Infrastruktur und eine strategisch falsche Ausrichtung auch eine Abwärtsspirale in Gang setzen, die sich schwer wieder aufhalten lässt (vgl. Wohland, 2017: Zeile 19). Digitale Wertschöpfung wird zukünftig nur in Verbindung mit einer gut ausgebauten digitalen Infrastruktur möglich sein. Regionen, die den Ausbau nicht realisieren, werden davon ausgeschlossen sein (vgl. Schulz, 2017: Zeile 31). Die Substitution bestehender Daseinsvorsorge durch digitalisierte Lösungen schafft einen höheren Grad an Effizienz und kann durch Services, wie beispielsweise E-Government, E-Health und E-Learning zu einer Steigerung der Lebensqualität vor Ort beitragen (vgl. Wohland, 2017: Zeile 13). Durch die Digitalisierung von Behördengängen lässt sich zudem Zeit für Bürger*innen und Verwaltung einsparen, wodurch zukünftig Ressourcen für andere wichtige Dinge frei werden (vgl. Krause, 2017: Zeile 13). Richtig angewandt, können die Digitalisierung und die von Bürger*innen erzeugten Daten zu einer regionalen Wertschöpfung und der Stärkung regionaler Wirtschaftskreisläufe beitragen (vgl. Gennburg, 2017, Zeile 52). Hierbei stellen interkommunale Vernetzung und Zusammenarbeit einen bedeutenden Faktor dar (ebd. vgl. Zeile 103).

PRIVATISIERUNG DER DASEINSVORSORGE

Privatisierung senkt unter Umständen Kosten, gleichzeitig kann sich auch die Qualität der zu erbringenden Leistungen verringern (vgl. Krause, 2017: Zeile 55).

„Ganz allgemein sehe ich es kritisch, wenn wir uns zunehmend zu einem Gewährleistungsstaat entwickeln und der Staat sich insbesondere im Bereich der Daseinsvorsorge einen schlanken Fuß macht, indem er wichtige Versorgungsaufgaben der Privatwirtschaft überlässt."

(Oliver Wagner, 2017)

Abhängig davon, zu welchen Bedingungen privatisiert wird, können Vor- und Nachteile für einzelne Nutzergruppen wie z. B. im Personenverkehr durch ein marktorientiertes Tarifmodell entstehen. Außerhalb Lebende und Fahrgäste mit Behinderung würden hier beispielsweise benachteiligt werden (vgl. Sadowski, 2017 Zeile 95). In den 1990er Jahren entstand durch Privatisierung für einige Jahre ein gut ausgebautes Netz von Telefonzellen verschiedenster Anbieter. Die wenigen heute noch erhaltenen Telefonzellen werden ausschließlich durch die Telekom oder andere staatlich geförderte Unternehmen im Rahmen staatlicher Gewährleistung bereitgestellt, da sich Telefonzellen im wirtschaftlichen Sinne heute nicht mehr lohnen (vgl. Wagner, 2017: Zeile 23f). Der Blick auf den schleppend vorangehenden Breitbandausbau im ländlichen Raum verrät, dass Privatisierung und die damit verbundene Vergabe von Konzessionen an privatwirtschaftliche

Akteur*innen nicht flächendeckend zum gewünschten Ziel führt. So werden einzelne Gemeinden aufgrund von Wirtschaftlichkeitslücken gegenüber anderen Regionen benachteiligt (vgl. ebd. 48) und sind auf Eigeninitiative und interkommunale Zusammenarbeit angewiesen (siehe Struktur und Organisation, S. 56).

„Wenn Sie eine flächendeckende hochwertige Infrastruktur wollen, regelt so etwas in aller Regel nie der Markt."

(Sebastian Askar, 2017)

Auf der anderen Seite bietet Privatisierung auch die Möglichkeit, technologische Innovationen zu fördern und Know-how in die Kommunen zu holen (Sadowski, 2017, Zeile 65). Grundlegend sollte genau abgewogen werden, welche Bereiche überhaupt privatisiert werden z.B. aufgrund ihrer Sicherheitsrelevanz (vgl. Krause, 2017, Zeile 53). Ob eine Privatisierung langfristig zu finanziellen Vorteilen führen kann, gilt es dabei vorab durch Expert*innen anhand einer genauen Analyse zu prüfen (ebd. vgl. Zeile 55).

SCHAFFUNG NEUER DIGITALER ANGEBOTE

Durch die Digitalisierung sind in nahezu allen Bereichen der Daseinsvorsorge neue Angebote denkbar oder bereits entstanden, wie beispielsweise E-Health, E-Learning, E-Mobility und E-Government (PricewaterhouseCoopers, 2015: 4). Allerdings ist auch zu beobachten, dass im Bereich der Daseinsvorsorge im Vergleich zur freien Wirtschaft bereits ein deutlicher Rückstand hinsichtlich der Implementierung von Innovationen entstanden ist (vgl. Krause, 2017: Zeile 23). Produkte und Dienstleistungen werden immer noch häufig ohne Fokus auf den Nutzer bzw. die Nutzerin entwickelt. Um eine möglichst große Wertschöpfung aufseiten der Bürger*innen und bei den bereitstellenden Akteur*innen zu erzielen, ist allerdings die Einbeziehung der Wünsche, Ideen und Vorstellungen ein wichtiger Ansatz bei der Entwicklung neuer Lösungen (vgl. ebd.: Zeile 25). Auch sollte bei der Digitalisierung der bestehenden Daseinsvorsorge darauf geachtet werden, dass nicht exakt dieselben zuvor analogen Leistungen nun digital abgebildet werden. Vielmehr sollten eine weitere Bündelung und Verbesserung und ein damit verbundener Mehrwert sowie eine erhöhte Effizienz geschaffen werden (Wohland, 2017: Zeile 15).

5. TEIL
STRUKTUR UND ORGANISATION

Digitalisierung bringt zukünftig umfangreiche Aufgaben für alle beteiligten Akteur*innen mit sich. In diesem Teil werden Themen wie die Schaffung neuer Posten und Ebenen, die möglichen zukünftigen Aufgaben der kommunalen Unternehmen und die interkommunale Zusammenarbeit beleuchtet.

„Ich denke auf jeden Fall, dass neue Posten geschaffen werden sollten."

(Dr. Tobias Krause, 2017)

Das Thema Digitalisierung hat in unserer Gesellschaft einen sehr großen Stellenwert eingenommen. Auf Bundesebene ist die Thematik bislang dem Verkehrsministerium zugeordnet. Es erscheint durchaus sinnvoll, ein neues Bundesministerium für den Bereich zu schaffen. In der Vergangenheit wurden zwar auf verschiedenen Ebenen bereits Stellen mit einem Bezug zum Thema Digitalisierung besetzt. Jedoch erscheint es speziell auf kommunaler Ebene wichtig, eine hauptverantwortliche Person zu benennen, die sich darüber hinaus um eine nachhaltige Digitalisierungsstrategie bemüht (vgl. ebd.: Zeile 49). Ein wichtiger Zugewinn durch eine solche Stelle innerhalb einer Kommune wäre, dass Fachwissen und Know-how zum Thema Digitalisierung in den

Kommunen aufgebaut würde und es eine zentrale Ansprechpartnerin bzw. einen zentralen Ansprechpartner gäbe (vgl. Gennburg, 2017: Zeile 99). Gerade in kleineren Kommunen mangelt es oft an einem konkreten Plan, der festlegt, was für die Kommune – und damit für die Bürger*innen – in den kommenden Jahren hinsichtlich einer Digitalisierung strategisch wichtig und gut ist (vgl. Krause, 2017: Zeile 49).

SCHAFFUNG NEUER POSTEN UND EBENEN

„Wie jedes große Unternehmen sollte natürlich auch jede Kommune möglichst einen Menschen oder eine Position haben, die für IT wie auch für eine Digitalisierungsstrategie zuständig ist."

(Dr. Tobias Krause, 2017)

Außerdem wäre die Bereitstellung und Vorhaltung von überregionalen Diensten auf Landes- und Bundesebene, auf welche Kommunen zurückgreifen können, wünschenswert. Gleiches gilt für überregionale Kompetenzzentren, die den Kommunen beratend zur Seite stehen und Best Practices aufzeigen sowie dazu beitragen, dass Kommunen mehr vom Wissen der anderen profitieren und aus Fehlern lernen können (Wohland, 2017: Zeile 37).

STADTWERKE UND KOMMUNALE UNTERNEHMEN

Stadtwerke und kommunale Unternehmen leisten essenzielle und umfangreiche Basisarbeit im Bereich der Daseinsvorsorge (PricewaterhouseCoopers, 2015: 33). Sie stellen die Grundversorgung der Bürger*innen sicher und schließen Wirtschaftlichkeitslücken, die vom Markt nicht geleistet werden (Schulz, 2017: Zeile 68). Die Digitalisierung und die dadurch neu entstehenden Sektoren erweitern das bisherige Aufgabenfeld der Daseinsvorsorge und somit auch der Kommunen und kommunalen Unternehmen. Einzelne Kommunen haben bereits begonnen im Rahmen von Neugründungen kommunale Unternehmen für diese neuen Aufgaben zu schaffen. Als erfolgreiches Beispiel lässt sich hier die IT-Consult Halle GmbH anführen, welche als Tochterunternehmen der Stadtwerke Halle gegründet wurde, mit dem Ziel, die städtische Datenverarbeitung zu bündeln und abzuwickeln. Die IT-Consult Halle ist sehr erfolgreich in ihrer Arbeit und einer der führenden IT-Dienstleister im kommunalen Bereich. Ähnlich verhält es sich mit der wilhelm.tel GmbH, die als Tochter der Stadtwerke Norderstedt den Glasfaserausbau gemeinsam mit den Stadtwerken in der Region Norderstedt äußerst kosteneffizient und schnell realisiert hat (PricewaterhouseCoopers, 2015: 33).

„Was ist die Alternative, wenn Sie es als Kommune nicht selber machen? Dann sind Sie beim Gewährleistungsstaat. Das heißt, Sie vergeben eine Konzession, dass es jemand anders macht, unter Umständen ein privates Unternehmen. Und die ganze Wertschöpfung, die mit der Dienstleistung verbunden ist, die wandert dann ab."

(Oliver Wagner, 2017)

Ein weiterer Vorteil kommunaler Unternehmen besteht darin, dass sie attraktive Arbeitgeber darstellen und es für Kommunen auf diesem Wege möglich ist, technische Innovationen und Know-how aufzubauen (vgl. Wagner, 2017: Zeile 76-78). Weiterhin sind kommunale Unternehmen nicht ausschließlich der Gewinnabführung an die Gesellschafter verpflichtet, sondern den kommunalen Interessen und somit dem Gemeinwohl. Diese Mischung aus wirtschaftlich orientiertem Handeln und der Gemeinwohlverpflichtung stellt eine große Chance für die langfristige Realisierung der kommunalen Interessen dar (vgl. ebd.: Zeile 56).

INTERKOMMUNALE KOOPERATION UND SHARED SERVICES

Immer mehr Kommunen schließen sich zusammen, um gemeinsame Probleme zu lösen, beispielsweise um den nicht erfolgten Breitbandausbau interkommunal in Eigenregie zu bewerkstelligen oder gemeinsam an E-Health oder anderen Projekten für die Erbringung der Daseinsvorsorge zu forschen und Lösungen zu entwickeln (Wohland, 2017: Zeile 37). Die deutschen Kommunen werden zwar über Fachblätter und Organisationen wie den Deutschen Städtetag über das Vorgehen anderer Städte informiert, eine aktive Vernetzung oder gar ein Matchmaking zur gemeinsamen Problemlösung zwischen den Akteur*innen findet aktuell jedoch nicht statt (Askar, 2017: Zeile 29). Dabei bieten sogenannte **Shared Services** enormes Potenzial.

Momentan verfügt nahezu jedes Ministerium, jede Verwaltung und jedes kommunale Unternehmen über eigene IT-Lösungen. Die Vorteile der Vernetzung untereinander und einer gemeinsamen Beschaffung und Administration werden nicht genutzt. Durch eine effiziente Gestaltung dieser Lösungen und Prozesse können Aufgaben jedoch deutlich schneller und kostengünstiger erledigt werden. Neue Möglichkeiten der Vernetzung entstehen. Gleichzeitig können die öffentlichen Verwaltungen durch eine gemeinsame Beschaffung von Produkten größeren Druck auf den Markt ausüben und somit bessere Ergebnisse im Einkauf erzielen (vgl. Krause, 2017: Zeile 27). Diese Effizienzsteigerung und die Kostensenkung durch die gemeinsame Beschaffung können gleichzeitig einen wichtigen Teil zur Haushaltskonsolidierung beitragen (vgl.PricewaterhouseCoopers, 2015: 26). Speziell für kleine Kommunen und deren Betriebe stellen Shared Services besonders große Chancen dar, da viele Anschaffungen für eine einzelne kleine Kommune aus Kostengründen schlichtweg nicht machbar sind (Sadowski, 2017: Zeile 50). Voraussetzung für die Ausweitung und den reibungslosen Einsatz von Shared Services ist eine hohe Standardisierung im Bereich der Schnittstellen und der Datenstrukturen. Die Schaffung dieser Standards ist größtenteils nicht gegeben und stellt eine beachtliche Aufgabe dar (vgl. Krause, 2017: Zeile 27).

Shared Services:
Als Shared Services werden interkommunale oder länderübergreifende IT-Strukturen bezeichnet, die von mehreren Beteiligten gemeinsam entwickelt wurden.

6. TEIL

ZUKÜNFTIGE HANDLUNGSFELDER UND BEST PRACTICES

AKTEUR*INNEN DER DASEINSVORSORGE ALS PIONIER*INNEN

Im Rahmen der geführten Experteninterviews wurden einige aus Sicht der Befragten relevante zukünftige Handlungsfelder und bereits realisierte Best Practices identifiziert, die im Folgenden dargestellt werden.

Kommunen, Regionen und Ländern bietet sich die Chance, zu digitalen Pionier*innen werden. Hierbei können wesentliche Schritte hin zu einer gemeinwohlorientierten Digitalisierung der Daseinsvorsorge gemacht und wichtige Erkenntnisse auch für andere Kommunen gewonnen und dokumentiert werden.

MÖGLICHE ZUKÜNFTIGE HANDLUNGSFELDER FÜR PIONIER*INNEN

Reallabore

Um Lösungen zu erproben und realitätsnah zu entwickeln, ist es möglich, dass Kommunen und Regionen Reallabore einrichten und fördern und gegebenenfalls steuernd in die Entwicklung eingreifen. Hierfür bieten sich beispielsweise Themen wie Personenverkehr und Logistik besonders an. Modellprojekte zu Bereichen wie der Autofreien Stadt, dem Autonomen Fahren oder dem konsequent digital vernetzten intermodalen Verkehr sind denkbar (Schulz, 2017: Zeile 98). Auch mobility on demand bietet hier ein interessantes Zukunftsfeld (Sadowski, 2017: Zeile 83). Mit der konsequenten Durchführung neuer Ansätze können wertvolle Erfahrungen gesammelt und auf weitere Städte übertragen werden.

Bildungssektor

Weitere im öffentlichen Sektor nach wie vor wenig beachtete Themenfelder stellen E-Learning und E-Teaching dar. Hier eröffnet sich ein großes, noch kaum bearbeitetes Handlungsfeld, in dem Digitaltechnik gemeinwohlorientiert in der Daseinsvorsorge verankert werden kann sowie konventionelle Lehrmethoden durch digitale Angebote ergänzt und neue Wege des Lernens erprobt werden können (Schulz, 2017: Zeile 99).

Bürger*innenbeteiligung und digitale Demokratie

Die Digitalisierung bietet die Möglichkeit, die Zivilgesellschaft aktiv in die Gestaltung ihrer Umwelt einzubinden. Bürger*innenbeteiligung ist daher bereits ein wichtiges Stichwort in der Debatte um die Digitalisierung der Kommunen geworden. Allerdings ließen sich Beteiligung und Mitbestimmung auf kommunaler Ebene deutlich weiter und radikaler denken. Kommunen können zu digitalen Pionieren werden, indem sie Möglichkeiten schaffen, die Ideen und das Mitbestimmungsrecht der Bürger*innen mittels moderner digitaler Instrumente und Prozesse zur Entfaltung zu bringen (Krause, 2017: Zeile 63).

Bürgerkonto

Trotz Digitalisierung stehen die meisten Leistungen der öffentlichen Verwaltung noch nicht online und mobil für Bürger*innen zur Verfügung. Durch ein bürgerfreundliches, transparentes Online-Angebot der Bürgerservices können Kommunen zu Vorreitern werden und die Lebensqualität der Bürger*innen weiter steigern (Krause, 2017: Zeile 15).

Telearbeit und Home Office

Digitalisierung schafft die Möglichkeit, Arbeit dezentral zu organisieren. Auch Teamwork und das Mitwirken an größeren Projekten kann von zuhause oder durch verteilte Arbeitsgruppen mithilfe digitaler Lösungen geleistet werden. Ländliche Regionen oder Regionen, in welchen viele Pendler beheimatet sind, haben durch Kooperationen mit Arbeitgebern und der Schaffung von öffentlichen Co-Working Spaces die Möglichkeit, Arbeitsplätze zu schaffen oder die Lebensqualität von Pendlern zu erhöhen. Durch einen zentralen Arbeitsort mit guter Anbindung an ÖPNV und moderner digitaler Infrastruktur, an dem mehrere Telearbeiter beschäftigt sind, ließe sich auch das soziale Problem der Isolation im Homeoffice lösen (Schulz, 2017: Zeile 100; Wohland, 2017: Zeile 19).

Smart Grid

Durch den Ausbau von Smart Grids und die Sektorenkopplung im Bereich Mobilität und Energie, Strom und Wärme werden Kommunen zu Pionierinnen des Energiemanagements on demand. Durch den Ausbau der technischen Infrastruktur und die Entwicklung neuer Tarifmodelle können sie so aktiv die Energiewende mitgestalten und Energie und Kosten für die Verbraucher*innen einsparen (Wagner, 2017: Zeile 66; Krause, 2017: Zeile 63).

BEISPIELE EXISTIERENDER PIONIERPROJEKTE

FabLabs

Die Beteiligung von Bürger*innen an gesellschaftlichem Wandel wird beispielsweise in Barcelona in Form von sogenannten FabLabs (engl.: Fabrication Labratories) organisiert. Entgegen der Konsumkultur, die durch Plattformanbieter wie Amazon beworben wird, treffen sich hier Bürger*innen aller Altersgruppen, um Alltagsgegenstände zu bauen oder zu reparieren (Gennburg, 2017: Zeile 59).

Nachbarschaftsplattformen

Die digitale Nachbarschaftsplattform nebenan.de zeigt durch ihre erfolgreiche Entwicklung, dass seitens der Bürger*innen Interesse an digitaler Vernetzung in der Nachbarschaft besteht. Auf der Plattform werden Werkzeuge verliehen, Nachbarschaftshilfe organisiert und lokale Events geplant (Gennburg, 2017: Zeile 65).

Digitale Dörfer

Betzdorf-Gebhardshain fungiert als Modellprojekt der Initiative Digitale Dörfer des Fraunhofer-Instituts für Experimentelles Software Engineering IESE in Kooperation mit dem rheinland-pfälzischen Ministerium des Innern und für Sport sowie der Entwicklungsagentur Rheinland-Pfalz. Mithilfe der zur Verfügung gestellten App werden Güter durch die Option BestellBar erworben und dank des Engagements von Freiwilligen durch die Option LieferBar zugestellt (Schulz, 2017: Zeile 49). Die Teilnahme an den Sharing Services wird durch sogenannte DigiTaler belohnt. Eine Basis-Infrastruktur für vergleichbare Services gibt es heute schon in Städten wie Berlin, wo etwa ein Kiosk oder Spätkauf Pakete entgegennimmt und zur Abholung bereitstellt. Diese Strukturen bieten Potenzial, weiter ausgebaut und digitalisiert zu werden (Schulz, 2017: Zeile 50).

Interkommunaler Zusammenschluss

Die VEGA-net GmbH versorgt im Rahmen eines interkommunalen Zusammenschlusses der Verbandsgemeinde Enkenbach-Alsenborn und die ihr angehörenden Ortsgemeinden die Bürger*innen erfolgreich mit Breitband-Infrastruktur und ist ein weiterer Beweis für die Leistungsfähigkeit interkommunaler Betriebe und Unternehmungen (Wohland, 2017: Zeile 37).

E-Health

Im Gesundheitswesen werden, wie zum Beispiel SmartHouse SOPHIA in Bamberg, unter der Bezeichnung sogenannte AAL (Ambient Assisted Living) Konzepte angeboten. Wohnungen hilfsbedürftiger oder älterer Bürger werden mithilfe von Sensorik und Warnsystemen ausgestattet, um zum Beispiel überlaufendes Wasser, offene Türen oder Stürze der Bewohner zu melden. Das System beauftragt bei Unregelmäßigkeiten automatisch entsprechende Hilfsdienste oder Angehörige (Wohland, 2017: Zeile 45).

Vinschger Bahn

Seit der Wiedereröffnung im Jahr 2005 ist das Tarifmodell der Vinschger Bahn dynamisch und die Zahlungsabwicklung digital. Das Ticketing funktioniert via App und Scanner und der Fahrpreis sinkt je gefahrenem Kilometer, bis die Fahrgäste schließlich ab dem 20.000 Kilometer gratis befördert werden (Dejaco, 2015: 12). Außerdem bietet die App Auskunft über den Fahrplan in Echtzeit und über das eigene Nutzerprofil (Wohland, 2017: Zeile 45).

7. TEIL

HANDLUNGSEMPFEHLUNGEN

Die folgenden 12 Handlungsempfehlungen wurden auf Grundlage der geführten Expert*inneninterviews sowie der Auswertung weiterer Quellen erarbeitet und sollen der Entwicklung einer gemeinwohlorientierten Digitalisierung in der Daseinsvorsorge dienen.

Den Mensch in den Mittelpunkt stellen

Digitalisierung ist kein Selbstzweck – der Mensch muss im Mittelpunkt der Digitalisierungsmaßnahmen stehen. Strategien, Services und Produkte gilt es für und mit den Nutzer*innen zu entwickeln. Dazu müssen Ideen und Wünsche eruiert und erprobt werden, denn nur so können überzeugende Ergebnisse erbracht werden. Das Ziel ist es, echte Mehrwerte für Bürger*innen und Kommunen zu schaffen und die reale Lebensqualität zu erhöhen.

Eine digitale Agenda schaffen

Digitalisierung ist dann erfolgreich, wenn sie inklusiv und als Ganzes gedacht wird. Daher ist ein wichtiger erster Schritt, gemeinsam mit allen kommunalen Akteur*innen und der regionalen Wirtschaft eine Vision für eine akteursübergreifende, nutzerzentrierte Digitalisierung zu schaffen, die Orientierung für anstehende Entscheidungen innerhalb der einzelnen Ressorts gibt. Die Entwicklung eines großen Plans benötigt Zeit; unter Umständen kann das Hinzuziehen externer Fachberater*innen und Coaches den Prozess erleichtern und die Qualität der Ergebnisse verbessern.

Digitalisierungsbeauftragte*n benennen

Nachhaltige Digitalisierung braucht eine*n Hauptverantwortliche*n. Für eine erfolgreiche und gemeinwohlorientierte Digitalisierung muss es innerhalb jeder Kommune eine qualifizierte Person mit weitreichenden Kompetenzen geben. Es gilt eine bürgerorientierte Strategie zu entwerfen und umzusetzen sowie Ansprechpartner*innen für alle Akteur*innen zu stellen. In kleinen Kommunen bietet es sich an, die Aufgaben dem Amt des Bürgermeisters bzw. der Bürgermeisterin zuzuordnen.

Know-how in die Kommune bringen

Digitalisierung ist ein komplexes Thema, dem mit Weitsicht und ausreichenden Ressourcen begegnet werden sollte. Es ist daher essenziell, innerhalb der kommunalen Verwaltung und den kommunalen Unternehmen Expertise zum Thema Digitalisierung aufzubauen. Bei Neueinstellungen in relevanten Bereichen sollte darauf geachtet werden, dass Stellen durch Mitarbeiter*innen besetzt werden, die Kompetenz und Offenheit hinsichtlich des Themas Digitalisierung mitbringen. Die Ausgründung neuer Betriebszweige zur gebündelten Bearbeitung neuer Aufgaben innerhalb der kommunalen Unternehmen kann hier sinnvoll und hilfreich sein.

Dialog institutionalisieren

Digitalisierung betrifft alle. Um auch alle Beteiligten an einen Tisch zu bringen, muss die Zivilgesellschaft aktiv in die Gestaltung der Digitalisierung eingebunden werden. Dafür müssen Freiraum und Offenheit für Ideen und Fragen auch aufseiten der Administration gegeben sein. Verwaltungen und kommunale Entscheider*innen sollten sowohl Bürger*innen als auch Initiativen einladen, sich aktiv an aktuellen Prozessen und Problemlösungen zu beteiligen.

Digitale Infrastruktur ausbauen

Sowohl Datenmengen als auch die Anforderungen an die digitale Infrastruktur steigen unaufhörlich. Daher ist es die Aufgabe der Kommunen, die digitalen Bedarfe zukünftiger Projekte rechtzeitig zu ermitteln und den Ausbau der digitalen Infrastruktur entsprechend umzusetzen.

Steuerungsanspruch geltend machen
Gute Lösungen entstehen durch die Verankerung der Interessen aller. Für eine gemeinwohlorientierte Digitalisierung müssen staatliche Akteure ihren Steuerungsanspruch bei der Gestaltung neuer digitaler Angebote stärker geltend machen. Bürger*inneninteressen müssen im Vordergrund stehen und bei der Zusammenarbeit mit privatwirtschaftlichen Akteur*innen gesichert werden.

Shared Services fördern
Probleme lassen sich im Kollektiv leichter lösen. Dies gilt im Besonderen für die digitale Welt. Shared Services können von mehreren Kommunen gemeinsam einfacher und kosteneffizienter entwickelt und mehrfach verwendet werden. Die Bündelung von Diensten und eine damit verbundene Effizienzsteigerung können zu einer finanziellen Entlastung der Kommunen führen. Basis für die Nutzung von standardisierten Lösungen ist die Erarbeitung von Rechts- und Datenstandards auf nationaler und Landesebene. Diese müssen aktiv von allen Akteur*innen gefördert und eingefordert werden.

Standortfaktor erkennen und steigern
Digitalisierung ist attraktiv. Durch eine erfolgreiche Digitalisierung im Bereich der Infrastruktur und Bürgerservices und die Einbindung der Bürger*innen und lokalen Unternehmen in den Prozess, steigen die Standortattraktivität und die reale Lebensqualität. Wichtig ist es, gerade kleinen lokalen Unternehmen die Chancen der Digitalisierung näherzubringen und Hilfestellungen bei der Entwicklung veränderter und neuer Geschäftsmodelle zu geben.

Reallabore einrichten
Gute Ideen müssen erprobt werden. Es gibt viele Ideen, von denen nur wenige konsequent umgesetzt werden. Mehr Mut zu kontrollierten Experimenten zahlt sich langfristig aus. Die Schaffung von Reallaboren zur Erprobung innovativer Ideen ist ein wichtiger Teil der Transformation. Bei der Auswahl des Handlungsfeldes ist es wichtig, die Eigenheiten und aktuell zu lösenden Probleme einer jeden Kommune herauszuarbeiten und den beteiligten Bürger*innen und Unternehmen den angestrebten Nutzen sichtbar zu machen.

Wissensintegration implementieren
Wissen ist Erfolg: Für den intra- und interkommunalen Austausch zu aktuellen Themen, erzielten Erfolgen und Misserfolgen sowie fachlichem Know-how bietet eine gut gepflegte Datenbank mit Metadaten zu allen getätigten und ausstehenden Projekten im Bereich der Digitalisierung ein wichtiges und hilfreiches Werkzeug. Durch Vernetzung und Wissenstransfer lassen sich viele Aufgaben schneller und besser bewältigen.

Pionier*innen werden
Veränderungen erfordern Mut zum Scheitern. Kommunen haben die Möglichkeit, zu wichtigen Pionier*innen einer gemeinwohlorientierten Digitalisierung zu werden, bei der die Verbesserung der Lebensumstände und die gesellschaftliche Teilhabe aller im Mittelpunkt stehen. Hierzu ist es nötig, alte Pfade zu verlassen und Schritte ins Ungewisse zu wagen.

8. TEIL
FAZIT

METHODISCHE REFLEXION

Um die beschriebenen Handlungsempfehlungen noch exakter zu formulieren und noch stärker an die Vielseitigkeit der Akteur*innen anzupassen, lassen sich die folgenden zwei Verbesserungsmöglichkeiten ausmachen.

Auswahl der Interviewpartner*innen

Als Interviewpartner*innen wurden Expert*innen aus möglichst unterschiedlichen Bereichen und Disziplinen herangezogen, um einen breiten Überblick über das Forschungsthema zu erlangen.

Dazu gehörten Vertreter*innen aus Stadt- und Senatsverwaltung, Politik, Forschung, Nichtregierungsorganisationen, Beratung sowie den Stadtwerken. Durch die Anwendung der qualitativen Inhaltsanalyse wird gleichzeitig ersichtlich, dass jede*r weitere Interviewpartner*in neue Aspekte und neue Sichtweisen auf vorhandene Aspekte in den Diskurs bringen kann. Allerdings wurde auch deutlich, dass die von einigen der befragten Expert*innen kritisierte Gruppe der privatwirtschaftlichen Akteur*innen in der Daseinsvorsorge kaum zu Wort kommt. Dieser Punkt sollte bei einer Vertiefung der Forschung berücksichtigt werden.

Städte sind komplexe Systeme, in denen nicht immer eine klare Beziehung zwischen Ursache und Wirkung besteht. Hinzu kommt, dass Städte Eigenarten (WBGU, 2016: 153ff) besitzen, wodurch keine Stadt der anderen gleicht. All dies setzt Grenzen für die Generalisierbarkeit der formulierten Handlungsempfehlungen. Sollen diese also in der urban Governance Berücksichtigung finden, so muss immer auch die Eigenart der Stadt berücksichtigt werden: Was sind die Gegebenheiten vor Ort? Welche individuellen Ziele verfolgt die Kommune? Was gibt es bereits? Was passiert um die Kommune herum? Wer sind die Akteur*innen?
Die Formulierung allgemeingültiger Handlungsanweisungen ist in einem derartig diversen, vielschichtigen und komplexen Themenfeld nahezu unmöglich.

INHALTLICHE REFLEXION UND AUSBLICK

Folgende Felder haben direkte oder indirekte Auswirkungen auf das Forschungsthema Digitale Daseinsvorsorge, wurden jedoch in der vorliegenden Publikation nicht berücksichtigt.

Gemeinwohlorientierung von Körperschaften

In Teil 3 wurde auf die Vielfalt an Rechts- und Organisationsformen im wirtschaftlichen Sektor eingegangen, sowohl in der Privatwirtschaft als auch hinsichtlich kommunaler Unternehmen. Ein Teil der Forschungsarbeit untersuchte die Hypothese, dass bestimmte Rechtsformen die sich zum Teil widersprechenden Anforderungen an Wirtschaftlichkeit, Innovationspotenzial und Gemeinwohlorientierung besser in sich vereinen können als gegenwärtige Formen. Die Frage im Interviewleitfragen, die sich auf diese Annahme bezog, lautete: „Was sind rechtliche Organisationsformen (Körperschaften), in denen zukünftig Dienstleistungen als Teil der digitalen Daseinsvorsorge gemeinwohlorientiert angeboten werden können?".

Die meisten der befragten Expert*innen wollten auf diese Frage keine konkrete Antwort geben, da diese außerhalb ihres spezifischen Fachwissens lag. Dadurch konnte dieser Themenkomplex in der vorliegenden Publikation nicht beantwortet werden. Bei einer weitergehenden Untersuchung des Themas empfehlen die Autoren daher, zusätzliche Expert*innen auf diesem Gebiet zu Rate zu ziehen.

Eine weitere beachtenswerte Entwicklung ist in diesem Kontext die Schaffung öffentlich-privater Partnerschaften (PPP, Privat Public Partnerships), bei denen der Staat nicht einzelne Aufträge – beispielsweise beim Autobahnbetrieb – ausschreibt, sondern gesamte Projekte an ein privates Unternehmen oder Konsortium vergibt. Laut Gutachten des Bundesrechnungshofes (Delhaes, 2014) ist ein Großteil dieser PPPs weder nachhaltiger noch günstiger als Projekte unter staatlicher Hoheit. Ob diese Art der Partnerschaft daher auch für Aufgaben der Digitalen Daseinsvorsorge ungeeignet ist, bedarf einer weiteren Untersuchung.

„Die großen Konzerne stehen überall an den Stadtmauern und wackeln und sagen, hier wir wollen rein!"

(Katalin Gennburg, 2017)

Regulierung internationaler Akteur*innen

Insbesondere beim Umgang mit Akteur*innen des „Plattformkapitalismus" (Gennburg, 2017: Zeile 59; gemeint sind Amazon, Facebook, Uber, Airbnb) gab es unter den befragten Expert*innen grundsätzlich unterschiedliche Haltungen. Zwar konnten viele der gegebenen Beispiele als hilfreiche Illustration des Status quo in die Publikation einfließen. Die unterschiedlichen Haltungen zu einem vertretbaren kleinsten gemeinsamen Nenner zusammenzuführen, um daraus eine Handlungsempfehlung an staatliche Akteur*innen abzuleiten, erschien auf Basis der geführten Interviews jedoch nicht möglich. Den gesamten Themenkomplex, mitsamt seiner Wechselwirkungen mit internationalem Steuerrecht (Schulz, 2017: Zeile 43), Datenschutz und insbesondere der Zukunft der Digitalen Daseinsvorsorge, erachten die Autoren der vorliegenden Publikation als äußerst erforschenswert.

SCHLUSSWORT

Die Digitalisierung des gesellschaftlichen Lebens ist in vollem Gange – mit allen damit verbundenen Chancen und Risiken. Es handelt sich dabei jedoch keineswegs um einen starren Ablauf, in dem sich der oder die Einzelne befindet, sondern um einen dynamischen Prozess, den eine offene und freie Gesellschaft aktiv prägen kann. Damit diese Freiheit und Offenheit Bestand hat, wird auch in Zukunft die Sicherung der gesellschaftlichen Teilhabe aller Bürger*innen dringend notwendig sein.

Zu dieser offenen und freien Gesellschaft gehört auch die Vielfalt der Akteur*innen aus Staat, Wirtschaft und Zivilgesellschaft, die Zugang zu dieser Teilhabe verschaffen. In der Erhaltung und Stärkung dieser Vielfalt, mit ihren unterschiedlichen Interessen, Potenzialen und Verantwortungen liegt der Schlüssel zu einer resilienten Digitalen Daseinsvorsorge.

Der Governance-Prozess, der nötig ist, um grundlegende Infrastrukturen und Dienstleistungen zu definieren, zu planen, anzubieten und stetig zu verbessern, ist dabei von der Vielzahl der Akteur*innen geprägt.

Die dargelegten Handlungsempfehlungen sollen einerseits den verantwortlichen Stellen in der Verwaltung zu mehr Orientierung in einem komplexen Gebiet verhelfen; andererseits müssen sie immer auch im Kontext von existierenden Spannungsverhältnissen und Interessenkonflikten gesehen und dementsprechend an lokale Anforderungen angepasst werden.

Letzten Endes sind für eine erfolgreiche Gemeinwohlorientierung der Digitalen Daseinsvorsorge zwar grundlegend die Kompetenz, Aufrichtigkeit und der Umsetzungswille der einzelnen Akteur*innen notwendig – der zentrale Schlüssel liegt allerdings darin, sich selbst als Teil eines Systems zu verstehen und dementsprechend systemische Lösungswege zu gehen.

QUELLEN- UND LITERATURVERZEICHNIS

PRINT

Bundesministerium für Wirtschaft und Energie (2017): Weißbuch Digitale Plattformen: Digitale Ordnungspolitik für Wachstum, Innovation, Wettbewerb und Teilhabe. Berlin: BMWi - Öffentlichkeitsarbeit.

Bundesministerium für Arbeit und Soziales (2017): Weißbuch Arbeit 4.0. Berlin: BMAS - Abteilung Grundsatzfragen des Sozialstaats, der Arbeitswelt und der sozialen Marktwirtschaft.

Bundesministerium für Umwelt, Naturschutz, Bau und Reaktorsicherheit (2017): Smart City Charta Digitale Transformation in den Kommunen nachhaltig gestalten. Bonn / Berlin: BBSR im BBR.

Bundesverfassungsgericht (2010): Urteil des Ersten Senats vom 09. Februar 2010. Berlin: BVerfG.

Deutsches Institut für Urbanistik - Bösel,J. / Schmidt, C. / Wenke-Thiem, S. (2012): Difu-Berichte 1/2012 - Projekte, Veröffentlichungen, Veranstaltungen und Standpunkte des Deutschen Instituts für Urbanistik. Difu-Reihe. Berlin: Difu.

Felber, C. (2010): Die Gemeinwohl-Ökonomie: Das Wirtschaftsmodell der Zukunft. Wien: Deuticke Verlag.

Forsthoff, E. (1938): Die Verwaltung als Leistungsträger. Stuttgart / Berlin: Kohlhammer Verlag.

Herbst, M. / Dünkel, F. / Stahl, B. Hrsg. (2016): Daseinsvorsorge und Gemeinwesen im ländlichen Raum. Wiesbaden: Springer-Verlag.

Karl, A. (2009): Von der Leistung zur Gewährleistung. Ausgabe 9001. Berlin: taz Verlags u. Vertriebs GmbH.

Meynhardt, T. (2009): Public Value Inside: What is public value creation? International Journal of Public Administration.

Meynhardt, T. / Metelmann, J. (2008): VM Verwaltung & Management: Public Value–ein Kompass für die Führung in der öffentlichen Verwaltung. Baden-Baden: Nomos Verlag.

Müller, M.M. (2008): Daseinsvorsorge und die EU: Anmerkungen zu einem alten Streit und jüngeren Entwicklungen: Die Genese einer Union der 27. Wiesbaden: VS Verlag für Sozialwissenschaften.

PricewaterhouseCoopers GmbH - Universität Bonn (2015): Deutschlands Städte werden digital. Frankfurt am Main: PricewaterhouseCoopers Aktiengesellschaft Wirtschaftsprüfungsgesellschaft.

Simon, J. / Bass, T. / Boelman, V. / Mulgan, G. (2017): Digital Democracy -The tools transforming political engagement. London: Nesta.

Schlüter, B. (2017): Digitale Plattformen - Ein neues Handlungsfeld für die Daseinsverantwortung des Staates?. Bonn: Friedrich-Ebert-Stiftung - Abteilung Wirtschafts- und Sozialpolitik.

Waas, L.R. (2007): Gemeinwohl–a posteriori oder a priori? Ein Blick in die politische Ideengeschichte in pluralistischer Absicht. Einzelinteressen und kollektives Handeln in modernen Demokratien: Festschrift für Ulrich Widmaier. Wiesbaden: VS Verlag für Sozialwissenschaften.

Bandelow, N. C. / Bleek, W. (2007): Einzelinteressen und kollektives Handeln in modernen Demokratien: Festschrift für Ulrich Widmaier. Wiesbaden: VS Verlag für Sozialwissenschaften.

Wissenschaftlicher Beirat der Bundesregierung Globale Umweltveränderungen (2016): Der Umzug der Menschheit: Die transformative Kraft der Städte. Berlin: WBGU.

ONLINE

Dejaco, J. (2015): Erfolgsmodell „Vinschger Bahn" und Effekte auf die Mobilität in Südtirol. URL: http://www.uni-kl.de/rur/fileadmin/Medien/Tagungen/Fachtagung2015/9_151119_ Berlin-Digit._Daseinsvorsorgte-Mobilitaet_Suedtirol__NEU_.pdf, zuletzt aufgerufen am 09.09.2017.

Delhaes, D. (2014): Privater Autobahnbau lohnt sich nicht. Handelsblatt. URL: http://www.handelsblatt.com/politik/deutschland/rechnungspruefer-privater-autobahn-bau-loh nt-sich-nicht/10030782.html, zuletzt aufgerufen am 01.10.2017.

Kellermann, C. (2007): Gefahr für die nationale Daseinsvorsorge im EU-Binnenmarkt?. URL: http://library.fes.de/pdf-files/id/04341.pdf, zuletzt aufgerufen am 03.09.2017.

Schulz, S. (2016): Digitale Daseinsvorsorge. URL: https://blog.hwr-berlin.de/egovernment/digitale-daseinsvorsorge-soenke-e-schulz/, zuletzt aufgerufen am 12.08.2017.

ABBILDUNG

TABELLEN

ARBEIT 4.0 UND NEW WORK

- Stadtverwaltung zwischen Digitalisierung und neuen Organisationsmodellen

*Wie können im Zuge der digitalen Transformation neue Organisationsmodelle genutzt werden, um städtische Verwaltungsprozesse und die Kommunikation zwischen Bürger*innen und Stadtverwaltung zu optimieren sowie gesellschaftliche Selbstorganisation zu fördern? Inwieweit könnte sich die Rolle städtischer Verwaltungen verändern?*

AUTOR*INNEN

Mohamed Saleh
Michael Schmidt
Alexander Yacine

INTERVIEWPARTNER*INNEN

Isabel Brandau
Freiberufliche Prozessbegleiterin, Moderatorin, Trainerin und Coach, Gründerin von Sinnhaft

Johannes Comeau-Milke
Design Thinking – Experte, Gründer von Journey 2 Creation

Ulrich Hörning
Bürgermeister der Allgemeinen Stadtverwaltung Leipzig

Dr. Hannes Koppel
Projektleiter beim Nextpractice Institut für Komplexität und Wandel

Michael Metzger
Design Thinking – Experte, Freiberuflicher Journalist, Kommunikationsberater und Coach

Christina Stehr
Innovationsmanagerin und Wagniscoach der Humboldts Wagniswerkstätten

Anja C. Wagner
Zukunftsforscherin und Unternehmerin, Gründerin von frollein.flow und FlowCampus

1. TEIL
EINLEITUNG

Unsere Gesellschaft durchläuft momentan eine Transformation auf allen Ebenen. Wirtschaftliche, technologische und politische Bedingungen, aber auch soziokulturelle Strukturen und individuelle Werte verändern sich im Zuge nie dagewesener Möglichkeiten zur Kollaboration und Kommunikation, sowie auch angesichts wachsender Unsicherheit gegenüber immer schneller auftretenden Veränderungsprozessen. Damit verändert sich auch unsere Vorstellung darüber, was Arbeit sein soll. Seit wenigen Jahren werden innovative Ansätze zu neuen Entscheidungsprozessen und Organisationsmodellen erprobt, die den Mensch in den Mittelpunkt des organisatorischen Zwecks stellen.

Dieser Beitrag befasst sich mit den Erfahrungen, die von Akteuren in diesem Feld bisher gemacht wurden und mit der Frage, inwieweit sich experimentelle Organisationsmodelle auch auf politische Organisationen, insbesondere Stadtverwaltungen übertragen lassen könnten. Der Forschungsbericht ist dabei folgendermaßen aufgebaut: Zunächst wird die Forschung in einen gesellschaftlichen Kontext eingebettet, gefolgt von einem inhaltlichen Input zu den übergeordneten Themen der Digitalisierung und neuen Arbeitskonzepten, um ein besseres Verständnis des Forschungsthemas zu bieten. Eine anschließende Beschreibung des Forschungsstands zeigt die Lücke auf, an die diese Forschungsarbeit anknüpft. Im dritten Kapitel wird die Erarbeitung der Forschungsfrage, sowie der anleitenden Hypothesen beschrieben. Davon ausgehend werden die Forschung, die verwendeten Methoden und schließlich die Ergebnisse vorgestellt. Die auf deren Basis generierten Handlungsempfehlungen werden folgend vorgestellt. Abgeschlossen wird die Forschungsarbeit mit einem Fazit, das zentrale Erkenntnisse aufgreift und in einen Ausblick mündet.

Verlauf und Ergebnisse der Forschung stehen auf einer eigens dafür eingerichteten Website der Öffentlichkeit zur Verfügung.

2. TEIL
KONTEXT

Die modernen Kommunikationstechnologien sind Nährboden für eine Welt der Netzwerke, in der neue Formen der Kollaboration aufkeimen. Der dezentrale Zugang zu Wissen fördert das Potential zu besserem Verständnis der Gesellschaft und der Umwelt, sowie unserer Rollen darin. Das entscheidende Merkmal der Globalisierung ist neben dem erhöhten Verkehr von Gütern vor allem der gesteigerte Austausch von Informationen und Wissen.

Die Veränderungsprozesse in der Arbeitswelt werden vom Zukunftsinstitut zusammenfassend als einer von mehreren Megatrends identifiziert. Dem Zukunftsinstitut zufolge, ist der Megatrend „Konnektivität" der dominierende Faktor des gesellschaftlichen Wandels. Konnektivität bezeichnet demnach eine neue Qualität der menschlichen Organisation und Kommunikation in Netzwerken. In dieser Entwicklung kristallisiert sich ein neues „Organisationsparadigma" (Zukunftsinstitut o.J.) heraus, das durch systemisches, kollektives Denken und Handeln hervorsticht.

Ein weiterer Megatrend ist die stärker werdende Individualisierung. Diese steht jedoch nicht im Widerspruch zum Vernetzungstrend. Individualisierung steht hier dafür, „den Prozess, den Freiheitsraum und die Möglichkeiten für den Einzelnen auszuweiten" (Zukunftsinstitut o.J.), und bedingt so die Entwicklung eigenständiger Lebenskonzepte sowie größere Selbstbestimmung des Privatlebens. Diese Veränderungen eröffnen einerseits neue Potenziale, bergen andererseits viele Herausforderungen für sämtliche Gesellschaftsbereiche. Zur gleichen Zeit stehen wir globalen Schwierigkeiten gegenüber, wie dem Klimawandel, der Ressourcenverknappung, dem demografischen Wandel oder dem ungleich verteilten Zugang zu Bildung. Diese Herausforderungen zu meistern und notwendige Veränderungen voranzubringen, erfordert in einer stetig komplexer werdenden Welt effektivere Kommunikation und Organisation.

Die Nutzung kollektiver Intelligenz durch neue Kollaborationsformen bietet Lösungsansätze für einige dieser Probleme. In immer mehr Teilen der Welt bilden sich neue Netzwerke, gemeinnützige Initiativen und Formen der gesellschaftlichen Selbstorganisation. Dieser Entwicklung muss sich auch das traditionelle Konzept von Arbeit anpassen. Dementsprechend verändern sich auch Organisations- bzw. Unternehmensstrukturen und physische Arbeitsräume. Flexible Netzwerke aus Individuen ersetzen nach und nach die alten Führungs- und Organisationsstrukturen. Treiber dieser Entwicklung sind sowohl die Suche nach Sinnhaftigkeit, wie auch der zunehmende Wille zu selbstermächtigtem Handeln.

Das hier erforschte Phänomen „New Work", ist ein Ausdruck dieses Bedürfnisses nach Eigenständigkeit, Freiheit und selbstbestimmten Formen der Partizipation. Hier knüpfen neue Organisations- und Arbeitskonzepte an, ausgehend von Frithjof Bergmanns Modell „Neue Arbeit" (2004), bis hin zu Frederic Laloux's „Reinventing Organizations" (2016). Auch interdisziplinäre Innovationsmethoden wie Design Thinking oder dezentrale Unternehmensmodelle wie Holacracy (Robertson 2016) erfahren stärker werdende Resonanz. Auf die einzelnen Konzepte wird im Verlauf noch eingegangen. In diesen Konzepten spielt Selbstorganisation und Eigenverantwortung eine wichtige Rolle (vgl. u.a. Robertson 2016 & Scharmer 2009). In der Studie „Next Germany" (2017) vom Nextpractice Institut für Komplexität und Wandel und dem Zukunftsinstitut zeichnet sich ab, dass sich das „Prinzip Selbstorganisation" zunehmend ausprägt, nicht nur in der Arbeitswelt. Es wird deutlich, dass Selbstorganisation und Eigenverantwortlichkeit auch auf gesamtgesellschaftlicher Ebene zukünftig mehr Raum einnehmen werden (vgl. Brühl et al. 2017).

3. TEIL
ARBEIT 4.0 & NEW WORK

Digitalisierung und die Zukunft der Arbeit

Digitalisierung, Automatisierung und dezentrale Organisationsmodelle erhalten Einzug in die Arbeitswelt. Damit einhergehend verändern sich die Anforderungen an Organisationen und deren Mitglieder. Diese Entwicklung fordert und fördert Flexibilität und transparentes Wissensmanagement, um schnell auf sich verändernde Bedingungen reagieren zu können. Arbeit bzw. Zusammenarbeit wird zunehmend bereichsübergreifend. Das heißt, dass nicht nur der physische Arbeitsplatz geteilt wird, sondern die verschiedenen Tätigkeitsfelder einer Organisation über digitale Kanäle miteinander kommunizieren. Der digitale Aspekt der Transformation der Arbeitswelt wird besonders von politischen Akteuren, wie z. B. Andrea Nahles (Bundesministerin für Arbeit und Soziales), unter dem Schirmbegriff Arbeit 4.0 geführt. Darin enthalten sind mehrere Entwicklungsstränge (vgl. Rump & Eilers 2017). Zentral ist dabei der zunehmende Einsatz von digitalen Mitteln (vgl. ebd.). In Beziehung dazu steht der Geschwisterbegriff Industrie 4.0, der technologische und infrastrukturelle Innovationen, Automatisierung und Vernetzung von Wertschöpfungsketten sowie deren Auswirkungen auf Beschäftigungsverhältnisse und Arbeitsprozesse bezeichnet (vgl. u.a. Gebhardt et. al. 2015; Botthoff 2014 & Fraunhofer IAO 2013).

„Durch Digitalisierung, durch die Globalisierung, durch die Komplexität ist vieles total sinnlos geworden, was 1980 sinnvoll war."

(Isabel Brandau, Z. 314 - 315)

Der untersuchte Wandel hat neben der digitalen, eine starke soziokulturelle Komponente, die sich in der Entwicklung einer regelrechten Szene um den Begriff New Work manifestiert. Der Begriff „Szene" wird hier verwendet, da während der Forschung ersichtlich wurde, dass ein Netzwerk aus privatwirtschaftlichen Akteuren besteht, die sich zum Thema New Work mit dem entsprechenden Vokabular austauschen und viele private Beziehungen aus dem sich ergeben haben. Dies drückt sich in Form gegenseitiger Dienstleistungen, z. B. durch Workshops, Vorträge oder der Bereitstellung von Räumlichkeiten aus. Begriffe wie Work-Life-Balance, flexible Arbeitszeiten, Dezentralität, Emergenz, Nachhaltigkeit und Wertewandel sind szeneinterne Schlüsselwörter (vgl. Rump & Eilers 2017, Brühl et. al. 2017)

New Work selbst hat keine Eigendefinition. Es ist ein Sammelbegriff für alternative Vorstellungen bezüglich Arbeit bzw. Zusammenarbeit:

> **„Es ist unglaublich vielfältig. Ich würde sagen, unter dem Begriff New Work geistern so viele Ideen und Gedanken herum, die teilweise auch noch nicht wirklich organisiert sind, um [...] grundsätzlich drüber reden zu können. Also, wenn wir uns unterhalten über New Work, hat jeder von uns eventuell ein anderes Verständnis von diesem Begriff, was es so schwierig macht darüber zu reden."**
>
> (Dr. Hannes Koppel, Z. 23 - 32)

> **„Dieser Begriff von New Work hat erst mal keine Definition. Es geht ja im Grunde darum, wie Menschen zusammenarbeiten und Werte schaffen. [...] Das heißt, es geht darum, die Möglichkeiten zu bieten, Systeme anzubieten, zu entwickeln und weiter zu entwickeln, die den Einzelpersonen oder Teams helfen, selbstständig zu agieren."**
>
> (Johannes Comeau-Milke, Zeile 38 – 43)

Auch die Anforderungen an Individuen innerhalb von Organisationen ändern sich. Diese sind mehr und mehr dazu angehalten, ihre individuellen Fähigkeiten, Interessen und Bedürfnisse einzusetzen und zu kommunizieren und eine unternehmerische Vorgehensweise zu entwickeln. Vor allem das Buch **„Reinventing Organizations" (2016)** von Frederic Laloux hat zusammen mit neuen Organisationsmodellen wie **Holacracy**, Sociocracy 3.0, Theory U, Spiral Dynamics und vielen anderen schillernden Konzepten einen regelrechten Hype losgetreten. Kleine Start-Ups aber auch große Unternehmen beginnen, mit diesen Modellen zu experimentieren.

Reinventing Organizations (2016):
Frederic Laloux entwickelte auf Basis der von Clare Graves und Don Beck formulierten „Spiral Dynamics" eine Evolutionstheorie menschlicher Organisationsformen. Im Zentrum steht der gegenwärtig postulierte Sprung auf eine neue Entwicklungsstufe, die mit der Farbe Blau-Grün (Teal) gekennzeichnet wird. Organisationen auf dieser Stufe agieren, so Laloux, wie ein zweckgerichteter Organismus, dessen Werte durch Integration der Perspektiven und Selbstorganisation der Mitglieder geprägt sind.

Holacracy:
Holacracy wurde vom Unternehmer Brian Robertson nach dem Vorbild von Sociocracy und nach Prinzipien von Ken Wilbers Integral Theory entwickelt. Holacracy ist eine Methode, mit der Organisationen transparente Entscheidungsprozesse und breite Partizipationsmöglichkeiten implementieren können. Holacracy funktioniert als „Betriebssystem" mit entsprechender Verfassung (Holacracy Constitution). Entscheidungen werden in einem „Integrativen Entscheidungsprozess" getroffen. Das sogenannte „dynamic steering" bildet dabei die praktische Richtlinie. Diese bezeichnet eine iterative Korrektur des eingeschlagenen Kurses der Organisation. Ein weiteres Grundprinzip von Holacracy ist explizite Transparenz. So werden statt Jobbeschreibungen Rollen geschaffen, die einen bestimmten Zweck in einer bestimmten Sphäre der Organisation erfüllen. Diese Rollen sind von ihren jeweiligen Inhaber*innen zu unterscheiden („seperate role and soul"). Die impersonale Struktur soll verantwortungsvolle Erfüllung der rollenspezifischen Aufgaben fördern.

Diese Modelle verbindet ein „holistischer" Ansatz mit dem Anspruch „menschenzentrierte" Innovation zu realisieren. Als ideologische Basis wurde die sogenannte Integrale Theorie des umstrittenen Philosophen und Autors Ken Wilber identifiziert. Die geteilten Werte der Akteure drehen sich um Nachhaltigkeit, gesellschaftliche und individuelle Transformation, Bewusstseinserweiterung, Selbstlosigkeit und Intuition. Das Individuum ist angehalten sein Potenzial zu entfalten und sich kreativ auszuleben, seinen Gefühlen zu folgen und unternehmerisches Selbstmanagement zu entwickeln. Dieser Innovationsdruck und der implizite Zwang zur Kreativität werden von kritischen Sozialwissenschaftler*innen als Ausdruck kapitalistischer Verwertungslogik bewertet (vgl. Reckwitz 2013).

Besonders in der Berliner Start-Up-Szene entsteht derzeit viel Bewegung um diese Modelle. In den letzten fünf Jahren haben sich hier dutzende neuer Start-Ups aus dem Impuls heraus gegründet, neue Konzepte von Organisation und Zusammenarbeit zu erproben oder selbst zu gestalten. Deren Aktivitäten sind vor allem in den Feldern der Organisationsentwicklung und der Unternehmensberatung zu verorten. Viele ihrer Gründungsmitglieder sind Absolvent*innen der School of **Design Thinking** des Hasso-Plattner-Instituts.

In einem gekürzten Auszug aus der Studie Next Germany auf der Internetpräsenz des Zukunftsinstituts zitiert Kirsten Brühl Klaus Schwab, Chef des Weltwirtschaftsforums, der in seinem Buch „Die Vierte Industrielle Revolution" (2016) u. a. die potenziellen Auswirkungen von Eigenverantwortung auf Unternehmen, Staaten, Länder, Städte und Individuen untersucht: Schwab wird folgendermaßen zitiert:

> **„Eine der weitreichendsten Veränderungen in all diesen Bereichen wird auf eine einzelne Kraft zurückzuführen sein: Empowerment. […]. Die Ermächtigung bzw. Befähigung zur Selbstbestimmung verändere alles: das Verhältnis zwischen dem Staat und seinen Bürgern, zwischen Unternehmen und ihren Mitarbeitern, zwischen Aktionären und Kunden sowie zwischen Supermächten und kleineren Ländern. Die disruptive Wirkung dessen, was Schwab die ‚Vierte Industrielle Revolution' nennt, werde es nötig machen, dass sich ‚ermächtigte Akteure' als Teile eines weitverzweigten Machtsystems verstehen, das nur mit kooperativeren Formen der Interaktion erfolgreich sein kann."**
>
> (Brühl o.J.)

Die Konsequenzen, die diese Trends für Individuen und Organisationen mit sich bringen, sind auf vielfältige Weise miteinander verwoben und bedingen sich zum Teil (vgl. Rump & Eilers 2017). Es geht dabei um sich verändernde Kompetenzanforderungen, Berufsbilder und Lebensstile. Wir erleben einen tiefgreifenden Wandel unseres Verständnisses von und unserer Beziehung zu Arbeit und den Umgang mit der eigenen Zeit. Auch politische Organisationen, besonders städtische Verwaltungen sind davon betroffen und müssen entsprechende Veränderungsprozesse gestalten.

Unser Forschungsprojekt setzt an dieser Stelle an, als eine Untersuchung der Verknüpfung neuer Arbeitskonzepte, gesellschaftlicher Selbstorganisation und der zukünftigen Rolle von Stadtverwaltungen.

Design Thinking:
Eine Innovationsmethode, die in ihren Grundzügen in den 1960er Jahren an der Stanford University im Silicon Valley entstand. Innerhalb der New Work - Bewegung wird Design Thinking nicht nur als Arbeitsprozess, sondern auch als „Mindset" verstanden. Die Perspektive der Endutzer*innen ist hier der Ausgangspunkt von iterativen Arbeitsschritten, um so anwenderorientierte Problemlösungs- und Innovationsstrategien zu entwickeln. Die konkreten Design Thinking - Prozesse zeichnen sich zum einen durch multidisziplinäre Teams und zum anderen durch variable Räume aus (mobile Arbeitsflächen, Whiteboards, Präsentationsflächen, Materialien zum Modellieren), welche die Kreativität während des Prozesses fördern sollen.

4. TEIL

THEMENFINDUNG & FRAGESTELLUNG

Das Forschungsinteresse speist sich zu gleichen Teilen aus den individuellen Interessen der Projektmitglieder zu den Themen Digitalisierung, neue Organisationsmodelle und selbstorganisierte städtische Problemlösung. Die Frage nach der Übertragbarkeit der zu erforschenden Modelle auf städtische Verwaltungsprozesse stellt den Bezug zum Thema des Studiengangs M.A. Urbane Zukunft (FH Potsdam) her. Der Name des Forschungsprojekts lautet „Transforming Organizations & Ecosystems (TOEs)".

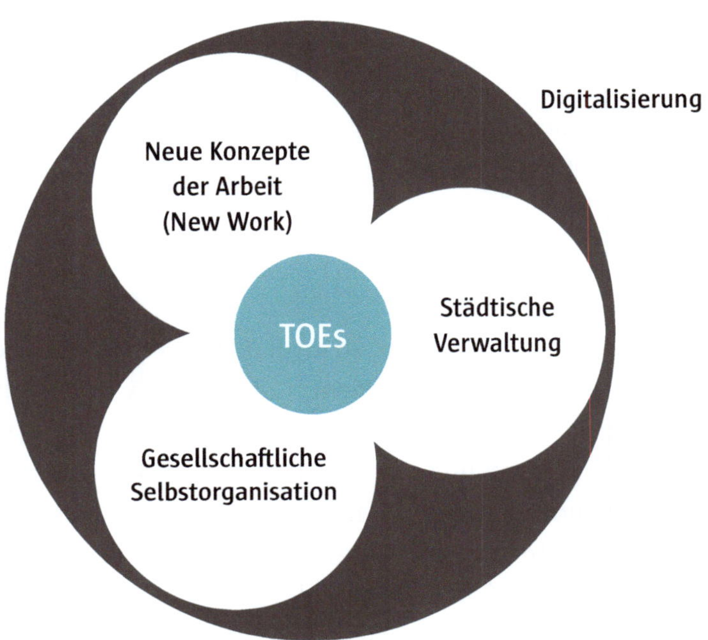

Abbildung 1: Verortung im Forschungsfeld
Eigene Darstellung

Auf Basis einer ersten ausführlichen Literaturrecherche, persönlichen Gesprächen und Auseinandersetzung mit dem Thema ergaben sich zunächst einige Annahmen, die als Orientierung dienten und mit denen das Themenfeld abgesteckt werden konnte.

Die Flüchtlingskrise der vergangenen Jahren hat deutlich gemacht, dass Stadtverwaltungen in ihrem Arbeitsapparat tendenziell starr und unflexibel verbleiben und somit nicht adäquat auf Probleme und Herausforderungen reagieren können. Sie erweisen sich in ihrer Funktion als Ausführende eines bürgerschaftlichen Willens, der wachsenden Komplexität städtischer Ökosysteme als nicht mehr gerecht. Gleichzeitig ist zu erwarten, dass die Produktion und Distribution von Gütern langfristig durch digitale Technologien automatisiert wird, wodurch Raum für selbstbestimmte Formen von Arbeit frei wird. Dies könnte zu einem Szenario führen, in dem zukünftige städtische Probleme vermehrt durch dezentrale selbstorganisierte Kollaborationen gelöst werden und in welchem Stadtverwaltungen einen moderierenden, prozessbegleitenden Charakter annehmen. Verwaltungsinterne Komplikationen zwischen Organen und Abteilungen erschweren die Einführung digitaler Mittel oder dezentraler Entscheidungsmodelle. Bürgerschaftliche Initiativen (mit Ausnahmen) erfahren derzeit nur wenig Unterstützung seitens der Stadt, es herrscht ein Mangel an Transparenz und interner wie externer Kommunikation. Neue Organisationsmodelle und digitale Kommunikation könnten diese wieder-herstellen und Entscheidungs- und Problemlösungsprozesse erleichtern.

Zusammenfassend ergeben sich folgende Vorannahmen:

1. Die digital gesteuerte Produktion und Distribution von Gütern macht Raum für selbstbestimmte Formen von Arbeit frei.

2. Heutige Stadtverwaltungen reagieren nicht schnell genug auf Probleme und Herausforderungen.

3. Städtische Probleme könnten zunehmend durch dezentrale, selbstorganisierte Kollaborationen gelöst werden.

4. Zwischen Bürger*innen und Stadtverwaltung besteht eine unzureichende Kommunikation.

5. Eine interne digitale Vernetzung der Verwaltungsorgane kann eine effizientere Form der Zusammenarbeit bewirken.

6. Traditionelle Führungs- und Organisationsstrukturen werden mehr und mehr durch netzwerkartige, flexible Kompetenzhierarchien abgelöst.

Die Annahmen kulminieren in der zentralen Forschungsfrage:

Wie können im Zuge der digitalen Transformation neue Organisationsmodelle genutzt werden, um städtische Verwaltungsprozesse und die Kommunikation zwischen Bürger*innen und Stadtverwaltung zu optimieren sowie gesellschaftliche Selbstorganisation zu fördern? Inwieweit könnte sich die Rolle städtischer Verwaltungen verändern?

Um die Komplexität der Forschungsfrage aufzuschlüsseln und den Bezug zur Stadtverwaltung herzustellen werden folgende Hypothesen aufgestellt, von denen sich die Interviewfragen ableiten:

1. Durch die Implementierung flacher, kompetenzbasierter Hierarchien können Verwaltungsprozesse effizienter gestaltet und Entscheidungs- und Problemlösungsprozesse erleichtert werden.

2. Verwaltungsinterne Selbstbestimmung und Entbürokratisierung können gesellschaftlicher Selbstorganisation mehr Handlungsfreiheit geben.

3. Mit der Integration aller Perspektiven durch einen gleichberechtigten, transparenten Kommunikationsprozess kann effizienter und agiler auf Herausforderungen reagiert werden.

4. Die Stadtverwaltung der Zukunft wird einen lernbegleitenden, moderierenden Charakter annehmen.

5. TEIL

FORSCHUNG

Das Forschungsfeld wurde durch bereits bestehende persönliche Kontakte, Begegnungen auf themenrelevanten Veranstaltungen und per Email erschlossen. Wichtig bei der Auswahl war die Diversifizierung der potenziellen Interviewpartner*innen, um Perspektiven aus den Sektoren Politik, Zivilgesellschaft und Wirtschaft gleichermaßen zu integrieren.

Ein Katalog an Leitfragen wurde auf Basis der drei Kernthemen (Digitalisierung, neue Organisationsmodelle, Stadtverwaltung) entwickelt. Für alle bestätigten Interviewpartner*innen wurden, gemessen an deren Hintergründen, passende Fragen aus dem Katalog ausgewählt und ggf. angepasst. Die Datenerhebung erfolgte in Berlin und Leipzig.

INTERVIEWPARTNER*INNEN

Die Auswahl der Interviewpartner*innen wurde vor allem nach Empfehlungen der relevanten Akteure während und nach den Netzwerkveranstaltungen getroffen. Die Kontaktaufnahme geschah per E-Mail.

Isabel Brandau

Seit 2007 ist Isabel Brandau als freiberufliche Beraterin, Moderatorin, Trainerin und Coach tätig. Sie hat eine Ausbildung in Personal- und Unternehmensentwicklung abgeschlossen und Erfahrung in Feldern der Psychologie und Soziologie. Ihr Interesse gilt der Zukunft der Arbeitswelt.

Johannes Comeau-Milke

Absolvent des Advanced Track der HPI School of Design Thinking. Mitgründer der Berliner Innovationsagentur Journey 2 Creation. Sein Fokus liegt auf der Schaffung von Konzepten und Systemen, die interdisziplinären Teams helfen, Eigenständigkeit und gute Kommunikation zu entwickeln.

Ulrich Hörning

Master-Absolvent der Harvard University in Public Administration. Ehemals Unternehmensberater und Projektleiter für Booz & Company. Senior Economist der Weltbank und seit 2015 Bürgermeister der Allgemeinen Stadtverwaltung Leipzig.

Dr. Hannes Koppel

Projektleiter beim Nextpractice Institut für Komplexität und Wandel. Mitautor der Studie Next Germany (2017) in Kooperation mit dem Zukunftsinstitut.

Michael Metzger

Ebenfalls Alumni der d.school und wichtiger Akteur der Berliner New Work - Szene. Seit der Jugend freiberuflicher Journalist und nun in der Kommunikationsberatung und Wissenschaftskommunikation und als Coach tätig.

Christina Stehr

Ist als Wagniscoach für das Bildungsprojekt Humboldts Wagniswerkstätten zuständig und entwickelt Veranstaltungsformate zu den Themen Innovationsentwicklung und Geschäftsmodellentwicklung. Engagiert sich in eigenen Projekten, wie dem Tauschring Wedding und in gemeinschaftlichen Initiativen, wie den Weddingwandlern.

Anja C. Wagner

Als Zukunftsforscherin und Unternehmerin mit jahrzehntelanger Projekterfahrung arbeitet sie dafür, das Bildungssystem an die Anforderungen des digitalen Zeitalters anzupassen. Sie hält regelmäßig Workshops ab, spricht vor großem Publikum und geht Lehraufträgen nach. Ihr neues Projekt ist FLOWCAMPUS.

METHODEN

Die Interviews liefen generell nach einem narrativen Schema ab, das vorsah, die Gespräche durch bestimmte Stichworte und ausgewählte Fragen in die gewünschte Richtung zu lenken. Drei der Interviews wurden über audiovisuelle Online-Telefonate geführt und mit Hilfe eines Programms aufgezeichnet. Die übrigen Interviews wurden, bis auf eines, tonbildlich mit einer Kamera aufgenommen. Die forschungsrelevanten Veranstaltungen, Meetings und Workshops sind anhand der Feldnotizen während teilnehmenden Beobachtungen in die Forschung mit eingegangen. Die qualitativen Leitfrageninterviews wurden mit der gängigen sozialwissenschaftlichen Methode der qualitativen Inhaltsanalyse ausgewertet.

6. TEIL
ERGEBNISSE

Der Kontakt mit der Berliner New Work – Szene sowie mit Vertreter*innen politischer städtischer Institutionen hat einige der forschungsspezifischen Hypothesen bestätigt.
Generell wird Digitalisierung als große Chance angesehen.

„Digitalisierung führt [...] dazu, dass wir zu jeder Zeit, zu jedem Moment die Möglichkeit haben in Kontakt zu treten und irgendwie Informationen zu bekommen. Und ich glaube schon, dass das der größte Treiber vom aktuellen Veränderungsprozess ist."

(Dr. Hannes Koppel, Z. 122 - 124)

Die Notwendigkeit der Digitalisierung von Verwaltungsprozessen scheint den betroffenen Institutionen bewusst zu sein. Die Vorteile digitaler Technologien werden bisher vor allem von privatwirtschaftlichen Organisationen erkannt und genutzt. Städtische Verwaltungen erweisen sich gegenüber umfassender Verschlankung und Digitalisierung als gehemmt. Das Beispiel der Allgemeinen Stadtverwaltung Leipzig zeigt, dass Stadtverwaltungen durch interne Querallianzen und gesetzliche Einschränkungen zwischen Kontrollorganen (z. B. Datenschutzbeauftragte und Personalrat) daran gehindert werden können, interne Transformationsprozesse hin zu einer digitalisierten, dezentralisierten Arbeitsweise voranzutreiben (Ulrich Hörning Z. 111 - 114). Dies ist Bürger*innen nicht transparent. Ein weiteres Hindernis ist, wie Ulrich Hörning in einer Anekdote zu verstehen gibt, der zunehmende Gebrauch von Anglizismen, der besonders bei älteren Bediensteten (vor allem in Ostdeutschland) zu Abwehrreaktionen führt und so die Kommunikation enorm behindern. Weiterhin scheint die Gesetzeslage bezüglich selbstorganisierter bürgerschaftlicher Problemlösung als nicht länger zeitgemäß, die z.B. in Leipzig das eigenständige Begrünen von Baumringen verbietet und sogar bestraft (Ulrich Hörning Z. 333 - 338).

„Wir wünschen uns sowohl von den Instrumenten als auch von der Grundhaltung, unserer Mitarbeiter und Bürger eine Arbeit auf der Höhe der Zeit. Das heißt nach innen, neue Methoden, neue Technik, neue Technologien und [...] nach außen [...] die Fähigkeit zu einer gesellschaftlichen Selbstorganisation, die mehr im Rahmen der freien Gesellschaft stattfinden kann."

(Ulrich Hörning Z. 457 - 462)

Besonders die Aussagen des Leipziger Bürgermeisters der Allgemeinen Stadtverwaltung Ulrich Hörning sind hier ausschlaggebend. Neben ihm haben mehrere Interviewpartner*innen ihre Ansicht mitgeteilt, dass Stadtverwaltungen in Zukunft eine lernbegleitende, unterstützende Rolle einnehmen müssen (Anja Wagner, Z. 74 - 77; Johannes Comeau-Milke, Z. 191 - 195).

Auch die Hypothese des Bedarfs nach transparenter Kommunikation auf Augenhöhe hat sich bestätigt, denn es wurde deutlich, dass zwischen gemeinschaftlichen Initiativen und der Stadtverwaltung bisher eine unzureichende Kommunikation und Kooperation besteht. Auf Seiten der Initiativen wurde angemerkt:

> **„Wo sind die, die es unterstützen oder wo sind die Wege, es gibt sie nicht so richtig. [...] Wer investiert seine Zeit in den Aufbau solcher Strukturen und bleibt dabei? Wie wird Freiwilligkeit gefördert? Und das wird halt nicht gefördert."**
>
> (Christina Stehr, Z. 293 - 245)

Die Hypothese, dass verwaltungsinterne Selbstbestimmung und Entbürokratisierung gesellschaftlicher Selbstorganisation mehr Handlungsfreiheit geben könne, ließ sich nur indirekt bestätigen. Eine neue Erkenntnis, ist die wichtige Rolle des Faktors Zeit beim Aufbau und der Mitwirkung an bürgerschaftlichen Initiativen:

> **„[...] gerade weil es nicht normal entlohnt wird, müssen wir zeigen, dass das auch Arbeit ist und [...] Zeit nimmt, die man eben nicht in einen regulären Job investieren kann und dann Geld verdient [...]. So hoffe ich eben auch, dass die Form der Arbeit anerkannt wird und [...] stärker gefördert wird [...], weil ich merke, dass ich nicht mehr die Energie dazu habe, dass ich auch einfach nicht mehr die Zeit habe oder wenn ich Zeit habe, eben auch noch andere Prioritäten da sind [...]."**
>
> (Christina Stehr, Z. 214 - 223)

Eine Besinnung auf eine entbürokratisierte, bürgerzentrierte Verwaltung und angemessene Gegenleistungen könnten also zu größerem zeitlichen Freiraum für bürgerliches Engagement bzw. gesellschaftliche Selbstorganisation führen.

Zwischen den Bedürfnissen und Interessen eines Start-Up-Netzwerks und denen politische Institutionen muss unterschieden werden. Die Start-Ups der New Work – Szene genießen große Experimentierfreiheit, wohingegen städtische Administrationen oder z. B. auch Produktionsbetriebe sich nur wenige Fehler erlauben können.

> **„Es wird häufig im Bereich New Work von mehr Fehlertoleranz gesprochen. Für einen Produktionsbetrieb ist es ja aber schwierig zu sagen, jetzt lassen wir halt [...] 50 Autos mit Fehlern vom Band laufen, das kann ja nicht Ziel des Ganzen sein, sondern es ist einfach Fehlertoleranz wo, in welchem Bereich, brauche ich Fehlertoleranz?"**
>
> (Dr. Hannes Koppel, Z. 44 - 47)

Es wurde somit deutlich, dass die neuen Organisationsformen auf die jeweiligen unterschiedlichen Anwendungsbereiche und Strukturen angepasst werden müssen.

„Man sieht hier immer so die kleinen Start-Ups und ihre Denkweise und sie machen einfach und probieren aus und experimentieren und gehen mal den Weg und den Weg und den Weg und machen einfach und sind in diesem Tu-Modus. Und eine Verwaltung, genau wie eine Universität oder ein großer Konzern, ticken halt einfach anders und die können auch nicht einfach von heute auf morgen umstellen [...].“

(Christina Stehr, Z. 304 - 308)

Doch auch von Verwaltung zu Verwaltung sollte differenziert und jeweils die Frage gestellt werden, für welchen Zweck welches Modell geeignet ist. Dr. Hannes Koppel fügt an:

„Also ich würde jetzt nicht sagen, dass eine Netzwerkorganisation zwingend das Nonplusultra für eine Verwaltung ist, oder sagen wir, eine Matrixorganisation. Oder es gibt nur sehr flache Hierarchien [...]. Das sollte [...] von Verwaltung zu Verwaltung individuell betrachtet werden. Was ist eigentlich das Ziel, was wollen wir und wie kriegen wir das am besten umgesetzt.“

(Dr. Hannes Koppel, Z. 227 - 232)

Die Übertragbarkeit von Modellen der Selbstorganisation auf die Strukturen einer Verwaltung, wird als Chance aber auch als Herausforderung angesehen:

„[...] ich weiß nicht wo die Grenze liegt, aber es gibt für solche Systeme eigentlich eine kritische Masse, darüber funktioniert es nicht mehr gut [...] dann brauchst du [...] wie auch immer geartete Strukturen. Man muss es ja auch nicht immer Hierarchien nennen, aber dass es halt gut festgeschrieben ist, wer was macht und sich auch zuständig fühlt.“

(Christina Stehr, Z. 376 - 379)

Dies bestätigt die These, dass dezentrale Kompetenzhierarchien einer demokratisch legitimierten Struktur unterliegen sollten, die gewisse Autonomiebereiche freihält. Hier bedarf es jedoch noch weiterer Forschung, um diese Formen angemessen auf große Institution übertragen zu können.

Eine wiederkehrende Aussage betraf das heutige Bildungssystem. Mehrere Partner*innen verorteten bei diesem den stärksten Hebel für eine nachhaltige Transformation gesellschaftlicher Selbstorganisation und für die Entwicklung von digitalen Kompetenzen:

„[...] das ist auch eine meiner zentralen Forderungen an das Bildungssystem. Dass wir heute die Kompetenzen des Menschen, die einzelnen Kompetenzen jedes Einzelnen in den Vordergrund rücken müssen. Ich meine kein Portfolio, sondern dass jeder Mensch entscheiden kann, was er für sich als richtig erachtet. Das ist das Ziel, wohin wir kommen müssen. Und alles andere muss ihn dabei unterstützen, dahin zu kommen.“

(Anja Wagner, Z. 170 - 174)

Die Forschung hat ergeben, dass die Transformation der Arbeitswelt sich funktional auf drei miteinander verbundenen gesellschaftlichen Ebenen abspielt, die sich direkt durch die Akteure der drei Sektoren Politik, Wirtschaft und Zivilgesellschaft ausdrücken, welche jeweils verschiedene Facetten der Transformation darstellen (siehe Abbildung 2). Die Politik übernimmt die Funktion einer nach außen wirkenden, einer auf sichtbare infrastrukturelle Gegebenheiten einwirkenden Kraft. Das in diesem Sektor umschriebene Paradigma ist Arbeit 4.0. Der Name impliziert den Einsatz digitaler Mittel.

Die komplementäre Kraft ist hier die nach innen wirkende Zivilgesellschaft. Nach innen bedeutet hier, dass die Transformation die Art und Weise der zivilen Kollaboration und des direkten bürgerschaftlichen Austauschs beeinflusst. Der physische Ausdruck sind sog. Shared Spaces in Form von Coworking Spaces oder durch politischen Druck erkämpfte Freiräume, wie etwas das Tempelhofer Feld in Berlin-Neukölln.

Die Wirtschaft nimmt im beschriebenen Schema die Rolle einer vermittelnden Kraft ein. Sie wirkt auf der Prozessebene zwischen den nach innen und den nach außen wirkenden Kräften. Ihr Fokus liegt auf der Kommunikation zwischen den Elementen von Organisationsformen und dem Selbstverständnis selbiger. Der genutzte Term ist New Work.

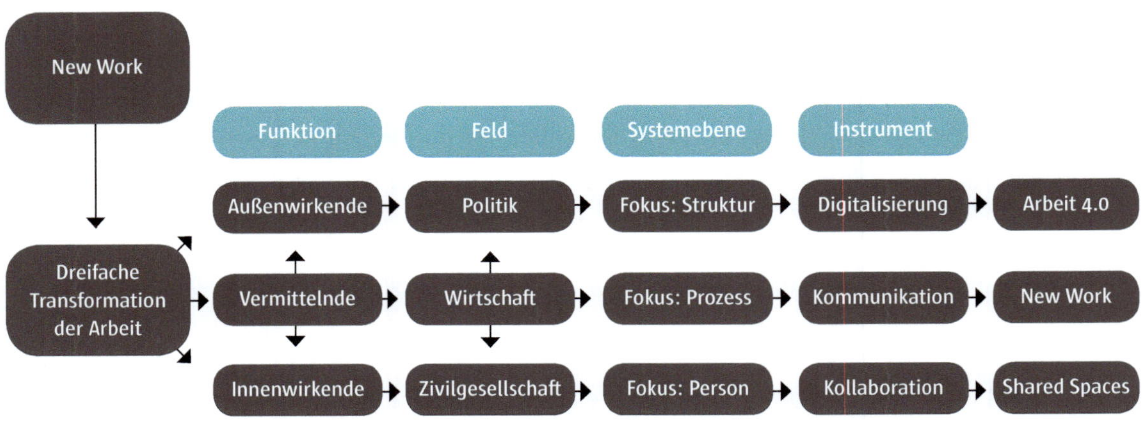

Abbildung 2: Dreipfadige Transformation der Arbeit
Eigene Darstellung

Die Forschungsfrage kann angesichts der Ergebnisse wie folgt beantwortet werden: Neue Entscheidungsprozesse bzw. Organisationsmodelle und digitale Wissensverarbeitung sind auf dem Vormarsch. Die Vorteile liegen in der menschenorientierte Kommunikation und dezentraler Arbeitsweise, sowie der Automatisierung komplexer Prozesse. Städtische Verwaltungen sind Organisationen mit veralteten Arbeitsweisen und müssen ihre Rolle der gesellschaftlichen Entwicklung zu größerer Dezentralität angleichen. Diese Rolle kann die eines unterstützenden, prozessbegleitenden „Enablers" sein, der bürgerschaftlichen Initiativen die nötigen Ressourcen, Kontakte und Wissen vermittelt, um deren lokale Herausforderungen zu bewältigen. Die Transformation einer Stadtverwaltung kann durch den bedachten Einsatz von neuen Organisationsmodellen und die gleichzeitige Einführung digitaler Datenverarbeitung möglich werden.

Der Verlauf der Forschung, die relevanten Modelle, Konzepte und Quellen sowie die Aufzeichnungen der Expert*inneninterviews sind einsehbar unter *www.newworksociety.org*.

7. TEIL
HANDLUNGSEMPFEHLUNGEN

Anhand der Ergebnisse dieser Forschungsarbeit wurden Handlungsempfehlungen erarbeitet. Diese Handlungsempfehlungen richten sich an Stadtverwaltungen, die sich der gesellschaftlichen Transformation öffnen und sie aktiv mitgestalten wollen. Die Empfehlungen sollen dazu beitragen, städtische Verwaltungsprozesse und die Kommunikation zwischen Bürger*innen und Stadtverwaltung zu optimieren sowie gesellschaftliche Selbstorganisation zu fördern.

Zunächst ist es wichtig, Veränderungsprozesse innerhalb der Stadtverwaltungen aufzuzeigen und die Kontrollorgane innerhalb der Stadtverwaltung zu entzerren, das heißt, dezentrale Autonomiebereiche für jeweils spezifische Funktionen zu schaffen. Es bedarf dennoch einer einheitlichen Struktur, in der gewisse anforderungsspezifische Kompetenzhierarchien verankert sind. An dieser Stelle müssen Entscheidungshoheiten und Machtgefüge überarbeitet und neu ausgehandelt werden. Um tiefgreifende Veränderungsprozesse voranzutreiben reicht es nicht aus, einmalig einen Design Thinking - Workshop durchzuführen, sondern eine Neuorientierung und ein neues Verständnis von Zusammenarbeit und Kooperation gemeinsam zu entwickeln und stetig zu pflegen. Damit einhergehend bedarf es einer homogenen und auf die Anforderungen der Akteure abgestimmten IT - Infrastruktur. Einheitlichkeit in digitalen Prozessen erleichtert interne Arbeitsprozesse. Auf Bundesebene wäre somit auch ein besserer Datenaustausch zwischen verschiedenen Stadtverwaltungen denkbar. Entsprechende Lehrangebote in Bezug auf Digitalisierung und Interdisziplinarität können Mitarbeiter*innen den Zugang zu diesen Arbeitsprozessen ermöglichen. Die Nutzung von Analysematerial und Präsentation von Best-Practice-Studien, sowie Kommunikation und Kooperationen mit fortgeschrittenen Städten, wie z. B. Tallinn und Helsinki, könnten hilfreiche Erkenntnisse vermitteln und den Übergang wesentlich erleichtern. Digitale Kanäle und Plattformen können die Kommunikation mit Bürger*innen verbessern und bürokratische Prozesse deutlich verschlanken. Digitale Technologien bieten neue Möglichkeiten, eine bürgerzentrierte digitale Verwaltung aufzubauen, die sich an den individuellen Bedürfnissen der Menschen ausrichtet und beispielsweise personalisierte Online-Angebote unterbreitet oder auf geeignete Leistungsangebote hinweist. Eine Revision der Gesetzeslage bezüglich Datenschutz und städtischer Selbstorganisation wird hier notwendig sein, um einen erweiterten Handlungsspielraum für aktive Bürgerinitiativen zu schaffen. Des Weiteren sollten Debatten darüber geführt werden, welche Rollen und Aufgaben andere politische Institutionen zukünftig einnehmen, welchem Zweck sie dienen, welche Ziele sie verfolgen und auch als solche generell auf den Prüfstand gestellt werden.

Doch neben diesen intrastrukturellen Veränderungen muss auch eine Vertrauens- und Kooperationskultur auf Augenhöhe zwischen Stadtverwaltung und Bürger*innen etabliert werden. Durch regelmäßige Multistakeholder-Meetings können verschiedene Perspektiven integriert und gegenseitiges Verständnis geschaffen werden. Speziell dafür ausgebildete Schnittstellenkoordinator*innen bzw. Transformationsmanager*innen können dieses durch entsprechende Workshops bei allen Beteiligten fördern. Eine solche Rolle ist zwischen Bürger*innen, Politiker*innen und Akteuren der Wirtschaft positioniert. Sie besitzt Wissen über Digitalisierung und neue Organisationsmodelle sowie inter- und transdisziplinäre Kompetenzen, mit Hilfe derer die Beteiligten eines Workshops durch einen multiperspektivischen Integrationsprozess geleitet werden, an dessen Ende ein erhöhtes Systemverständnis entstanden ist (siehe Abbildung 3).

Die Handlungsempfehlungen sind hier noch einmal aufgelistet:

- Entzerrung der Kontrollorgane innerhalb der Stadtverwaltung durch Dezentralisierung.
- Aufbau einer homogenen und abgestimmten IT - Infrastruktur innerhalb von Verwaltungen.
- Schrittweise Auflösung von Machthierarchien und Aufbau von flexiblen Kompetenzhierarchien.
- Revision und Anpassung der Gesetzeslage bezüglich bürgerschaftlicher Selbstorganisation.
- Schaffung einer Vertrauenskultur innerhalb der Verwaltung und zwischen Bürger*innen und Stadt.
- Lehrangebote für Mitarbeiter*innen in Bezug auf Digitalisierung, Analyse und Präsentation von Best-Practice-Studien (Bsp. Tallinn, Helsinki).
- Förderung von Systemverständnis bei allen Beteiligten durch entsprechende Workshops.
- Multistakeholder-Meetings um Perspektiven zu integrieren und gegenseitiges Verständnis zu schaffen.
- Einsatz von Schnittstellenkoordinator*innen / Transformationsmanager*innen.

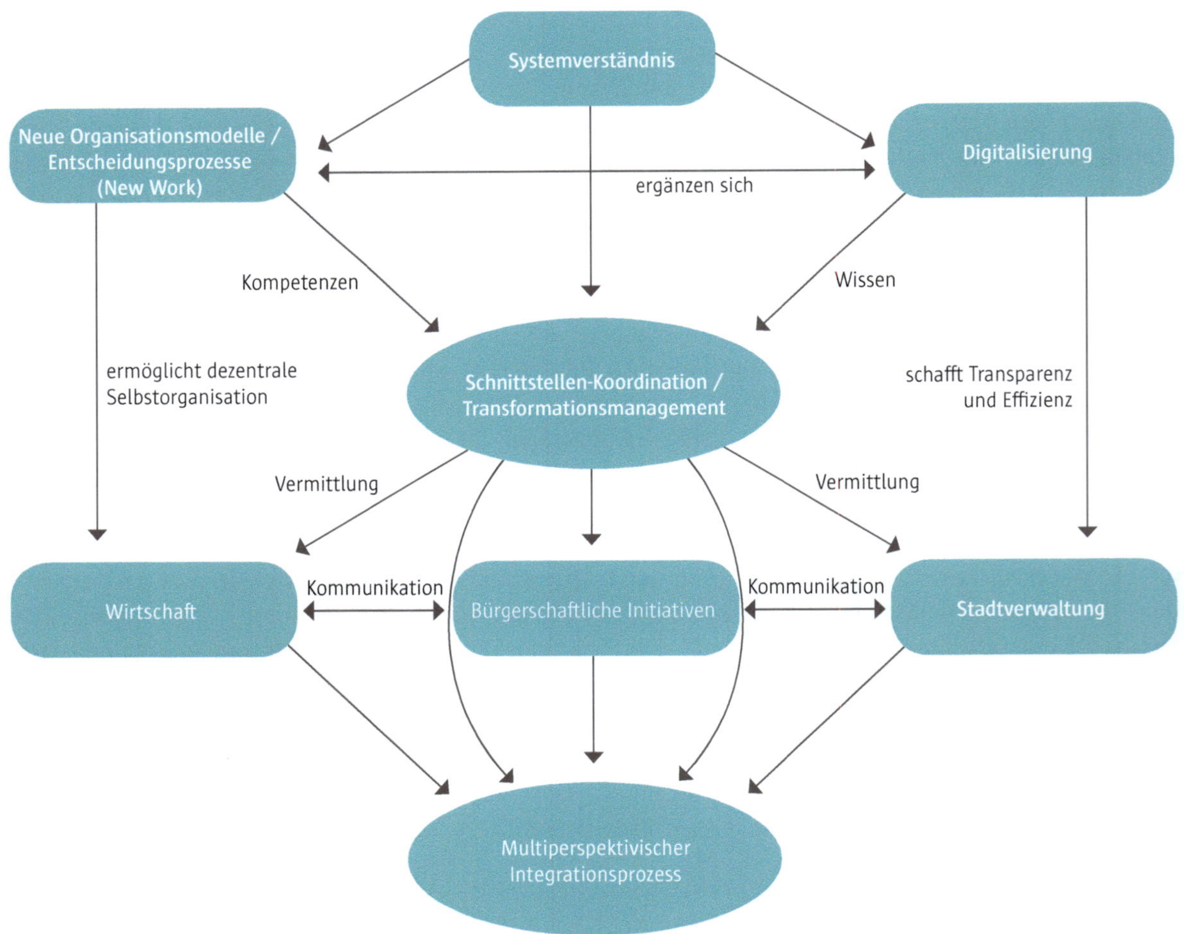

Abbildung 3: Rolle des Transformationsmanagements bei städtischer Problemlösung
Eigene Darstellung

8. TEIL

FAZIT & AUSBLICK

Wir verändern uns, die Gesellschaft verändert sich, die Welt verändert sich. Von der kleinen Kommune oder Gemeinschaft innerhalb eines Stadtteils oder einer Stadt bis hin zur Weltbevölkerung finden Veränderungsprozesse statt.

New Work scheint dabei kein gänzlich neues Phänomen zu sein, denn Veränderungen in der Arbeitswelt haben in unterschiedlichen Formen schon immer stattgefunden. Der ausschlaggebende Faktor ist heute die digitale Vernetzung. Anhand der Recherche und der Interviews wurde deutlich, dass die Digitalisierung einen zentralen, wenn nicht sogar den zentralen Treiber für den Wandel in der Arbeitswelt darstellt. Sie ermöglicht es, uns nicht nur in der Arbeitswelt, sondern auch in anderen Feldern der Gesellschaft zu vernetzen, auszutauschen und ohne vorherigen persönlichen Kontakt kollaborativ tätig zu sein. Digitalisierung ermöglicht einen globalen, dezentralen Zugang zu Wissen und Kontakten. Durch parallele sozioökonomische Trends wie Individualisierung, aber auch Prekarisierung, entsteht die Möglichkeit aber auch die Notwendigkeit, flexiblerer und agilerer Selbstorganisation der eigenen Arbeitsform und -zeit. Diese neuen Formen der Organisation sind auf intersektoraler Ebene operabel. Nicht selten wird aus der IT-Szene die Metapher eines „Betriebssystems" für einige der Modelle, wie Holacracy, verwendet. Digitalisierung und das Aufkommen neuer Organisationsmodelle gehen Hand in Hand.

Auf Ebene städtischer Institutionen bietet Digitalisierung die Chance, interne Arbeitsprozesse sowie die Kommunikation zwischen Bürger*innen und Stadtverwaltungen zu optimieren. Eine digitale Verwaltungsstrategie birgt sehr viele Chancen, wenn sie intelligent und systemisch geplant, umgesetzt und begleitet wird. Doch wie deutlich wurde, erweisen sich die inneren Strukturen solcher Institutionen bisher als resistent gegenüber Bestrebungen zu Verschlankung und Digitalisierung.

Wie kann der Übergang vom Alten zum Neuen auf zukunftsfähige Weise geschehen? Es wurde deutlich, dass einerseits die neuen Organisationsformen an die jeweils unterschiedlichen Anwendungsbereiche und Strukturen angepasst werden müssen und andererseits nicht jeder diese Form von Freiheit und Selbstorganisation als positiv ansieht. Sicherheit, und damit die Anhaftung an Altbewährtem, sind eine der größten menschlichen Neigungen. Hier bedarf es weiterer Aufklärungsarbeit, Bildung und ein hohes Maß an gesellschaftlichem Austausch. Der offene, transparente Dialog auf Augenhöhe zwischen allen Beteiligten muss gewährleistet sein.

Bei der Entwicklung gesellschaftlicher Selbstorganisation wird es ebenfalls wichtig sein, ein neues gemeinschaftliches Verständnis von Arbeit zu haben. Wenn gemeinnützige Arbeit oder ehrenamtliches Engagement zukünftig auch als Arbeit anerkannt und entsprechend honoriert werden, könnte gesellschaftliche Selbstorganisation aktiver gestaltet werden.

„Auf persönlicher Ebene möchte ich in einer Welt leben, wo Arbeit keine Arbeit ist, sondern eigentlich ein Teil des Daseins, ein natürlicher Teil, in dem wir unsere Kreativität entfalten können, auch entdecken können, wo wir mit Menschen mit wirklich verschieden Hintergründen, verschiedenen Kulturen zusammenarbeiten können, wo wir Räume haben, die uns unterstützen, wo wir Systeme und Strukturen haben, die uns unterstützen."

(Johannes Comeau - Milke, Z. 284 - 288)

QUELLEN- UND LITERATURVERZEICHNIS

PRINT

Beck, D. E., Cowan, C. (2014): Spiral Dynamics. Mastering Values, Leadership and Change. New York: John Wiley & Sons Verlag.

Bergmann, F. (2004): Neue Arbeit, neue Kultur. Freiburg, Baden-Württemberg: Arbor-Verlag.

Blickle, G., Nerdinger, F., Schaper, N. (2014): Arbeits- und Organisationspsychologie (3. Aufl.). Heidelberg, Berlin: Springer-Verlag.

Botthof, A., Hartmann, E. A. (2014): Zukunft der Arbeit in Industrie 4.0. Berlin, Heidelberg: Wiesbaden Springer Verlag.

Dhiman, S. (2017): Holistic Leadership - A New Paradigm for Today's Leaders. Heidelberg, Berlin: Springer Verlag.

Freytag, C. (2009): Entscheidungsfindung und Wissensintegration in virtuellen Teams: Modellierung und Unterstützung computer-mediierter Gruppenentscheidungen. Berlin, Universität Münster: Dissertation.de Verlag.

Ganschar, O., Gerlach, S., Hämmerle, M., Krause, T., & Schlund, S. (2013): Produktionsarbeit der Zukunft – Industrie 4.0. Stuttgart: Fraunhofer Verlag.

Gebhardt, J., Grimm, A., Neugebauer, L. M. (2015): Entwicklungen 4.0: Ausblicke auf zukünftige Anforderungen an und Auswirkungen auf Arbeit und Ausbildung. Journal of Technical Education (JOTED), Band 3, Heft 2, 45-6.

Hartmut, R., Paech, N., Habermann, F., Haug, F., Wittmann, F., Kirschenmann, L. (2013): Zeitwohlstand: Wie wir anders arbeiten, nachhaltig wirtschaften und besser leben. Leipzig: Konzeptwerk Neue Ökonomie e.V..

Krause, D. (2013): Kreativität, Innovation, Entrepreneurship. Heidelberg, Berlin: Springer-Verlag.

Laloux, F. (2015): Reinventing Organizations: Ein Leitfaden zur Gestaltung sinnstiftender Formen der Zusammenarbeit. München: Verlag Franz Vahlen.

Robbins, S. P., Judge, T. A. (2013): Essentials of organizational behavior. New York: Pearson College Division.

Robertson, B. J. (2015): The revolutionary Management System that abolishes Hierarchy. London: Penguin Random House.

Rump, J., Eilers, S. (2017): Auf dem Weg zur Arbeit 4.0. Berlin, Heidelberg, New York: Springer-Verlag.

Ulich, E., Wülser, M. (2014): Gesundheitsmanagement in Unternehmen: Arbeitspsychologische Perspektiven. (6. Aufl.). Heidelberg, Berlin: Springer-Verlag.

Zhou, J., Shalley, C. E. (2008): Handbook of Organizational Creativity. New York: Lawrence Erlbaum Associates.

ONLINE

Barros, I. (o.D.): The Future of the Workplace in Brazil. URL: https://www.steelcase.com/research/articles/what-the-workplace-of-the-future-looks-like-in-brazil/, zuletzt aufgerufen am 30.08.2017.

Beltman, J. (2016): A before-and-after look into Holacracy at Voys. URL: https://blog.holacracy.org/a-before-and-after-look-into-holacracy-at-voys-shared-by-joris-beltman-86d6362a0bbc, zuletzt aufgerufen am 30.08.2017.

Berger, C. (2017): New Work und Arbeiten 4.0. URL: https://handbuch-digitalisierung.de/new-work-und-arbeiten-4-0/, zuletzt aufgerufen am 30.08.2017.

Bockelbrink, B. (2015): S3 for One An Application of Sociocracy 3.0 for Intentional Personal Change. URL: http://s3-for-one.com/s3-for-one.pdf, zuletzt aufgerufen am 30.08.2017.

Bockelbrink, S. (2014): S3 for One An Application of Sociocracy 3.0 for Intentional Personal Change. URL: http://s3-for-one.com/, zuletzt aufgerufen am 30.08.17.

Bouraoui, S. (2016): Self-Management & Human Growth: Two Sides of a Coin. URL: https://blog.holacracy.org/self-management-human-growth-two-sides-of-a-coin-part-1-5b8707c54372, zuletzt aufgerufen am 30.08.2017.

Bowers, A. (2015): Why GlassFrog is offering a totally free option. URL: https://blog.holacracy.org/why-glassfrog-is-offering-a-totally-free-option-71becb0694ac, zuletzt aufgerufen am 30.08.2017.

Brinsa, M. (2015): Holacracy: Die Hierarchie der Kreise. URL: https://www.zukunftsinstitut.de/artikel/03-from-strategy-to-culture/01-longreads/ holacracy-die-hierarchie-der-kreise/, zuletzt aufgerufen am 30.08.2017.

Brocchi, D. (2017): Die Transformation beginnt im Lokalen.URL: http://davidebrocchi.eu/die-transformation-beginnt-im-lokalen/, zuletzt aufgerufen am 30.08.2017.

Buehrle, U. (2016): Lernende Organisation. URL: http://www.ulrichbuehrle.de/coach-stuttgart/lernende-organisation/, zuletzt aufgerufen am 30.08.2017.

Bundesministerium für Arbeit und Soziales (o.D.): Grünbuch Arbeiten 4.0 - Arbeit weiter denken. URL: http://www.arbeitenviernull.de/dialogprozess/gruenbuch.html, zuletzt aufgerufen am 30.08.2017.

Bundesministerium für Bildung und Forschung (o.D.): Entscheidungsmodell - Der netWORKS-Ansatz zur integrierten Strategiebildung. URL: https://networks-group.de/de/networks-1/entscheidungsmodell.html, zuletzt aufgerufen am 30.08.2017.

Compagne, O. (2014): Holacracy Is Not What You Think - A Response to Steve Denning's „Making Sense of Zappos and Holacracy". URL: https://blog.holacracy.org/holacracy-is-not-what-you-think-67144c3adf8, zuletzt aufgerufen am 30.08.2017.

Deutsche Telekom, University of St. Gallen (2016): WORK 4.0: MEGATRENDS DIGITAL WORK OF THE FUTURE – 25 THESES -Results of a project carried out by Shareground and St. Gallen University. URL: https://www.telekom.com/en/media/media-information/archive/machines-will-be-colleagues-in-the-future-362048, zuletzt aufgerufen am 30.08.2017.

Die Vertical Media GmbH (o.D.): Gründerszene Lexikon. URL: https://www.gruenderszene.de/lexikon/begriffe/new-work, zuletzt aufgerufen am 30.08.2017.

Digitale Stadt by Bitkom (o.D.): Verwaltung in der digitalen Stadt: was heutzutage bereits technologisch möglich wäre. URL: http://www.digitalestadt.org/bitkom/org/Digitale-Stadt/Digitale-Stadt/Verwaltung/index-2.html, zuletzt aufgerufen am 30.08.2017.

Energized.org (2016): What kind of impact can Holacracy have from an HR perspective? A former manager shares her experience. URL: https://blog.holacracy.org/what-kind-of-impact-can-holacracy-have-from-an-hr-perspec-tive-ddced809ff3b, zuletzt aufgerufen am 30.08.2017.

Energized.org (2015): Practicing Holacracy takes energy, but in exchange we get a chance to develop at levels that we previously hadn't even been aware of. URL: https://blog.holacracy.org/a-before-and-after-look-into-holacracy-at-voys-shared-by-joris-beltman-86d6362a0bbc, zuletzt aufgerufen am 30.08.2017.

Epe, H. (2017): New Work zwischen Spiritualität, elitärem Scheiß und dringender Notwendigkeit. URL: https://ideequadrat.org/new-work-zwischen-spiritualitaet-elitaerem-scheiss-und-dringender-notwendigkeit/, zuletzt aufgerufen am 30.08.2017.

Felser, W. (2017): New Work - eine Idee, deren Zeit gekommen ist?! URL: http://www.huffingtonpost.de/winfried-felser/new-work---eine-idee-deren-zeit-gekommen-ist_b_15805536.html, zuletzt aufgerufen am 30.08.2017.

Garvin, D. A. (o.D.): Building a Learning Organization. URL: https://hbr.org/1993/07/building-a-learning-organization, zuletzt aufgerufen am 30.08.2017.

Gatterer, H., Christian, S., Christiane, V. (2014): Die Zukunft der Gemeinnützigkeit. URL: https://www.zukunftsinstitut.de/fileadmin/user_upload/Publikationen/Auftragsstudien/ Studie_Gemeinnuetzigkeit_Internet_2.pdf, zuletzt aufgerufen am 30.08.2017.

Global Challenge Insight Report (2016): The Future of Jobs Employment, Skills and Workforce Strategy for the Fourth Industrial Revolution. URL: http:http://www3.weforum.org/docs/WEF_Future_of_Jobs.pdf, zuletzt aufgerufen am 30.08.2017.

Government of Dubai (o.D.): Dubai Plan 2021. URL: http://www.dubaiplan2021.ae/publications/, zuletzt aufgerufen am 30.08.2017.

Grolman, F. (o.D.): Open Space Methode Die ausführlichste Darstellung im deutschsprachigen Internet. URL: https://organisationsberatung.net/open-space-methode-open-space-konferenz/, zuletzt aufgerufen am 30.08.2017.

Hamilton, M. (2015): Organic Strategies Reinvent Integral CitiesURL: http://www.enliveningedge.org/views/organic-strategies-reinvent-integral-cities/, zuletzt aufgerufen am 30.08.2017.

Haufe Online Redaktion (2017): Die Arbeitsplatztrends für 2017. URL: https://www.haufe.de/personal/hr-management/new-work-die-arbeitsplatztrends-fuer-2017_80_400738.html, zuletzt aufgerufen am 30.08.2017.

Hofmann, J. (2017): Agile Organisation – von der Herausforderung, Unternehmen veränderungs- und gleichzeitig arbeitsfähig zu halten. URL: https://blog.iao.fraunhofer.de/agile-organisation-von-der-herausforderung-unternehmen-veraenderungs-und-gleichzeitig-arbeitsfaehig-zu-halten/, zuletzt aufgerufen am 30.08.2017.

Hollmann, S. (2017: „New Work ist keine Sozialromantik" Interview mit dem New Work-Vordenker Stephan Grabmeier. URL: https://www.zukunftsinstitut.de/artikel/03-from-strategy-to-culture/01-longreads/holacracy-die-hierarchie-der-kreise/, zuletzt aufgerufen am 30.08.2017.

Howell, T., Haisler, D. (2015): What if Government Embraced Holacracy? URL: http://www.govtech.com/What-if-Government-Embraced-Holacracy.html, zuletzt aufgerufen am 30.08.2017.

Ibrahim, E. (o.D.): Digital Leadership. URL: https://connectedleadrship.de/,https://www.ibrahimevsan.de/digital-leadership/, zuletzt aufgerufen am 30.08.2017.

Inlägg, D. (2015): Sociocracy vs. Holacracy vs. Sociocracy 3.0. URL: http://janhoglund.eu/sociocracy-vs-holacracy-vs-sociocracy-3-0/%20, zuletzt aufgerufen am 30.08.2017.

Innatestrategies.com (o.D.): Causing deep, lasting impact requires a fundamentally different perspective. URL: http://www.innatestrategies.com/, zuletzt aufgerufen am 30.08.2017.

Institute for the future (o.D.): The Re-working of „Work". URL: http://www.iftf.org/futureworkskills/, zuletzt aufgerufen am 30.08.2017.

Jannek, K. (o.D.): Die globalen Treiber des Wandels, die die Zukunft Ihres Geschäfts bestimmen. URL: http://www.z-punkt.de/themen/artikel/megatrends, zuletzt aufgerufen am 31.08.2017.

Kraft, B. (2016): Die größten Herausforderungen und Möglichkeiten der digitalen Transformation. URL: http://newworksociety.org/wp-admin/post.php?post=179&action=edit, zuletzt aufgerufen am 30.08.2017.

Lambertz, M. (2016): Holacracy. Vom Scheitern eines Betriebssystems. URL: http://www.unternehmensdemokraten.de/holacracy-vom-scheitern-eines-betriebssys-tems/, zuletzt aufgerufen am 30.08.2017.

Lambertz, M. (2017): Zerstört den Begriff ‚New Work'. URL: http://intelligente-organisationen.de/bye-bye-new-work, zuletzt aufgerufen am 30.08.2017.

Lambertz, M. (2017): Reinventing Organizations. Ein Transformations-Placebo?. URL: http://www.unternehmensdemokraten.de/reinventing-organizations-ein-transformations-placebo-teil-1/#comments, zuletzt aufgerufen am 30.08.2017.

LeadWise (o.D.): Changing How Work Works. URL: http://www.leadwise.co/, zuletzt aufgerufen am 30.08.2017.

Manager-wiki.com (o.D.): Organisationsgestaltung – Beurteilung und Gestaltung der Aufbau-Organisation. URL: http://www.manager-wiki.com/strategieumsetzung/39-aufbau-organisation, zuletzt aufgerufen am 30.08.2017.

Manyika, J. (2017): Technology, jobs, and the future of work. URL: http://www.mckinsey.com/global-themes/employment-and-growth/technology-jobs-and-the-future-of-work, zuletzt aufgerufen am 30.08.2017.

Mehlhoop, A. (2015): Everything Changes... Holacracy im Arbeitsalltag: Ein Praxisbericht. URL: http://structureprocess.com/blog/holacracy-alltag-praxis/, zuletzt aufgerufen am 30.08.2017.

Ottoscharmer.com (o.D.): An executive summary of the book by Otto Scharmer: Theory U. Leading from the Future as It Emerges.URL: URL:http://www.ottoscharmer.com/publications/executive-summaries, zuletzt aufgerufen am 30.08.2017.

Presencing.com/theoryu (o.D.): Theory U. URL: https://www.presencing.com/theoryu, zuletzt aufgerufen am 30.08.2017.

Rego, M. (2016): 7 movements that will help you understand the Future of Work. URL: https://journal.leadwise.co/7-movements-that-will-help-you-understand-the-future-of-work-a65624c4afd1, zuletzt aufgerufen am 30.08.2017.

Reinventingorganizationswiki.com (o.D.): Teal Organizations: A wiki to inspire next-generation organizations. URL: http://www.reinventingorganizationswiki.com/Teal_Organizations, zuletzt aufgerufen am 30.08.2017.

Responsive.org (o.D.): Everyone and everything is connected. URL: http://www.responsive.org/manifesto, zuletzt aufgerufen am 30.08.2017.

Rework.withgoogle.com (o.D.): Let us Make Work Better. Practices, research, and ideas from Google and other organizations to put people first. URL: https://rework.withgoogle.com/, zuletzt aufgerufen am 30.08.2017.

Robertson, B. (2013): Differentiating Organization & Tribe. URL: https://blog.holacracy.org/differentiating-organization-tribe-2bc0190bf1c5/, zuletzt aufgerufen am 30.08.2017.

Robertson, B. (2014): Differentiating Role and Soul. How Holacracy®. Differentiates The Organizational Roles From The People Doing Them. URL: https://blog.holacracy.org/differentiating-role-and-soul-fe8cf5d53cc1/, zuletzt aufgerufen am 30.08.2017.

Robertson, B. (2014): The Power of Governance How Authority Is Distributed in Holacracy. URL: https://blog.holacracy.org/the-power-of-governance-680a2a6bcc22/, zuletzt aufgerufen am 30.08.2017.

Rowland, R. (o.D.): Teaching Systemic Design Outside the Design School. URL: https://journals.hioa.no/index.php/formakademisk/article/viewFile/810/1142/, zuletzt aufgerufen am 30.08.2017.

Rustler, F. (2012): Neues in die Welt bringen: Design Thinking und Theory U. URL: http://www.ulrichbuehrle.de/coach-stuttgart/lernende-organisation/, zuletzt aufgerufen am 30.08.2017.

Röll, M. (o.D.): Holacracy: Ein Ansatz für Klarheit und effektive Zusammenarbeit in Teams und Organisationen. URL: http://structureprocess.com/holacracy/was-ist-holacracy/, zuletzt aufgerufen am 30.08.2017.

Semco Style Institute (o.D.): democratic management. URL: https://semcostyle.org/, zuletzt aufgerufen am 30.08.2017.

Sociocracy30.org (o.D.): An Open Framework For Evolving Agile And Resilient Organizations. URL: http://sociocracy30.org/topics/blog/, zuletzt aufgerufen am 30.08.2017.

Soziokratie.org. (2017): Soziokratie als Organisationsmodell. URL: http://www.soziokratie.org/, zuletzt aufgerufen am 30.08.2017.

Söllner, K. & SL consult GmbH (o.D.): Organisationsentwicklung und Digitale Transformation. URL: http://www.manager-wiki.com/strategieumsetzung/39-aufbau-organisation, zuletzt aufgerufen am 30.08.2017.

Trend Report. (2016): New Work -Arbeiten 4.0. URL: https://trendreport.de/new-work-arbeiten-4-0-2/, zuletzt aufgerufen am 30.08.2017.

Ulrichbuehrle.de (o.D.): Lernende Organisation. URL: http://www.ulrichbuehrle.de/coach-stuttgart/lernende-organisation/, zuletzt aufgerufen am 30.08.2017.

University of Pennsylvania, Pourdehnad, J., Wexler, E. R., & Euler (2016): THE RESPONSIVE ORGANIZATION. URL: http://eulerpartners.com/wp-content/uploads/2016/04/euler-sense-spring-2016-responsive-organization.pdf, zuletzt aufgerufen am 30.08.2017.

Pourdehnad, J., Wexler, E. R., & Wilson, D. V. (2011): Systems & Design Thinking: A Conceptual Framework for Their Intergration.URL: http://repository.upenn.edu/cgi/viewcontent.cgi?article=1009&context=od_working_ papers/, zuletzt aufgerufen am 30.08.2017.

Villines, S. (2014): Sociocracy for one. URL: http://www.sociocracy.info/sociocracy-for-one/, zuletzt aufgerufen am 30.08.2017.

Villines, S. (2017): Using majority vote to create autocracies.URL: http://www.sociocracy.info/, zuletzt aufgerufen am 30.08.2017.

Wagner, A. C. (o.D.): Die Zukunft der Arbeit aktiv mitzugestalten. URL: http://flowcampus.com/, zuletzt aufgerufen am 30.08.2017.

Wdp (o.D.): Digitale Herausforderungen: Wie schaffen wir die digitale Transformation? URL: http://www.wdp.de/digitale-transformation/digitale-herausforderungen/, zuletzt aufgerufen am 30.08.2017.

Wikipedia (o.D.): The Toyota Way. URL: https://en.wikipedia.org/wiki/The_Toyota_Way, zuletzt aufgerufen am 30.08.2017.

Wilber, K. & Laloux, F. (2014): Reinventing Organizations: 3 Breakthroughs to Make Organizations More Integral. URL: https://integrallife.com/reinventing-organizations/, zuletzt aufgerufen am 30.08.2017.

Wintermann, O. (2017): Die digitale Fabrik als Katalysator einer neuen Arbeitskultur. URL: https://www.piqd.de/zukunft-der-arbeit/die-digitale-fabrik-als-katalysator-einer-neuen-arbeitskultur?ref=dailydigest&utm_campaign=viewpiq&utm_content=2017-06-06&utm_medium=email&utm_source=dailydigest, zuletzt aufgerufen am 30.08.2017.

Zukunftsinstitut (o.D.): Die Individualisierung der Welt. URL: https://www.zukunftsinstitut.de/artikel/die-individualisierung-der-welt/, zuletzt aufgerufen am 30.08.2017.

Zukunftsinstitut (o.D.): Konnektivität: Die Vernetzung der Welt. URL: https://www.zukunftsinstitut.de/artikel/konnektivitaet-die-vernetzung-der-welt/, zuletzt aufgerufen am 30.08.2017.

Zukunftsinstitut. (o.D.): Selbstorganisation formt unsere Zukunft. URL: https://www.zukunftsinstitut.de/artikel/wir-gesellschaft/selbstorganisation-formt-unse-re-zukunft/, zuletzt aufgerufen am 30.08.2017.

Zukunftsinstitut (o.D.): Die Megatrend-Map. URL: http://www.zukunftsinstitut.de/index.php?id=1532, zuletzt aufgerufen am 31.08.2017.

ABBILDUNGEN

Abbildung 1: Verortung im Forschungsfeld
Eigene Darstellung

Abbildung 2: Dreipfadige Transformation der Arbeit
Eigene Darstellung

Abbildung 3: Rolle des Transformationsmanagements bei städtischer Problemlösung
Eigene Darstellung

SHARED SPACES

Wie wirken sich Shared Spaces in urbanen Räumen auf die drei Dimensionen der Nachhaltigkeit aus und welche Rolle spielen dabei Motivation und Organisation?

AUTOR*INNEN

Janik Fechner
Selim Guelbas
Katharina Mayer
Sonja Spital
Marius Wittmann

INTERVIEWPARTNER*INNEN

Andrea Baier
Soziologin und wissenschaftliche Mitarbeiterin anstiftung (Münchner Stiftung)

Friederike Gaedke
Circular Food Managerin CRCLR House

Britta Jürgens & Matthew Griffin
Mit-Initiator*innen und Architekt*innen von Frizz23 Deadline Architekten

Prof. Dr. Melanie Humann
Expertin für urbane Transformationsprozesse und Gesellschafterin Urban Catalyst Studio

Prof. Dr. Oliver Ibert
Wirtschaftsgeograph, Leiter am Leibniz-Institut für Raumbezogene Sozialforschung Erkner

Anke Parson
Architektin, Stadtentwicklerin und Projektleiterin Eckwerk/ Holzmarkt Berlin

Markus Runge
Stellvertretender Geschäftsführer Nachbarschaftshaus Urbanstraße

Sina Frank (*Name geändert)
Mieterin, ExRotaprint gGmbH

1. TEIL

EINLEITUNG

Städtischer Raum, der aus Nutzer*innen Hand entwickelt, geteilt und gelebt wird, ist in Berlin seit dem Mauerfall mehr als sichtbar: Die Nutzung temporär leerstehender Flächen und Gebäude hat seit Beginn der 90er Jahre eine florierende Palette an Pionier- und (Sub)Kulturprojekten ermöglicht. Bis heute prägen diese Orte das Image Berlins, zeichnen sich durch eine höchst unterschiedliche physisch-räumliche Gestaltungs- und Organisationsstruktur aus und stehen für eine (Nutzungs-)Entwicklung, die den Bedürfnissen und Ansprüchen ihrer Nutzer*innen in hohem Ausmaß entspricht (vgl. Schmidt, S. et al. 2016, S.12).

Im Zuge des Übergangs von der Industrie- zur Wissensgesellschaft ändern sich zudem die Ansprüche der Bürger*innen an ihre Stadträume: Sei es aufgrund des wachsenden Immobiliendrucks auf Berliner Flächen im Allgemeinen, sich verändernder Prozesse in der Arbeitswelt oder aufgrund eines wachsenden Bewusstseins gegenüber dem Klimawandel und sich verstärkender Ressourcenknappheit. Es gilt die Anpassung an den damit einhergehenden urbanen Wandel auch räumlich gesehen möglichst gleichermaßen sozial, ökologisch und ökonomisch nachhaltig zu gestalten. Orte, die nutzergetragen entwickelt wurden und werden, leisten dabei bereits einen wichtigen Beitrag zu nachhaltigen urbanen Transformationsprozessen und produzieren Lösungsansätze gegenüber aktuellen städtischen Herausforderungen (vgl. WGBU 2016, S.1f).

Viele dieser Orte sind aus der **Do-It-yourself** (DIY) Bewegung entstanden und zeichnen sich durch an die Gegebenheiten angepasste flexible Nutzungen, offenes Teilen von Wissen sowie Räumlichkeiten, Experimentiermöglichkeiten und Potentiale für Beteiligung und Synergieeffekte aus. Weltweit lässt sich dabei beobachten, dass die Entstehung dieser Räume nicht nur im Physischen, sondern auch virtuell - beispielsweise durch die Entwicklung von Sharing-Konzepten - in den letzten Jahren deutlich zugenommen hat (vgl. Schmidt, S. et al. 2016, S.14ff).

Da solche Orte vielfältige und variantenreiche Bezeichnungen wie **CoWorking** Spaces oder FabLabs tragen, werden beschriebene Orte in dieser Forschung unter dem Begriff „Shared Spaces“ zusammengefasst:

Wir verstehen unter „Shared Spaces“ Räume, die physisch-materiell in der Stadt zu verorten sind oder gerade entstehen und sich aufgrund von sozialen Handlungsweisen und unterschiedlichen Nutzungsmöglichkeiten auszeichnen. Im Mittelpunkt des menschlichen Handelns innerhalb dieser Räume stehen verschiedene Formen des Teilens. Die Räume weiten sich durch soziale Interaktionen und Handlungen der Akteure über die Grenzen des physisch-materiellen Raums hinaus aus, in die Nachbarschaft sowie in den virtuellen Raum. Zu den geteilten Ressourcen können Objekte (Räume, Arbeitsgeräte etc.), sowie „human ressources” (Wissen, Fähigkeiten) oder Zeit und Macht zählen. Es soll dabei außerdem untersucht werden, welche Motivationen bzw. Werte- und Zielvorstellungen die Individuen bzw. Gruppen zum Teilen bewegt. Da angenommen wird, dass viele dieser Orte schon heute einen Beitrag zu nachhaltigem städtischen Wandel leisten, soll zudem untersucht werden, inwiefern „Shared Spaces“ als Motor oder Auslöser für Transformationsprozesse fungieren und in welchem Zusammenhang „Shared Spaces“ mit sozialer, ökologischer und ökonomischer Nachhaltigkeit stehen.

DIY:
Beim Do-It-Yourself (DIY) geht es, wie der Name schon sagt, darum, Dinge selber zu machen. Das Selbermachen hat dabei viele unterschiedliche Formen und kann sich am Besten dadurch beschreiben lassen, dass es ein „wirtschaftliches und soziales Handeln ist, das sich der Warenförmigkeit zu verweigern sucht“ (Baier et al. 2013, S. 86). Auch geht es darum, Räume und Situationen zu schaffen, in denen alternative Wege des Wirtschaftens, des Arbeitens oder des sozialen Miteinanders ausprobiert und ermöglicht werden, wie z.B. Urban Gardening, offene Werkstätten, Repair-Cafes, Open Source Projekte (vgl. ebd.).

CoWorking:
„Beim Coworking handelt es sich um das Teilen von Arbeitsräumen auf Zeit“ (Beier et al 2014, S. 49). Es steht somit für eine „neue Form der Verräumlichung von Arbeit“ (ebd.). Entgegen der herkömmlichen Erwerbsarbeit entsteht mit der Zunahme an kreativen Projektarbeitern ein Verständnis von Arbeit, das zeitlich flexibel und räumlich ungebunden ist. Dafür braucht es Räume – und diese liegen meistens in urbanen Umgebungen; meistens dort, wo ein kreatives Millieu vorhanden und ein Kiez-Lebensgefühl spürbar ist.

Vor dem Hintergrund der genannten Themenfelder verfolgt die Projektgruppe folgende Forschungsfrage:

Wie wirken sich Shared Spaces in urbanen Räumen auf die drei Dimensionen der Nachhaltigkeit aus und welche Rolle spielen dabei Motivation und Organisation?

Um sich der Forschungsfrage in geeignetem Ausmaß zu nähern, sollen zudem folgende Hypothesen im Laufe der Forschung bestätigt werden:

- Shared Spaces sind Orte des Teilens, die sich durch das Sharing Paradigm erklären lassen und die innerhalb der vier Quadranten verordnet werden können (siehe Sharing Paradigm, S. 101).

- Shared Spaces sind Ausdruck eines laufenden Transformationsprozesses.

- Shared Spaces fördern Nachhaltigkeit auf allen drei Dimensionen (sozial, ökologisch und ökonomisch).

Der Beitrag gliedert sich in einen theoretischen und einen empirischen Teil. Der theoretische Teil behandelt den Forschungsstand, das Forschungsdesign und Einführungen in die Themengebiete „Sharing Paradigm" sowie „Dimensionen der Nachhaltigkeit". Beim empirischen Teil werden zunächst die interviewten Projekte vorgestellt und anschließend in Teil 5 eine Diskussion beziehungsweise eine Auswertung der Interviewergebnisse nach den Themenfeldern „Sharing Paradigm", „Transformation", und „Nachhaltigkeit" dargelegt. Anschließend erfolgt ein Fazit, das in Teil 6 durch eine methodische wie thematische Reflexion und einen Ausblick ergänzt wird.

2. TEIL
FORSCHUNGSSTAND

Das Theorie- und Forschungsfeld zu dem Phänomen „Shared Spaces" ist aufgrund seiner Begrifflichkeit schwer zu fassen - es handelt sich hierbei um eine Wortneuschöpfung der Projektgruppe – und ist vergleichsweise neu sowie wenig erforscht. Verstanden als Räume geteilter Nutzung bezieht sich der Begriff auf konkrete Projekte, die in gebauter Form im Stadtraum vorzufinden sind und aufgrund ihrer funktionsgemischten Konzepte im Idealfall nachhaltig auf den Stadtraum wirken. Damit reicht das Feld von sogenannten „second hand spaces" (Ziehl, M. et al. 2012) oder „Übergangsräumen" (Siebel, W. 2015) über selbstinitiierte „Selfmade Projekte" (Ring, K. 2013) und „Raumunternehmen" (Buttenberg, L. 2014), bis hin zur sharing economy und „Open Creative Labs" (Schmidt, S. et al 2015).

In dem Forschungsfeld kontrastieren sich somit mindestens zwei übergeordnete (stadt-)gesellschaftliche Phänomene. Zum Ersten sind dort zivilgesellschaftliche Akteure, die sich, durch eine Mentalität des Selbermachens (Do-It-Yourself) geprägt, eigeninitiativ Räume und Gebäude aneignen, umnutzen und hybride Nutzungsformen entwickeln. Meist aus der Praxis der **Zwischennutzung** kommend, entwickeln die Akteure (auch Raumpioniere genannt) autodidaktisch nachhaltige Nutzungskonzepte für diese, zunächst temporär genutzten Orte, verstetigen ihr Vorhaben und „schaffen häufig einen Mehrwert für Stadt und Quartier" (Buttenberg, L. et al. 2014, S.5,6).

Zwischennutzung:
Brachen, vakante Orte, Leerstand oder Baulücken. „Zwischennutzungen sind häufig die einzige Möglichkeit, um in Großstädten an eine Freifläche zu kommen." (Baier et al. 2013, S. 183). Zwischennutzungen werden dabei von Kommunen als Konzept verwendet, um z.B. leerstehende Ladengeschäfte oder Flächen vorübergehend einer Nutzung zu unterziehen. Die Miete ist in solchen Fällen erheblich günstiger als in normalen Mietverhältnissen, da es sich bei der Zwischennutzung um ein zeitlich begrenztes Konzept handelt, „bis bis sich eine dauerhafte und gewinnbringende Nutzung abzeichnet" (ebd.).

In ihrer Publikation „Selfmade City" analysiert Ring (2013) selbstinitiierte Projekte in Berlin wie Baugruppen, Genossenschaften oder Co-Workingspaces vornehmlich hinsichtlich ihrer architektonischen, städtebaulichen und sozialen Qualitäten (ebd., S.15). Ihre Befunde zeigen mit unterschiedlicher Gewichtung folgende Qualitäten auf: „Nachbarschaftliche und urbane Interaktionen" (ebd., S.29ff), „Soziale Hausgemeinschaft" (ebd., S.31ff), „Langfristige Bezahlbarkeit" (ebd., S.32 ff), „Freiraum und Grün" (ebd., S.37), „Bestandsaktivierung" (ebd.), „Hybride Konzepte" (ebd., S.38ff), „Qualitätvolle Verdichtung" (ebd., S.40,41), „Generationsübergreifende Bedarfsorientierung" (ebd., S.41), „Ökologische Wertorientierung" (ebd., S.42) und „Zukunftsweisende Experimente" (ebd., S.45,46). Diesen Befunden folgend beleuchten Buttenberg et al. (2014) in der Publikation „Raumunternehmen" eben jene Orte als „Ausdruck einer nutzergetragenen Stadt- und Projektentwicklung" (ebd., S.5). Sie beschreiben Raumunternehmen als intrinsisch motivierte Akteure, die, von eigenen Nutzungsvisionen getrieben, die

„Ressourcen vor Ort [...] mit dem Ziel der nachhaltigen, langfristigen Nutzung verknüpfen"

(Buttenberg, L. et al. 2014, S.5).

Entgegen klassischer, monofunktional ausgerichteter Entwicklungsprojekte sind Raumunternehmen geprägt von „offenen Entwicklungsspielräumen, gemischten Nutzungen und unterschiedlichen Wertschöpfungsmodellen" (ebd.), deren Werte sich durch kollaboratives und auf Nachhaltigkeit bedachtes Handeln beschreiben lassen (vgl. Buttenberg, L. et al. 2014, S.6,7; Ring K., 2013, S.43). Den Autoren nach stehen diese Orte für eine nachhaltige und gemeinwohlorientierte Stadtentwicklung. Nachhaltig in dem Sinne, dass die Raumunternehmen als lokalverankerte Projekte die örtlichen Gegebenheiten als materielle (z.B. Bestände) wie immaterielle (z.B. Netzwerke) Ressourcen nutzen (vgl. Lietzmann, H.J., Ehlers, A. 2014, S.104) und bedarfsorientierte Angebote bereitstellen (vgl. Ring, K. 2013, S.38,39). Gemeinwohlorientiert wiederum meint in diesem Zusammenhang die Bereitstellung und Bewirtschaftung stadtteilspezifischer Gemeingüter, die durch die Raumunternehmen zum Tragen kommen (vgl. Lietzmann, H.J., Ehlers, A., 2014, S.104).

Sowohl Ring (2013) als auch Buttenberg et al. (2014) betonen, dass sich diese Orte an der Schnittstelle zwischen Zivilgesellschaft und Stadtentwicklung positionieren und als Ausdruck einer „neuartigen Form von Teilhabe" (ebd., S.6,7) zu interpretieren sind. Die Entstehung dieser Orte beruht weniger auf formelle Beteiligungsformate, sondern ist durch die eigenmächtige und selbstinitiierte Projektentwicklung als direkte Einmischung in die Stadtentwicklung zu verstehen (vgl. ebd.), dessen Motivation sich aus dem

„Spannungsfeld zwischen Freiraum und Notwendigkeit"

(Ring, K. 2013, S.15)

entwickelt. Dies meint, dass die Akteure die Möglichkeit sehen, „selbst etwas schaffen zu können" (ebd.) und gleichzeitig es als notwendig betrachten, selbst aktiv zu werden, da „der Bedarf nicht durch entsprechende Angebote gedeckt wird" (ebd.). Vor allem im Kontext wachsender Städte scheint somit dieses Spannungsfeld sowie das Auftreten dieser Projekte als virulent.

Die zweite (stadt-)gesellschaftliche Entwicklung ist das Auftreten der sogenannten Laboratorien (Labs), in denen neuartige Formen des gemeinschaftlichen Arbeitens, sowohl hinsichtlich der Erwerbsarbeit (Co-Working) als auch in den Bereichen der Forschung & Innovation („**Open Innovation**" / „**Living Lab**") erprobt werden. Das Leibniz-Institut für Raumbezogene Sozialforschung in Erkner fasst diese Entwicklung unter dem Begriff „Open Creative Labs" zusammen und meint damit eine „Vielfalt an Formen offener, kreativer, kollaborativer und gemeinschaftsorientierter Orte" (Schmidt, S. et al. 2015, S.7) (**FabLabs**, **Maker Spaces**, Hacker Spaces, Co-Working Spaces etc.). In der gleichnamigen Publikation wird der aktuelle Verbreitungs- und Entwicklungsgrad dieser Orte in Deutschland beschrieben, die vor allem eine Häufigkeit der Labs in Metropolregionen mit Wachstumsdruck ausmacht. Ungeklärt bleibt, welche Kausalität dies besitzt (vgl.

Schmidt, S. et al. 2015, S. 9, 20ff). Anhand einer quantitativen Erhebung erfolgt eine Ableitung von Merkmalen für die als permanente Orte für diverse Formen „temporärer und flexibler Nutzung" (ebd., S.7) definierten Projekte. Somit sind diese Orte geprägt von einer „sozialen Kuratierung" (ebd.), von einer „Dialektik von Temporalität und Permanenz" (ebd.), kultivieren „Offenheit und Formen des Teilens" (ebd., S.18), überlagern analoge und virtuelle Räume (vgl. ebd), sind „unvollendete Orte" und Orte des Übergangs (ebd., S.19), und vor allem auf Nutzer und Betroffene orientiert (vgl. ebd.).

Im Zusammenhang mit dem zuvor vorgestellten Entwicklungstrend ist spannend zu sehen, dass auch hier ähnliche gesellschaftliche Hintergründe zum Entstehen dieser Ort beitragen. So kommt die Publikation zu dem Ergebnis, dass neben einem Wandel in der Arbeitswelt und neuen Forschungsansätzen, Nutzer und Betroffene selbst zu treibenden Kräften von Entwicklungen werden und in Konkurrenz zu etablierten Unternehmen oder Verfahren treten. Dazu schließen sich die Akteure zu sogenannten „Communities of Interest" zusammen, wobei diese durch „eine geteilte Praxis sowie Begeisterung für eine bestimmte Aktivität zusammengehalten" (Schmidt, S. et al. 2015, S.15) werden. Dabei werden Wissen und Ressourcen geteilt, reichern den gemeinsamen Wissensbestand an, ohne dabei eine Gegenleistung (Reziprozität) zu erwarten. In diesem Zusammenhang verweisen die Autoren auf Belk (2010) und dessen Ausführungen zum „sharing". Auch können Analogien zur Selbstermächtigung erkannt werden. Vor allem gesellschaftspolitische Akteure, die eine weitreichende Beteiligung an Forschung und (Stadt-)Entwicklung fordern, gewinnen nach Schmidt et al. in diesem Zusammenhang an Bedeutung.

Was in den bisherigen Publikationen offen bleibt, ist die dezidierte Betrachtung von Nachhaltigkeitsaspekten der Shared Spaces. Zwar verweisen Buttenberg et al. (2014) und Ring (2013) auf die ökologische Wertorientierung der Akteure (vgl. ebd., S. 43) und betonen eine auf Nachhaltigkeit bedachte Projektentwicklung, dennoch handelt es sich hier um erste Annäherungen der Autoren an das Thema mit unterschiedlichen Zielsetzungen: evolutionäre Betrachtung (Buttenberg, L. et al. 2014) und Fokus auf Wohnen (Ring, K. 2013). Zudem sagt eine ökologische Wertorientierung wenig über die tatsächliche Ausgestaltung aus.

Eine systematische Betrachtung der nutzungsgemischten Konzepte hinsichtlich der Aspekte des Teilens (Sharing) und der daraus möglichen Synergien für das Projekt an sich oder gar dem Stadtraum sind zu diesem Zeitpunkt ebenfalls nur in groben Zügen erkennbar, namentlich lediglich bei Schmidt et al. (2015). Für eine weitere Betrachtung des Sachverhalts bietet es sich also an, den Fokus sowohl auf Aspekte der Nachhaltigkeit zu legen als auch Formen des Teilens eingehender zu betrachten, um der These Nachdruck zu verleihen, dass es sich bei Shared Spaces um Leuchtturmprojekte zukünftiger, nachhaltiger Stadtentwicklung handelt.

Open Innovation und / oder Living Lab:
stehen für Formate, die eine Öffnung des Innovationsprozesses beschreiben (Schmidt et al. 2015, S. 15) und „in which citizens can act as cocreators in the design of products or even their neighborhoods" (Ampatzidou et al., 2015, S. 22). Im Sinne einer Kollaborationskultur kommen verschiedene Stakeholder zusammen, um gemeinsam an einem Problem zu arbeiten. So entsteht eine Kombination aus Top-down-Modellen und Bottom-up-Initiativen. Das Ergebnis der Kollaboration ist dabei bewusst offen gelassen. Vielmehr zählt hierbei, dass sich die z.B. städtischen Institutionen und Infrastrukturen den Bürger*innen öffnen, um im öffentlichen Interesse systematisch Veränderungen vorzunehmen (ebd.).

Fablabs:
auch Maker Spaces genannt, sind offene Hightech-Werkstätten, ausgestattet mit computergestützten Maschinen wie z.B. CNC-Fräsen, 3D-Druckern, Lasercuttern. Ein FabLab verspricht, im Kleinen das produzieren zu können, was sonst nur in der Fabrik gefertigt werden kann. Vom Konsumenten wieder zum Produzenten zu werden, ist der Traum. Mitunter geht es auch darum, eine größere Unabhängigkeit durch weniger Konsum und mehr Reparatur zu ermöglichen. Entwickelt wurde das erste FabLab 2001 am MIT von Neil Gershenfeld (vgl. Baier et al. 2013, S. 89ff).

FORSCHUNGSDESIGN

Im Folgenden werden die Herangehensweise an die Bearbeitung der Forschungsfrage sowie die Auswahl der Methoden und das Auswertungsverfahren der erhobenen Daten skizziert. Wie in der Einleitung beschrieben, wurden ausgehend von der Forschungsfrage Hypothesen aufgestellt, die im Laufe der Forschung überprüft werden sollen.

Zur Einarbeitung in das thematische Feld „Shared Spaces", als auch zur Entwicklung möglichst überprüfbarer Hypothesen wurde begleitend eine Literaturrecherche durchgeführt und im Laufe der Forschung stetig aktualisiert. Die genannten Hypothesen sollten dabei nicht nur anhand von Literatur, sondern zusätzlich durch die Ergebnisse leitfadengestützter Expert*innen-Interviews überprüft werden.

Um geeignete Expert*innen für sogenannte „Shared Spaces" zu identifizieren, wurde das „Sharing Paradigm" von McLaren und Agyeman (2015) als Grundlage genutzt. Dieses ist in vier Quadranten unterteilt, die von der sogenannten Sharing Economy, über Peer-to- Peer Sharing und Collective Economy hin zu collective commons (vgl. McLaren, D., Agyeman, J. 2015, S.13ff) die Thematik der Shared Spaces clustern. Nähere Informationen zum Sharing Paradigm finden sich in Teil 3. Um eine gewisse Vergleichbarkeit herzustellen und gleichzeitig die gesamte Bandbreite der „Shared Spaces" repräsentativ abdecken zu können, wurden vier Berliner Projekte ausgewählt, die von der Projektgruppe jeweils nach eingehender Vorrecherche einem der Quadranten zugeordnet wurden: das Nachbarschaftshaus Urbanstraße (NHU) e.V. dem Quadrant peer-to-peer Sharing, das CRCLR House dem Bereich sharing economy, Exrotaprint dem Bereich collective commons und Frizz23 dem rechten unteren Quadranten collective economy. Wobei hier deutlich gemacht werden sollte, dass die Zuordnungen nur jeweils Vorannahmen sind und sich im Laufe der Forschung eine andere Zuordnung oder vllt. keine geeignete Zuordnung ergeben kann. Eine nähere Darstellung der Projekte erfolgt in Teil 4.

Im Zeitraum Mai - Juli 2017 wurden die Expert*innen der einzelnen Projekte interviewt. Zur Unterstützung des Interviews wurde ein offener Leitfaden verwendet, der das Forschungsgebiet der „Shared Spaces" in grobe Themengebiete eingrenzt, wie Motivation, Werte, Ziele, Funktionen und deren Mischung im jeweiligen Projekt, sowie detaillierte Fragen zu sozialer, ökologischer und ökonomischer Nachhaltigkeit. Damit ist es einerseits möglich, adäquat auf spontane Äußerungen der Expert*innen zu reagieren und diesen die Möglichkeit zu geben, flexibel in einem breit gesteckten Rahmen zu antworten, andererseits wird dadurch eine gewisse Vergleichbarkeit der Projekte und der Antworten möglich (vgl. Pfadenhauer, M., 2005, S.120f). Die durchgeführten Expert*innen-Interviews ermöglichen somit

„die Rekonstruktion von besonderen Wissensbeständen bzw. von besonderem, exklusivem, detailliertem oder umfassendem Wissen über besondere Wissensbestände und Praktiken."

(vgl. Pfadenhauer, M. 2005, S.113)

Um daneben die Hypothesen und die Forschungsfrage aus einer weiteren Perspektive überprüfen zu können, wurden sogenannte Meta-Partner*innen im selben Zeitraum anhand leitfadengestützter Interviews befragt, wobei der Fragenkatalog sich deutlich von dem für die Projekt-Expert*innen unterscheidet und stärker übergreifende Fragen in Bezug auf Motivation, Transformationsprozesse und die drei Dimensionen der Nachhaltigkeit beinhaltet. Die Meta-Partner*innen zeichnen sich dadurch aus, dass sie selbst in einem mit der Thematik der „Shared Spaces" verwandten Bereich forschen und publizieren und dadurch im Gegensatz zu den Nutzer*innen der Projekte über eine wissenschaftliche Perspektive verfügen, die Aufschluss über weitreichende thematische Zusammenhänge liefern kann.

Die **Meta-Partner*innen** sind:

• Das Leibniz-Institut für Raumbezogene Sozialforschung e.V. (IRS) in Erkner. Die Auswahl als Meta-Partner erfolgte aufgrund einer aktuellen Forschung zum Thema „Open Creative Labs" zu Dynamiken von Wirtschaftsräumen sowie aufgrund der Publikation „Open Creative Labs in Deutschland. Typologisierung, Verbreitung und Entwicklungsbedingungen" (vgl. Leibniz- Institut für Raumbezogene Sozialforschung e.V. 2017).

• Das Urban Catalyst Studio, Berlin. Dieses ist als Meta-Partner geeignet, da das Team sich selbst als „Experten für Transformation" bezeichnet, sowie Begleit-Forschungen und -Planungen zum Holzmarkt- Areal in Berlin durchführt (vgl. Urban Catalyst Studio 2017).

• Die anstiftung, eine Münchner Stiftung, wurde aufgrund der Publikationen von Forschungen zu Open Source, Räume des Do-it-yourself und zu Subsistenzorientierung ausgewählt (vgl. Stiftungsgemeinschaft anstiftung & ertomis gemeinnützige GmbH 2017).

Meta-Partner*innen:
Unter Meta-Partner*innen versteht die Projektgruppe Expert*innen, die zum Thema „Shared Spaces" forschen. Im Gegensatz zur Ebene der Nutzer*innen verfügen die Meta- Partner*innen über systemübergreifendes Wissen und eine differenzierte wissenschaftliche Perspektive.

Nach der Durchführung der Interviews erfolgte die Auswertung des gesammelten Datenmaterials nach thematischen Zusammenhängen und Kategorien. Im Zuge dessen wurden die Interviews anhand des sogenannten thematischen Kodierens nach Flick bearbeitet, das weiter unten detaillierter beschrieben wird (es bestehen hierbei Ähnlichkeiten zur qualitativen Inhaltsanalyse nach Mayring (vgl. Flick, U. 2017, S.409)). So konnten die Interviews nicht der Reihenfolge des Gesagten, sondern der Bedeutung für einige Themengebiete nach gegliedert werden. Die Leitfäden, die den Interviews zu Grunde liegen, sowie die Aussagen der Expert*innen, die in einem Themenzusammenhang stehen, bieten eine Grundlage zur Vergleichbarkeit der gesammelten Daten sowie zur Überprüfung der Hypothesen.

Der erste Schritt der Auswertung umfasst die Transkription der gewonnenen Daten. Der größte Teil der Interviews wurde wörtlich transkribiert. Aufgrund von sehr viel Material wurden die für das Themengebiet und die Forschungsfrage weniger wichtigen Daten paraphrasiert in der Transkription dargestellt. Damit wurde bereits eine Vorauswahl des Gesagten nach der Auswertung von Experteninterviews nach Meuser/Nagel mit einem interpretativen Ansatz getroffen (vgl. Meuser, M., Nagel, U. 2005).

Im darauffolgenden Schritt wurden die transkribierten Interviews dem genannten Kodierverfahren unterzogen, das sich durch eine Erstellung von Kategorien anhand der einzelnen Textpassagen auszeichnet. Dazu wurde zuerst eine Themenkodierung vorgenommen, die es ermöglicht, einzelne Textpassagen nach den zentralen Inhalten in eine Kategorie zusammenzufassen. Im nächsten Schritt wurden die Themenkategorien strukturiert und anhand ihrer Wichtigkeit in Bezug auf die Fragestellung und das Forschungsthema thematisch miteinander verknüpft. Darauf wurden Zentralkategorien gebildet, die der Fragestellung dieser Arbeit entsprechend die wichtigsten Themenblöcke zum Thema Shared Spaces im Sinne der Forschungsfrage zusammenfassen und die einzelnen Interviews damit übergreifend nach Flick vergleichbar gemacht (vgl. Flick, U. 2007, S.402f).

Durch das Gegenüberstellen der einzelnen Zentralkategorien kann garantiert werden, dass die Motive und Forderungen der Fragestellung entsprechend aus den gesammelten Daten heraus gearbeitet worden sind. Da die Fragestellung dieser Forschung unter anderem Ziel- und Wertvorstellungen der einzelnen Expert*innen umfasst, ist eine Herangehensweise wie das thematische Kodieren nach Flick ein geeignetes Auswertungsverfahren.

Zusätzlich ist wichtig zu nennen, dass die gesammelten Daten entsprechend der Verarbeitung valide sind, aber (noch) keine repräsentative Menge für Shared Spaces in Berlin darstellen. Eine Annäherung daran könnte durch eine quantitativ höhere Anzahl an Interviews mit Projekten aus den jeweiligen Quadranten des Sharing Paradigms erreicht werden.

SHARING PARADIGM

In ihrer Publikation „The Sharing City" beschreiben McLaren und Agyeman 2015 die Wiederentdeckung und Neuerfindung des Teilens im städtischen Kontext. Dieses findet nicht nur im physischen Raum der Stadt statt, sondern wird auch im virtuellen Raum organisiert. Durch digitale Technologien ist eine neue Sharing-Kultur entstanden (vgl. McLaren, D., Agyeman, J. 2015, S.1). Im Sharing Paradigm kontrastieren die Autoren zwei Dimensionen des Teilens. Zum einen wird zwischen gemeinschaftlichem (communal sharing) und kommerziellem Teilen (commercial sharing) unterschieden, zum anderen zwischen vermittelten (inter-mediated sharing) und soziokulturellem Teilen (socio-cultural sharing) (vgl. ebd., S.13ff).

Der Unterschied zwischen gemeinschaftlichem und kommerziellem Teilen ist selbsterklärend: Gemeinschaftliches Teilen ist intrinsisch motiviert und kommt dem Gemeinwohl zugute. Es fördert das soziale Kapital und beruht auf Solidarität und Vertrauen (vgl. ebd., S.4,13ff). Kommerzielles Teilen ist extrinsisch motiviert und wird durch äußere ökonomisch Faktoren begründet. Im Sharing Paradigm bedeutet dies nicht zwangsläufig einen finanziellen Gewinn (vgl. ebd., S.13ff).

Vermitteltes Teilen bedeutet im Vergleich zum soziokulturellen, dass Prozesse des Teilens über Dritte organisiert werden. Neben der kommerziellen Dimension, stellt dies zum Beispiel die zweite Dimension von Sharing-Dienstleistungen dar. Für die Vermittlung werden häufig auch Internetplattformen genutzt. Im Gegensatz dazu bezeichnet soziokulturelles Teilen die Selbstorganisation der Teilenden (vgl. ebd.,S.13ff).

Wie in der Abbildung 1 zu sehen, ergeben sich aus der Verknüpfung der beiden Dimensionen zwei Achsen: die gemeinschaftliche/kommerzielle und die vermittelt/ soziokulturelle Achse. Diese unterteilen das Sharing Paradigm in vier Quadranten (siehe Abbildung 1, S. 101).

Auch wenn die Übergänge zwischen den einzelnen Dimensionen ineinander übergehen und es keine klaren Grenzen gibt, gibt es Sharing-Phänomene, die typische Beispiele der einzelnen Quadranten darstellen (vgl. ebd., S.13):

- **the collective commons: gemeinschaftlich/intrinsisch und soziokulturell**
- **collective economy: kommerziell und soziokulturell**
- **sharing economy: kommerziell und vermittelt**
- **Peer-to-Peer sharing: gemeinschaftlich/intrinsisch und vermittelt**

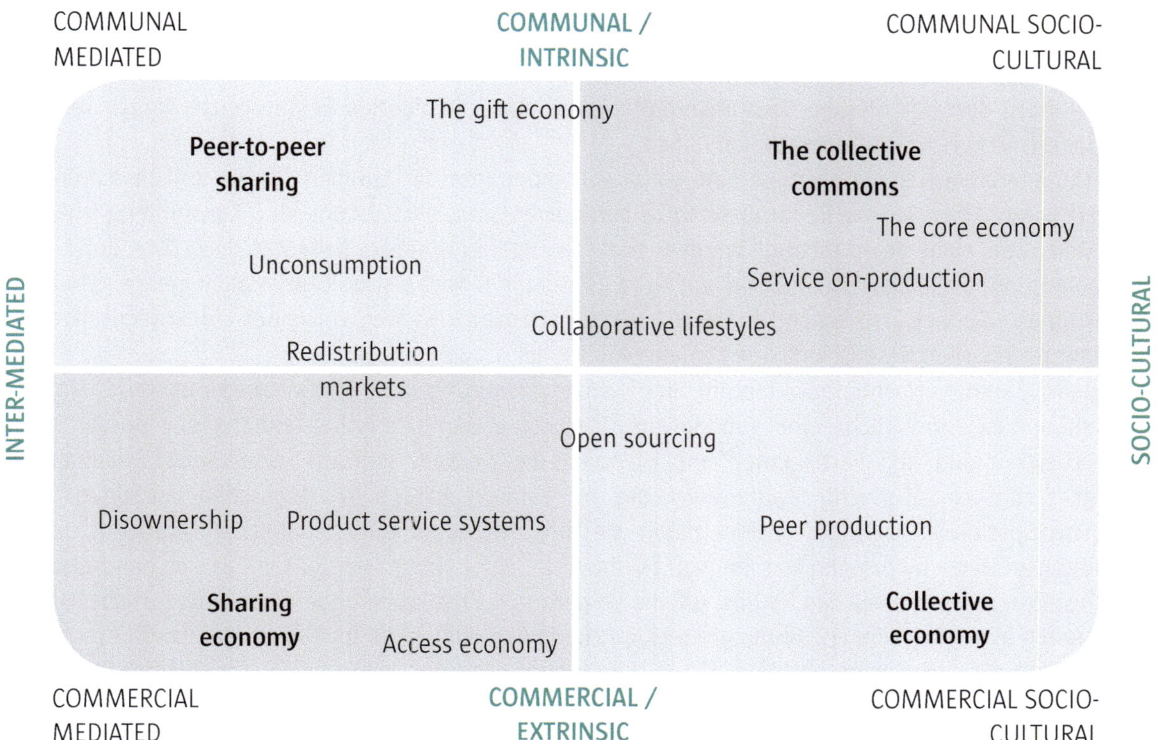

Abbildung 1: Sharing Paradigm
Eigene Darstellung adaptiert nach McLaren, D., Agyeman, J. 2015, S.15

Nach einer vorangehenden Recherche ist jeweils ein Projekt einem Quadranten zugeordnet worden. Die Auswertung zur Abhandlung der ersten Hypothese folgt in Teil 5.

Im Anschluss folgt ein Abriss zu Dimensionen der Nachhaltigkeit. In Bezug auf Shared Spaces und dem Sharing Paradigm besteht die Annahme, dass vor allem die intrinsischen-extrinsische Achse einen Unterschied in der nachhaltigen Wirkung der Shared Spaces aufzeigen könnte. Bei der kommerziellen Ausrichtung muss eine Abwägung von Einzelinteressen erfolgen, die dem Gemeinwohl entgegenstehen. Ein gemeinschaftliches Teilen, welches intrinsisch motiviert ist, schließt eine negative Wirkung aus (ebd, S.5f).

DIMENSIONEN DER NACHHALTIGKEIT

Die Untersuchung der verschiedenen Projekte soll Aufschluss darüber geben, ob Shared Spaces zu einer nachhaltigen Stadtentwicklung beitragen können. Eine nachhaltige Entwicklung bedeutet, dass menschliches Handeln nicht auf Kosten anderer Menschen, anderer Räume oder nachfolgende Generationen geschieht (vgl. Haubold, D. 1999, S. 15). Demnach muss menschliches Handeln in urbanen Räumen mit Rücksicht auf alle Stadtbürger*innen, mit Rücksicht auf vorhandene Ressourcen und mit Rücksicht auf die zukünftige städtische Bevölkerung geschehen.

Um herauszufinden, ob die von uns ausgewählten Projekte zu einer solchen Entwicklung beitragen können, werden diese in Bezug auf die drei Dimensionen der Nachhaltigkeit beleuchtet. Bei den drei Dimensionen handelt es sich um die soziale, die ökologische und die ökonomische. Im Folgenden werden die drei Dimensionen der Nachhaltigkeit genauer definiert und in den urbanen Kontext eingeordnet.

Soziale Dimension

Die soziale Dimension der Nachhaltigkeit beinhaltet Forderungen in verschiedene Richtungen. Ein zentraler Punkt ist die intergenerative Gerechtigkeit, welche besagt, dass die Lebensgrundlagen zukünftiger Generationen nicht durch den Lebensstandard heutiger Generationen beeinträchtigt werden dürfen (ebd.). Demnach darf das heutige Konsumverhalten oder auch der heutige Ressourcenverbrauch keinerlei Auswirkungen auf zukünftige Generationen haben.

Die intragenerative Gerechtigkeit ist eine weitere Komponente der sozialen Nachhaltigkeitsdimension. Diese setzt voraus, dass eigene Bedürfnisse so zu befriedigen sind, dass Lebens- und Konsummöglichkeiten andere Menschen nicht beeinträchtigt werden. Für den urbanen Kontext bedeutet dies, dass durch eine lokale Versorgung, beispielsweise in Form von Urban Gardening, nachhaltige Lebensstilelemente entwickelt werden können, die vielversprechend für den Transformationsprozess weg von einer Industriegesellschaft, hin zu einer postfossilen Gesellschaft sein können (vgl. Müller, C., 2011, S.4).

Wie dem Berliner Nachhaltigkeitsprofil der Senatsverwaltung für Stadtentwicklung und Umwelt zu entnehmen ist, ermöglicht eine zugängliche Stadt eine demokratische Teilhabe der Bürger*innen durch Mitbestimmung und Partizipation und ist somit ein weiterer Indikator einer sozial nachhaltigen Stadt (vgl. Senatsverwaltung für Stadtentwicklung und Umwelt 2016, S.37). Menschen müssen zu einer aktiven Partizipation ermächtigt werden, damit sie ihre Interessen und Bedenken formulieren und in Entscheidungsprozesse einbringen können (vgl. Haubold, D., 1999, S.16). Hierbei kann es sich beispielsweise um die Gestaltung des öffentlichen Raums, um die Vergabe von Projektplanungen, um neue Gesetze, die die Stadt betreffen oder auch Neugestaltung ganzer Quartieren handeln. Diese Teilhabe bietet den Bürger*innen die Möglichkeit zur Selbstverwirklichung, stärkt die Identifikation der verschiedenen Bevölkerungsgruppen mit ihrer Stadt und unterstützt mittel- und langfristig den sozialen Frieden (vgl. Senatsverwaltung für Stadtentwicklung und Umwelt 2016, S.37).

Ökologische Dimension

Der nachhaltige und effiziente Umgang mit Ressourcen ist ein wesentlicher Aspekt zur Sicherung der heutigen und zukünftigen Ressourcenverfügbarkeit und somit einer der Kernpunkte der ökologischen Dimension der Nachhaltigkeit (vgl. Bach, V. et al. 2014, S. 88). Im urbanen Kontext spielen hierbei in erster Linie der Verkehr und der Energieverbrauch und eine damit gekoppelte Emissionsminderung eine entscheidende Rolle. Weiter sind auch die Flächennutzung und der urbane Metabolismus im städtischen Raum wichtige Faktoren, wenn es um eine effiziente Nutzung von Ressourcen geht.

Außerdem ist der Begriff der Suffizienz im Diskurs der nachhaltigen ökologischen Entwicklung von großer Bedeutung. Hierbei werden strategische Handlungsfelder in Betracht bezogen, welche bei den Bedürfnissen von Einzelpersonen, Unternehmungen und Organisationen ansetzen. Sie sollen zu einem ressourcenschonenden Lebensstil führen, welcher sich an den für eine hohe Lebensqualität maßgeblichen Bedürfnissen orientiert und dabei den Verbrauch materieller Ressourcen (energetische und stoffliche Ressourcen) sowie die Emission von Treibhausgasen verringert (vgl. Stadt Zürich 2012, S. 1).

Für unsere Studie ist es besonders interessant, wie und in welcher Form die verschiedenen Projekte mit dem Thema ökologische Nachhaltigkeit umgehen und ob sie in dieser Hinsicht als Leuchtturmprojekte fungieren können. Hierbei kann sowohl eine effizientere Flächennutzung durch Nutzungsmischung als auch eine generelle Beschäftigung mit der Thematik Ökologie eine entscheidende Rolle spielen.

Ökonomische Dimension

Wie der Lokalen Agenda 21 des Abgeordnetenhauses Berlin zu entnehmen ist, basiert nachhaltiges Wirtschaften auf fünf Strategieansätzen, welche zum Erreichen diverser wirtschaftspolitischer Nachhaltigkeitsziele führen sollen. Bei diesen handelt es sich unter anderem um die Intensivierung des qualitativen Wachstums, die Stärkung der regionalen Wirtschaftskreisläufe, die Schaffung von Arbeitsplätzen durch Verteilung der Arbeit und die Finanzierung von Arbeit statt Arbeitslosigkeit (vgl. Abgeordnetenhaus Berlin 2006, S. 57).

Eine Steigerung des qualitativen Wachstums bedeutet, dass die Steigerung der Ressourcenproduktivität ständig über dem wirtschaftlichen Wachstum liegen muss, sodass der Verbrauch der natürlichen Ressourcen jährlich zurückgeht (vgl. ebd.). Für den urbanen Kontext bedeutet dies, dass die Effizienz der in der Stadt vorhandenen Ressourcen gesteigert werden muss. Durch das Teilen von Räumlichkeiten oder auch Maschinen und Werkzeugen kann eine solche Effizienzsteigerung erreicht werden.

Durch die Initiierung von regionalen Netzwerken zwischen Wissenschaft und kleinen und mittelständischen Unternehmen (KMU) will die Agenda regionale Wirtschaftskreisläufe stärken und somit auch für eine gewisse Standortsicherheit sorgen (vgl. ebd., S.59). Für städtische Projekte und Unternehmen ist dies von entscheidender Bedeutung, da ein nur mit einem gesicherten Standort langfristige Pläne und Ziele verfolgt werden können.

Für die Steigerung der lokalen Beschäftigung sollen in erster Linie die Schaffung von Arbeitsplätzen durch Verteilung der Arbeit und die Finanzierung von Arbeit statt Arbeitslosigkeit sorgen. Durch eine gerechte Verteilung von Arbeit wird ein hoher Beschäftigungsgrad unter akzeptablen Arbeitsbedingungen erreicht. Bürger*innen erleben dies als steigende Lebensqualität und als Möglichkeit für selbstbestimmte Arbeit (vgl. ebd., S.63).

Außerdem sind soziale Ungleichheit, Armut und Ausschluss von der Teilhabe an der Gesellschaft für eine ökonomisch nachhaltige Entwicklung kontraproduktiv (vgl. ebd., S.64). Deshalb ist es Aufgabe der Städte, Arbeitsplätze für alle Bürger*innen zu schaffen, sodass alle Menschen die keine Chance auf die Ausübung einer Erwerbsarbeit im ersten Arbeitsmarkt haben, einer Tätigkeit nachgehen können (vgl. ebd.) und somit eine lokale Beschäftigung gesichert wird.

Des Weiteren ist für die Studie die Finanzierung der verschiedenen Projekte sehr interessant. Es wird untersucht, wie die Projekte finanziert werden und ob bzw. wie erwirtschafteter Gewinn reinvestiert wird. Diese Ergebnisse werden zusätzlichen Aufschluss darüber geben, wie ökonomisch nachhaltig die jeweiligen Projekte sind.

Ziel der Untersuchung auf Nachhaltigkeit soll sein, allgemein gültige Aussagen darüber treffen zu können, ob und bis zu welchem Grad Shared Spaces zu einer nachhaltigen Stadtentwicklung beitragen können. Weiter sollen auch vergleichende Aussagen getroffen werden, welche Quadranten des Sharing Paradigms nachhaltiger sind. Hierbei können auch einzelne Dimensionen von den verschiedenen Quadranten unterschiedlich stark gefördert werden.

CRCLR HOUSE

Kurzbeschreibung: Das CRCLR House in Berlin-Neukölln ist Zentrum für sämtliche Thematiken rund um die Kreislaufwirtschaft.

Nutzungsmischung: Coworking / Meeting Rooms / Art Studios / Eventlocation / Community Garden / Wissen wird in Veranstaltungen ausgetauscht / Coliving (ab 2019)

Organisation: GmbH

Finanzierung: Impact Investor

Ziel / Zweck: Platz für Ideen zum Thema Kreislaufwirtschaft schaffen / Ort zum Austauschen bieten / Umdenken von Arbeiten - Wohnen - Leben anregen / Leuchtturmprojekt sein
→ konkrete Themen: Kunst / Finanzen / Habitat / Textilien / Community / Essen / Open Source

Was wird geteilt: Räumlichkeiten / Wissen / Werte

Akteure: CRCLR Mitarbeiter*innen / Coworker / Nachbarschaft / alle interessierten Menschen, die sich mit dem Thema Kreislaufwirtschaft beschäftigen

Umfeld : Berlin - Neukölln

Adresse: Rollbergstraße 26, 12053 Berlin

Vorstände: Founder & Managing directors: Alice Grindhammer, Simon Uhcholl Lee

Synergieeffekte: Treffpunkt für alle die sich mit dem Thema Circular Economy beschäftigen Netzwerk / Wissenstransfer / Informationsstelle / Inspiration

Vision: geschlossener Kreislauf von Materialien, Arbeitskraft und Energien / Arbeitskräfte wohnen, leben und arbeiten zusammen und sind komplett in die Nachbarschaft integriert / Programm aufstellen, das wirklichen Einfluss auf die Personen hat

„Im CRCLR House folgen wir unseren Werten, bei allem was wir tun - angefangen vom Bau unserer Gebäude über die Themen unseres Programms bis hin zu den Menschen und Projekten, mit denen wir zusammenarbeiten."

(Alice Grindhammer)

„Im CRCLR Haus veranstalten wir ein ganzjähriges Programm, das für Menschen aller Altersgruppen und Berufe offen steht. Hier kann man die Praktiken der zirkulären Wirtschaft in unterschiedlichen Anwendungen kennenlernen."

(Simon Uhcholl Lee)

Das CRCLR House in Neukölln ist ein Berliner Zentrum für zirkuläre Wirtschaft. Es richtet sich an interessierte Personen und Institutionen, die sich mit der Thematik beschäftigen und lädt dazu ein, Ideen auszutauschen und gemeinsam an Projekten der **zirkulären Wirtschaft** zu arbeiten. Mit dem Haus soll ein Prototyp geschaffen werden, der aufzeigt, wie eine neue, nachhaltige Form von Wohnen, Arbeiten und Leben im Sinne einer zirkulären Wirtschaft aussehen könnte. Dabei spielen die Beziehungen zwischen Produzenten, Konsumenten, Märkten und natürlichen Ressourcen eine entscheidende Rolle.

Neben einem klassischen Coworking Space gibt es im CRCLR House Ateliers für Künstler, eine große Halle, in welcher verschiedenste Events stattfinden, diverse Meetingräume und einen Community Garden, welcher auch von der Nachbarschaft genutzt wird. Außerdem ist geplant, innerhalb der nächsten zwei Jahre die Räumlichkeiten so zu erweitern, dass auch Wohnungen im Gebäude untergebracht werden können.

Außerdem finden im CRCLR House regelmäßig Veranstaltungen statt, die sich mit einem bestimmten Thema der zirkulären Wirtschaft befassen. So können beispielsweise Thematic Experience Dinner gebucht werden, bei welcher unterschiedliche Personen zu einem Dinner eingeladen werden, um sich über ein bestimmtes Thema auszutauschen. Aktuell liegt der thematische Fokus des CRCLR House auf folgenden Gebieten: Art, Finance, Habitat, Community, Textile, Food und Open Source.

Zirkuläre Wirtschaft:
Ziel der zirkulären Wirtschaft ist eine Produktion von Gütern mit so wenig Müll wie möglich, im Idealfall ohne Müll zu etablieren. Anders als bei der Linearwirtschaft, wo Produkte nach ihrer Nutzung weggeworfen werden, sollen diese im Sinne einer zirkulären Wirtschaft wieder in den Produktionskreislauf zurückgeführt werden. Ein wichtiger Aspekt hierbei ist das Recycling von Abfallprodukten. Durch die Minimierung des Ressourceneinsatzes ist eine zirkuläre Wirtschaft nachhaltiger als eine Linearwirtschaft.

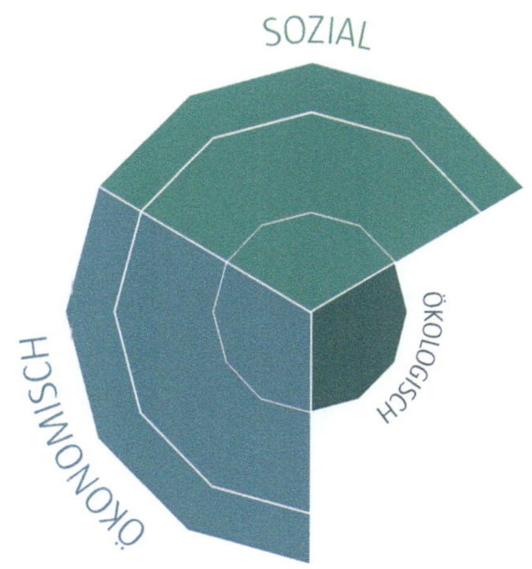

Abbildung 2: CRCLR House - Selbsteinschätzung
Eigene Darstellung basierend auf Punkteverteilung der Interviewpartner*innen

FRIZZ23

Kurzbeschreibung:	Frizz23 ist Deutschlands erste kulturell-gewerbliche Neubau-Baugruppe (Eröffnung geplant im April 2018)
Nutzungsmischung:	Bildung / Kreativwirtschaft / Miniloft (Hotelbetrieb) / Einzelhandel / Kunst und Gastronomie sind als Nutzungen in dem Grundstückskaufvertrag auf 15 Jahre festgeschrieben.
Organisation:	Gewerbebaugruppe: jede mit ihrer eigenen Eigentümerstruktur FrizzZwanzig GbR / Miniloft Kreuzberg GbR / Forum Berufsbildung e.V.
Finanzierung:	Selbstfinanzierung (25%-35% Eigenkapital und Kredit über 30 Jahre)
Ziel / Zweck:	Die Kleinteiligkeit, die soziale, kulturelle und inhaltliche Vielfalt der Nutzer bzw. Eigentümer soll Austausch und neue Impulse produzieren.
Was wird geteilt:	Räumlichkeiten (Timesharing) / Risikoteilung
Akteure:	Gesellschafter / Eigentümer (Klein- und Kleinstunternehmen) / Gäste / Nachbarschaft
Umfeld :	Berlin - Kreuzberg
Adresse:	Friedrichstraße 23, 10969 Berlin
Vorstände:	Geschäftsführung FrizzZwanzig GbR : Sonja Beeck, Arno Löbbecke und Jürgen Willinghöfer
Synergieeffekte:	Das Projekt befindet sich noch in der Bauphase (Stand: Oktober 2017).
Vision:	lebendige Orte mit Seele schaffen und neue Art von Stadtentwicklung vorantreiben.

„Die Welle der Veränderung, die durch das Internet in Bewegung geraten ist, erreicht nun auch die Ufer der Immobilienfinanzierung. Crowdfunding kann uns dabei helfen, unsere Städte leichter formbar, ansprechender und eigener zu machen."

(Matthew Griffin)

„Die Architektur ist Ausdruck dieser komplexen Eigentümerstruktur – einteilig, dreiteilig, kleinteilig."

(Matthew Griffin)

Architekten entwarfen wegweisende Projekte für die drei Baufelder um die ehemalige Blumengroßmarkthalle in der Friedrichstraße. Diese Entwürfe erhielten aus vielen Bewerbungen den Zuschlag in Berlins experimentellem Verkauf landeseigener Grundstücke. Alle Bewerber für die Baufelder wurden gebeten, neben ihren monetären Angeboten auch ein Nutzungskonzept einzureichen. Für jedes der drei Baufelder wurden anspruchsvolle Projekte ausgewählt und die eingereichten Nutzungskonzepte wurden wichtige Bestandteile der jeweiligen Kaufverträge. Diese Projekte kombinieren kommerzielle, soziale und kulturelle Ziele des Zusammenlebens und -arbeitens. Gemeinsam erweitern sie die Berliner Baugruppentradition, um die Stadt in größerem Maßstab zusammen zu denken und zusammen zu entwickeln. Die Komplexität eines kleinen Stadtquartiers durch ein **qualifizierendes Planungsverfahren** mit diversen Konstellationen von Beteiligten zu entwickeln, erforscht neue Grenzen der architektonischen Praxis.

Das Frizz23 ist eines der drei ausgewählten Konzepte überzeugt durch die Mischung, die Kleinteiligkeit und das Timesharing.

Das Grundstück wird dreigeteilt; die Initiatoren Miniloft Kreuzberg GbR, mit ca. 670 m² für KurzzeitApartments und MiniMarktHalle, und Forum Berufsbildung e.V mit ca. 900 m² für Erwachsenen Bildung, bilden den Rahmen. Den mittleren Teil baut die Gewerbebaugruppe FrizzZwanzig GbR mit 30 Einheiten in verschiedenen Größen. Ca. 30% Kunst + Kreativwirtschaft und 30% Bildung sind als Nutzungen in dem Grundstückskaufvertrag auf 15 Jahre festgeschrieben.

Qualifizierendes Planungsverfahren:
In einem qualifizierenden Planungsverfahren, das in Abstimmung mit dem Bezirk und Senat an Stelle eines Wettbewerbs durchgeführt wird, werden die Entwürfe sowohl mit den Gebietsvertretern, als auch mit der Verwaltung abgestimmt.

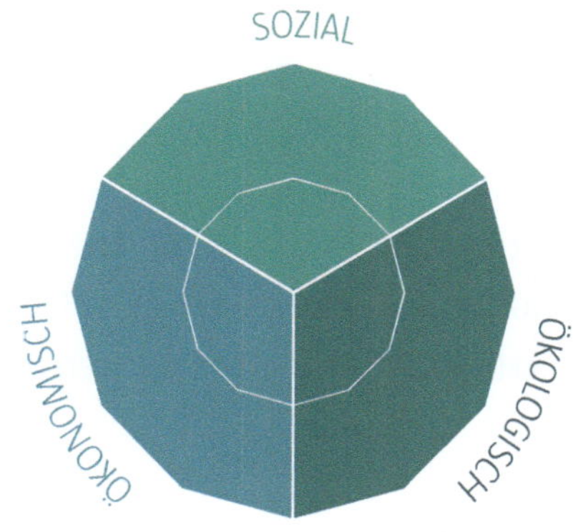

Abbildung 3: FRIZZ23 - Selbsteinschätzung
Eigene Darstellung basierend auf Punkteverteilung der Interviewpartner*innen

NACHBARSCHAFTSHAUS URBANSTRASSE

Kurzbeschreibung:	Gemeinnütziger Verein / Nachbarschaftshaus, das seit 1955 soziale und kulturelle Arbeit in und mit dem Kiez fördert / Partizipativer Grundgedanke
Nutzungsmischung:	Die Angebote reichen von Repair-Cafés über Beratung, Tauschringe und Stadtteilarbeit.
Organisation:	e.V.
Finanzierung:	gemeinnützig, finanziert durch EU-, Bundes-, Landes-, und Kommunale Mittel, Eigenmittel, Spenden, Stiftungsgelder, wobei der höchste Anteil kommunale Mittel sind.
Ziel / Zweck:	Verbesserung der Lebensqualität im Stadtteil / Partizipation im Stadtteil
Was wird geteilt:	Räumlichkeiten / Bearbeitung von quartierrelevanten Themen und ökonomischen Themen wie Gentrifizierung, Altersarmut, Inklusion
Akteure:	Nachbarschaft / Ehrenamtliche / einige Hauptamtliche
Umfeld :	Berlin - Kreuzberg
Adresse:	Urbanstraße 21, 10961 Berlin
Synergieeffekte:	Netzwerk / Ideen / Thematische Behandlung von Interessen / Austausch
Vorstände:	Geschäftsführer und 1 Vorstand + ehrenamtlicher Vorstand, 9 Ausschussmitglieder, Mitarbeiterrunden, Steuerrunden
Vision:	den Ort in Kreuzberg erhalten / für und mit den Nachbar*innen weiterentwickeln / nicht im Sinne der Investoren

„Wir stehen für Demokratie, Toleranz, Respekt, friedliches Miteinander. Wir sind unparteiisch. Wir sind frei von einer religiösen Orientierung. Dieses Haus ist ein Haus für alle Religionen, für alle Kulturen, für alle Menschen."

(Markus Runge)

Ein Haus für Ideen, Kreativität und Solidarität.

Begegnung und Austausch, Bildung, Engagement und Partizipation: Für all das bietet das Nachbarschaftshaus Urbanstraße (NHU) vielfältige Angebote und Anlässe.

Seit 1955 steht soziale und kulturelle Arbeit im Mittelpunkt der Arbeit. Kinder, Jugendliche, Erwachsene und ältere Menschen - Nachbarn in Kreuzberg - kommen an sieben Tagen in der Woche in dem Haus zusammen. Die Arbeit des NHUs ist politisch als ein integratives Konzept zu verstehen, das sich – geleitet von der Vision eines inklusiven, gerechten und solidarischen Gemeinwesens – den Herausforderungen aktueller Nachbarschaften stellt.

Man kann Freizeitinteressen pflegen, sich beraten lassen und das Haus nutzen, um aktive Netzwerkarbeit zu pflegen. Das Ziel des NHUs ist die Förderung von Kontakten, Austausch und Zusammenkünften für Menschen aus der Nachbarschaft und die Unterstützung von nachbarschaftlichen Eigeninitiativen. Es werden „Brücken gebaut" zwischen verschiedenen Bevölkerungsgruppen, Lebenslagen und Interessen der anderen im Stadtteil sowie die Lebensqualität aller im nachbarschaftlichen Umfeld des NHUs. Die tägliche Arbeit ist dabei zielgruppenorientiert und generationsübergreifend, interkulturell und stadtteilorientiert. Das Haus spiegelt zudem die heterogenen Bevölkerungsgruppen und Bedürfnislagen im Bezirk wider. Außerdem ist das NHU anerkannter Träger der freien Jugendhilfe und damit Träger von Kindertagesstätten und Hortbetreuung an Grundschule und verfügt über umfangreiche Erfahrungen und Kooperationen an den Schnittstellen von Jugendhilfe und Schule. Zur Unterstützung im Stadtteil aktiver Gruppen, Initiativen und Vereine stellt das Haus zugleich Ressourcen, wie Räume, aber auch Beratung und teilweise Begleitung zur Verfügung.

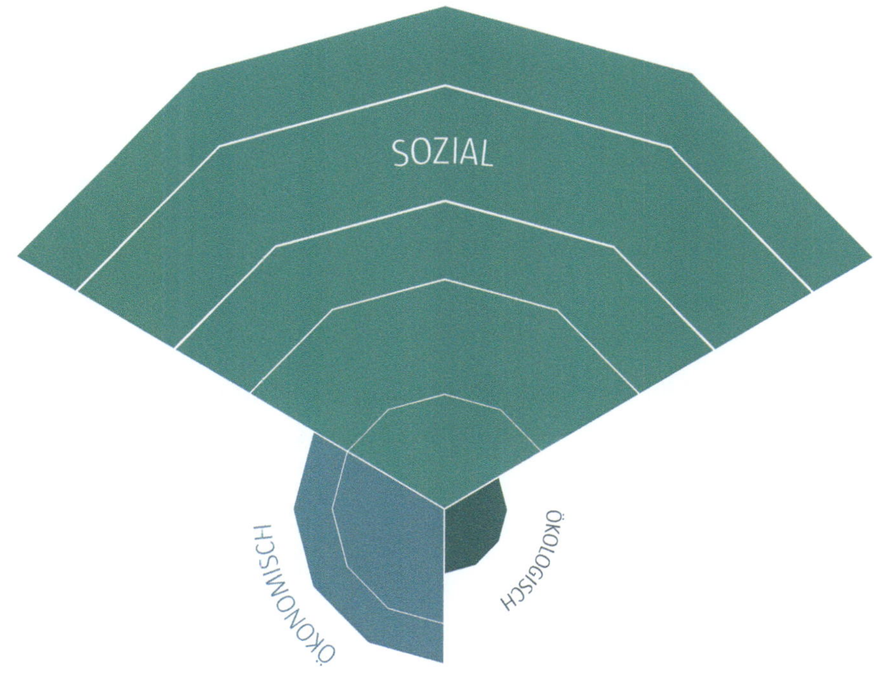

Abbildung 4: NHU - Selbsteinschätzung
Eigene Darstellung basierend auf Punkteverteilung der Interviewpartner*innen

EXROTAPRINT

Kurzbeschreibung:	Ein selbstorganisierter Raum in einem besonderen Eigentumsmodell, welches Immobilienspekulation ausschließt und eine langfristige heterogene Nutzung sichert.
Nutzungsmischung:	1/3 Arbeit / 1/3 Soziales / 1/3 Kunst
Organisation:	gGmbH
Finanzierung:	Mieteinnahmen / Erbbaurechtsvertrag mit den Stiftungen trias und Edith-Maryon
Ziel / Zweck:	langfristige Sicherung des Baudenkmals und der Nutzungsmischung, sowie die Förderung von Kunst und Kultur
Was wird geteilt:	Räume / Entscheidungen / Eigentum
Akteure:	über 40 Mieter*innen tätig als Gewerbetreibende / Künstler*innen und Kulturschaffende und Sozialarbeiter*innen
Umfeld:	Berlin - Wedding
Adresse:	Gottschedstraße 4, 13357 Berlin
Planungsteam:	Daniela Brahm, Les Schliesser, Oliver Clemens, Bernhard Hummel
Synergieeffekte:	Wissen, materielle/finanzielle Unterstützung
Vision:	positive Wirkung auf den Kiez / Realisierung neuer Projekte / behutsame Sanierung des Baudenkmals

„ExRotaprint ist Modell für eine Stadtentwicklung, die Profit mit Eigentum ausschließt und einen heterogenen, offenen Ort für alle gesellschaftlichen Gruppen schafft."

(ExRotaprint 2017)

Es handelt sich bei diesem Modell um ein 10.000 m² großen Gewerbehof mit einem Wohngebäude und zehn Gewerbegebäude. Die vermietbare Fläche in den Gebäuden wird durch die gemeinnützige GmbH ExRotaprint zu je einem Drittel an „Arbeit, Kunst, Soziales“ vermietet.

In Kooperation mit der trias und Edith Maryon Stiftung und mit Hilfe eines ausgearbeiteten Konzepts gelang es den Akteuren des ExRotaprint e.V. das Gelände der ehemaligen Druckmaschinenfabrik Rotaprint zu sichern.

Der Boden ist im Besitz der Stiftungen trias und Edith Maryon. Durch die Anwendung des **Erbbaurechts** wurde das Gebäude an die ExRotaprint gGmbH übertragen (vgl. ExRotaprint 2017). Damit wurde es dem freien Immobilienmarkt entzogen und es es konnten dauerhaft günstige Mieten von 3,00 bis 4,80 €/m² gesichert werden. Innerhalb des Erbbaurechtsvertrags sind die Ziele der gemeinnützigen GmbH festgehalten: „Die paritätische Vermietung an Gewerbebetriebe, soziale Einrichtungen und kulturelle Nutzungen („Arbeit, Kunst, Soziales“), die sozial integrative Ausrichtung des Projektes, sowie dessen gemeinnütziger Status für die Projektentwicklung“ (ExRotaprint 2017). Weitere Ziele sind in den gemeinnützigen Zwecken der GmbH festgehalten: Die erwirtschafteten Mieteinnahmen müssen für den Erhalt des denkmalgeschützten Gebäudes und die Förderung von Kunst und Kultur reinvestiert werden (vgl. Exrotaprint 2017).

Erbbaurecht/Erbpacht:
Der/die Eigentümer*in eines Grundstücks überlässt dem/der Erbbauberechtigte*n unter ausgehandelten Konditionen das Grundstück für einen begrenzten Zeitraum. Dem/Der Erbbauberechtigten ist es möglich das Grundstück zu bebauen. Der Boden ist weiterhin im Besitz des/der Eigentümer*in, das Bauwerk gehört dem/der Erbbauberechtigten (ErbbauRG).

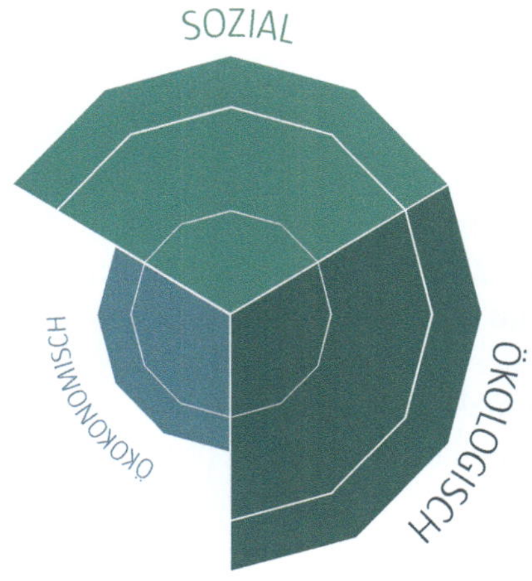

Abbildung 5: ExRotaprint - Selbsteinschätzung
Eigene Darstellung basierend auf Punkteverteilung der Interviewpartner*innen

AUSWERTUNG

Shared Spaces sind Orte des Teilens. Das Teilen unterscheidet sich durch unterschiedliche Motivationen und Organisationsformen. Es folgt die erneute Einordnung in das Sharing Paradigm unter Einbezug der analysierten Daten.

Orte des Teilens

Das Teilen von Ressourcen, Infrastruktur, Gütern, Dienstleistungen, materiellen und immateriellen Gütern, Erfahrungen und Fähigkeiten ist ein fester Bestandteil der Stadt. Die Sharing City ergibt sich aus der räumlichen Dichte, der hohen Bevölkerungszahl und den sich daraus ergebenden Netzwerken, welche auch durch digitale Technologien begünstigt werden (vgl. McLaren & Agyeman 2015, S.4). Dies kann auf die physisch-materiellen Räume der Shared Spaces übertragen werden. Durch die Nutzungsmischung und die räumliche Nähe ergeben sich Synergieeffekte und es kommt zum Teilen.

Räume

Das Teilen von Räumen spielt eine zentrale Rolle innerhalb der Shared Spaces. Nicht nur Gebäude an sich werden durch die Nutzungsmischung von den Mieter*innen und/oder Mitarbeiter*innen geteilt: Das Nachbarschaftshaus besitzt offene Räume, um Begegnungen zu ermöglichen (vgl. Runge, M., Z.83). Das CRCLR House versteht sich als nach außen offenes Projekt (vgl. Gaedke, F., Z.130-131). Auch deren Gemeinschaftsgarten bietet Raum für gemeinsames Arbeiten (vgl. ebd., Z.254). Im ExRotaprint gibt es eine Kantine, die auch von Besucher*innen genutzt werden kann. Zusätzlich gibt es einen Projektraum für „Veranstaltungen, die alle miteinander verbinden" (Frank, S., Z.51) Dieser kann allerdings auch von Außenstehenden gebucht werden (vgl. ebd, Z.104). Auch das CRCLR House besitzt einen solchen Veranstaltungsraum (vgl. Gaedke, F., Z.50-51). Im Frizz23 ist eine gemeinschaftliche Dachterrasse geplant (vgl. Griffin, M., Z.96). Des Weiteren bieten das CRCLR House und zukünftig auch das Frizz23 Sharing-Dienstleistungen, wie Coworking Spaces und Timesharing, die das Teilen von Räumen gleichzeitig, aber auch aufeinander folgend ermöglichen (vgl. Jürgens, B., Z128ff; Gaedke, F., Z. 23-24).

Infrastruktur

Aus dem Teilen der Räume innerhalb der Shared Spaces ergibt sich zusätzlich das Teilen der vorhandenen technischen Infrastruktur.

Eigentum

Durch das übergeordnete Baugruppenmodell von Frizz23 wird das Grundstück von dem Forum Berufsbildung e.V., der Miniloft GbR und der FrizzZwanzig GbR geteilt. Die FrizzZwanzig GbR funktioniert wiederum nach Baugruppenmodell und besteht aus 30 Einheiten (vgl. Jürgens, B., Griffin, M., Z.218ff). Bei ExRotaprint gibt es dagegen eine Abkehr vom traditionellen Eigentumsmodell. Der Boden ist im Besitz der Stiftungen trias und Edith Maryon. Die ExRotaprint gGmbH ist in einer „eigentumsgleiche[n] Position" und für die Verwaltung, Finanzierung und Entwicklung des Gebäudes zuständig (ExRotaprint 2017).

Kosten & Risiko

Die Baugruppen von Frizz23 unterteilen die Kosten nach prozentualen Anteilen, die nach marktüblichem Vorgehen die Lage mit einbeziehen. Mit der Einbringung von eigenem Kapital wird zwangsläufig auch das Risiko geteilt (vgl. Griffin, M., Z.459ff, Z.538).

SHARING PARADIGM

Entscheidungen

Im Nachbarschaftshaus Urbanstraße arbeitet man nach basisdemokratisch Prinzipien und bezieht in ihre Entscheidungen neben Mitarbeitenden auch Nachbar*innen und Kita-Eltern ein. Es finden einerseits Runden zu ausgewählten Themen statt und andererseits jährliche Treffen zu der langfristigen Entwicklung des NHUs (vgl. Runge, M., Z.222, 204). Auch die gemeinnützige Gesellschaft ExRotaprint trifft Entscheidungen gemeinsam. Sie besteht aus zehn Gesellschafter*innen, davon acht Mieter*innen und zwei externe Begleiter*innen. Ein weiterer Gesellschafter ist der Rotaclub e.V., welcher alle Mieter*innen umfasst. Dadurch ist eine Entscheidungsmacht aller Mieter*innen (auch durch die besonderen Eigentumsverhältnisse) garantiert (ExRotaprint 2017).

Wissen, Erfahrungen & Informationen

Das Planungsteam der ExRotaprint gGmbH teilt durch regelmäßige Vorträge ihre Erfahrungen und Wissen mit Dritten, um ihr Modell zu erklären (vgl. Frank, S., S.181). Auch das CRCLR House, welches von einen innovativen Charakter geprägt ist, organisiert Veranstaltungen - wie die Open Source Circular Economy Days - um die Möglichkeit zum Wissensaustausch zu bieten. Außerdem teilt das CRCLR House das Erarbeitete online, da es Open Source als Mehrwert versteht (vgl. Gaedke, F., Z.154).

Werte

Im Sinne der Nachhaltigkeit funktioniert das CRCLR House nach dem Prinzip der Kreislaufwirtschaft und soll eine Plattform bieten für Menschen mit ähnlichen wertegeleiteten Interessen (vgl. Gaedke, F., Z.235). Ebenso trägt das Nachbarschaftshaus bestimmte Werte in sich. Von amerikanischen Mennoniten wurde es gegründet, um in der Nachkriegszeit Werte wie Demokratie und Toleranz zu vermitteln. Diese Werteorientierung wird weiter verfolgt (vgl. Runge, M., Z.44ff,55).

Verortung im Sharing Paradigm

Die Interviewten nennen Teilen nicht explizit als Ziel oder Motivation ihres Projekts. Es ergibt sich innerhalb der Shared Spaces aus der gemeinsamen und diversen Nutzung und deren Organisation. Der Fokus bei der Einordnung in das Sharing Paradigm liegt bei dem übergeordneten Konstrukt, welches die einzelnen Nutzungen beherbergt. Letztere können wiederum unterschiedliche Formen des Teilens in sich tragen.

Zur Verortung im Sharing Paradigm werden die einzelne Projekte auf zwei Aspekte hin untersucht:

Motivation:

Aufbauend auf der Werteordnung der einzelnen Akteure innerhalb der Shared Spaces wird die Motivation zur Einordnung auf der intrinsischen/ gemeinschaftlichen oder extrinsischen/kommerziellen Dimension in Betracht gezogen.

Organisation:

Die Untersuchung der Organisation sowie das Treffen von Entscheidungen hilft, um vermitteltes Teilen von selbstorganisiertem/ soziokulturellem zu unterscheiden.

CRCLR HOUSE

Motivation:

Mit dem CRCLR House sollte ein Prototyp für Kreislaufwirtschaft entstehen, um einen Beitrag zur nachhaltigen Entwicklung zu leisten (vgl. Gaedke, F., Z.16ff). Ein untergeordnetes Ziel ist die Einbindung der Nachbarschaft. Sie „möchten den Ort offen halten für alle", um die Vielfalt innerhalb Neuköllns auch in ihre Räume zu holen (ebd., Z. 129). In der Zusammenarbeit mit anderen Unternehmen wird allerdings auf die Ausrichtung geachtet: „[W]enn du unsere Werte nicht vertrittst, dann werden wir nicht mit dir arbeiten" (ebd., Z.235). Das spricht für eine intrinsische Motivation innerhalb des Projekts, aber auch extrinsische Faktoren spielen in dem Projekt eine Rolle. Durch die Rechtsform GmbH werden wirtschaftliche Gewinne des CRCLR Houses nicht ausgeschlossen. Finanzielles Ziel ist eine ausgeglichene Bilanz, um die Arbeitskosten eigenständig tragen zu können. Bei einem Gewinn ist eine Reinvestition vorgesehen, eine rechtliche Verpflichtung hierfür gibt es jedoch nicht (vgl. ebd., Z.366ff).

Außerdem wird die GmbH von einem Impact Investor mitfinanziert. Bei einem Impact Investment geht es darum Projekte zu unterstützen, die einen sozialen und/oder ökologischen Beitrag leisten. Dennoch existieren Renditeerwartungen (vgl. ebd., Z.349ff; Lindenberg, N., Pöll, C. 2014). Des Weiteren ist der vorhandene Coworking Space eine Sharing-Dienstleistungen aus der Sharing Economy, welches auch im Quadranten unter der extrinsischen/kommerziellen Dimension angesiedelt wird (vgl. Gaedke, F., Z.23ff, Z.53, McLaren, D., Agyeman, J. 2015, S.13ff). Daraus folgt, dass beim CRCLR House sowohl instrinsische, als auch extrinsische Faktoren eine Rolle spielen.

Organisation:

Gegründet wurde das CRCLR House von Alice Grindhammer und Simon Uh Choll Lee (vgl. Gaedke, F., Z.75ff). Alice Grindhammer sorgt als Geschäftsführerin für den Inhalt und Simon Uh Choll Lee übernimmt den Finanzbereich. Einzelne Aufgabenschwerpunkte sind auf das Team aufgeteilt und Entscheidungen werden gemeinsam getroffen. Herkömmliche Arbeitsweisen und Hierarchien werden infrage gestellt. Eine Team-Mediation begleitet diesen Anspruch.

Die Mitwirkung durch Außenstehende ist einerseits durch Veranstaltungen wie die OSCE-Days oder durch den Gemeinschaftsgarten möglich. Auch die Mieter*innen haben Möglichkeiten der Mitsprache (vgl. ebd., Z.538ff, Z.161ff). Aufgrund der Aufgabenteilung, der Organisation durch das Team und der Beschäftigungsverhältnisse ist das Teilen eher im vermittelnden Bereich des Sharing Paradigms anzusiedeln.

FRIZZ23

Motivation:

Die Akteure von Frizz23 wünschen sich „eine selbstgemachte, lokal-organisierte Stadt" und eine „neue Art von Stadtentwicklung" (Griffin, M., Z.42, Z.41). Neben der intrinsischen Motivation eine „bedarfsgerechte Stadt zu schaffen" (ebd., Z.58), spielen vor allem extrinsische Faktoren zur Finanzierung eine Rolle. Der Zusammenschluss zu einer Baugemeinschaft befähigt sie durch Kostenteilung, sich gegen „internationale Immobilieninvestoren" durchzusetzen (ebd., Z.45). Durch den Einsatz von Eigenkapital zur Realisierung des Projektes überwiegen derzeit extrinsische Faktoren (vgl. ebd., Z.385).

Organisation:

Durch „Planungsworkshops" und einen „Bürgerdialog" boten die Akteure von Frizz23 den Bürger*innen die Möglichkeit an der Konzepterstellung mitzuwirken (Jürgens, B., Z.181). Diese nahmen dadurch Einfluss auf die geplanten Nutzungen. Das Projekt startete also mit einem vermittelten Teilen von Entscheidungen. Nachdem nun das Modell der Baugruppe existiert, werden Entscheidungen über ein Abstimmungsverfahren überwiegend gemeinsam getroffen (vgl. Griffin, M., Z.245). Das Projekt hat sich im Verlauf vom vermittelten zum selbstorganisierten Teilen verschoben. Es ist nicht absehbar, ob das Projekt bei praktischer Umsetzung und finanzieller Etablierung neu im Sharing Paradigm zu verorten wäre.

NACHBARSCHAFTSHAUS

Motivation:

Das Ziel des Nachbarschaftshauses Urbanstraße (NHU) ist das Schaffen von Räumen für Begegnung und „Unterstützung zu geben, Beratung, Hilfe, Begleitung“ und Orientierung (Runge, M., Z.11, Z.34). Dabei sollen „Begegnungspunkte zwischen verschiedenen Kulturen, Milieus, Sprachgruppen“ entstehen (ebd., Z.38-39). Der starke Wertebezug zur Umsetzung dieser Ziele, aufbauend auf „Demokratie, Toleranz, Respekt, friedlichem Miteinander“ und der „Gleichwertigkeit der Menschen“ verdeutlicht die intrinsische Motivation, die dem Nachbarschaftshaus innewohnt (ebd., Z.51-52,54). Die Rechtsform untermauert diese Einschätzung: Der Verein dient dem Zweck, „[a]ls Träger von sozialen, kulturellen und bildungsorientierten Einrichtungen [...] [einen] Beitrag zur Gestaltung eines solidarischen und gerechten Gemeinwesens [zu leisten]“ (Nachbarschaftshaus Urbanstraße e.V. 2017). Im Sharing Paradigm ist das Nachbarschaftshaus daher auf der intrinsischen Dimension zu verorten.

Organisation:

Seit der Entstehung ist es ein Projekt, das durch Dritte realisiert und zur Verfügung gestellt wurde. Amerikanischen Mennoniten gründeten es, um in der Nachkriegszeit Werte zu transportieren (vgl. Runge, M., Z.14ff). Jede*r ist frei, sich ehrenamtlich im Verein zu engagieren. Diese können dann an der Organisation und Entscheidungen teilhaben. Der Verein selbst richtet sich an die Nachbarschaft und schafft ein Angebot (Nachbarschaftshaus Urbanstraße e.V. 2017). Der Verein kann als dritte Partei angesehen werden, die das Teilen vermittelt.

EXROTAPRINT

Motivation:

Mit dem ExRotaprint sollte ein „bestehen bleibende[r] Raum für künstlerisches und soziokulturelles Schaffen“ gesichert werden (Frank, S., Z.11-12). „Es ging um Kiezkultur, um Nachhaltigkeit und günstige Mieten für die Leute, die [...] vor Ort waren, eine gute Mischung zu sichern, die auch unmittelbar in den Stadtbezirk hinein wirkt und die auch unterschiedliche Nutzergruppen miteinander verbindet“ (ebd., Z.32-34). Des Weiteren war die Intention „das Gebäude zu erhalten und es nicht ein Spekulations- oder potenzielles Abrissobjekt sein zu lassen“ (ebd., Z.35-36). Dem ExRotaprint wohnt eine hohe intrinsische Motivation inne, die sich auch in der Organisation wiederfindet. Mit der gemeinnützigen GmbH, in der alle Gewinne wieder reinvestiert werden und dem gemeinnützigen Zweck dienen, ist eine kommerzielle Ausrichtung ausgeschlossen.

Zusätzlich wird mit dem Erbbauzins ein Solidarbeitrag geleistet, der den Stiftungen ermöglicht, weitere Projekte dieser Art zu realisieren (ExRotaprint 2017). Das ExRotaprint ist dem intrinsischen/ gemeinschaftlichen Teilen des Sharing Paradigms zuzuordnen.

Organisation:

Wie bereits oben beim Teilen von Entscheidungen beschrieben, treffen sich alle Gesellschafter*innen, worunter auch die Mieter*innen gefasst sind, „einmal im Monat für einen regelmäßigen, die Projektentwicklung begleitenden Austausch über alle aktuellen und langfristigen Fragen der Projektentwicklung“ (ExRotaprint 2017). Mit dem ExRotaprint wurde in erster Linie die Nutzung der Mieter*innen zu „selbst geschaffenen Konditionen“ gesichert (ExRotaprint 2017). Auch wenn die Konzipierung durch das Planungsteam stattfindet und der alltäglich laufende Betrieb durch die Verwaltung ermöglicht wird, zeichnet es sich vor allem durch die Selbstorganisation der Mieter*innen aus, die durch das Konstrukt der gGmbH dazu legitimiert sind (ebd., 2017; Frank, S., Z.154ff).

Aus der Bewertung der einzelnen Projekte in Bezug auf das Sharing Paradigm, ergibt sich folgende Darstellung (Abbildung 6).

Es ist darauf zu achten, dass es sich hierbei um eine Visualisierung einer qualitativen Methode handelt und kein skalierbares Diagramm darstellt.

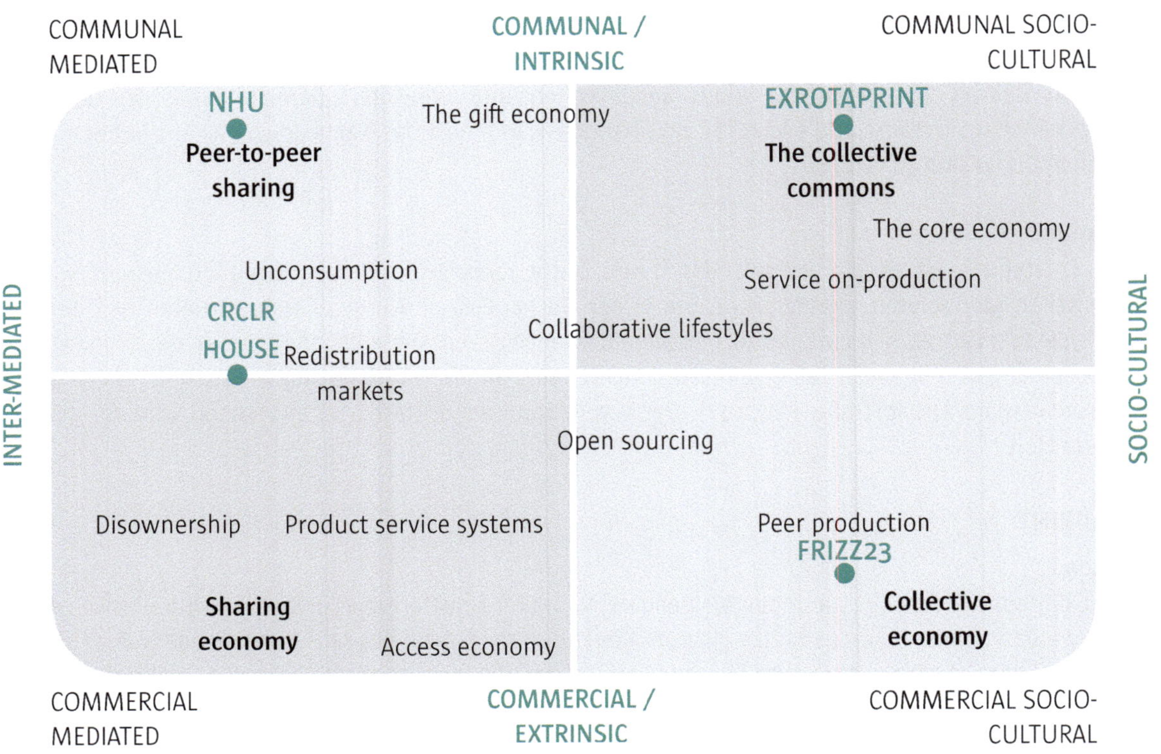

Abbildung 6: Verortung der Projekte im Sharing Paradigm
Eigene Darstellung nach McLaren, D., Agyeman, J. 2015

TRANSFORMATION

Die Auswertungen der Interviewergebnisse können die Hypothese, Shared Spaces seien Ausdruck eines laufenden Transformationsprozesses, teilweise bestätigen. Die verschiedene Eigenschaften der Shared Spaces sind Belege dafür, dass sie Ausdruck eines laufenden Transformationsprozesses sein können.

> **„So stehen sie, im Sinne einer selbst gemachten, lokal organisierten Stadt, für eine neue Art der Stadtentwicklung."**
> (vgl. Griffin, M., Z.30-31)

Durch eine lokale, bedarfsorientierte Gestaltung und Nutzung der Räume wird Platz für die Bedürfnisse der Menschen im direkten Umkreis geschaffen. Dadurch werden städtische Flächen nicht mehr nur für eine bestimmte Nutzung verbraucht, sondern können flexibel an die aktuellen Bedürfnisse angepasst werden.

So dient beispielsweise das Nachbarschaftshaus Urbanstraße in Berlin - Kreuzberg in erster Linie als Ort der Begegnung (vgl. Runge, M., Z.83). Allerdings können die Räumlichkeiten variabel für verschiedene Nutzungen eingesetzt werden.
Auch für Melanie Humann von Urban Catalyst stehen Shared Spaces für eine neue Form der Stadtproduktion, da sie aufzeigen, wie sozial-kulturelle Programme, Wohnprojekte oder auch Gewerbeprojekte alternativ entwickelt werden können (vgl. Humann, M., Z. 205,206). Diese alternativen Entwicklungen werden aktuell schon umgesetzt und sind somit Ausdruck eines bereits laufenden Transformationsprozesses.

Weiter verkörpern die verschiedenen Projekte ein ganzheitliches, nachhaltiges Denken von Leben, Arbeiten, Freizeit und Wirtschaften. So finden sich Wohnungen, Büros, Ateliers, Cafés oder auch Werkstätten in den verschiedenen Räumlichkeiten wieder. Das veraltete Modell der **funktionalen Stadt** wurde im Laufe der Zeit immer weniger verfolgt. Vielmehr ging die Tendenz hin zu einer funktionsgemischten Stadt. Es kann gesagt werden, dass dieses Modell nun durch Shared Spaces weiterentwickelt wird, indem eine Funktionsmischung innerhalb von einem Gebäudes stattfindet.

Für Andrea Baier von der anstiftung bilden Shared Spaces wie Gemeinschaftsgärten, Offene Werkstätten, Reparatur-Initiativen und Ähnliches eine Art Mikrobewegung im Hinblick auf die vom Wissenschaftlichen Beirat der Bundesregierung angemahnten „Großen Transformation" im Sinne einer nachhaltigen Umgestaltung von Gesellschaft und Ökonomie. ‚Denn eine solche Transformation wird nur stattfinden, wenn sich Leute auf den Weg machen." (Baier, A., Z.104,107). Somit sind solche Orte der Beginn eines Transformationsprozesses und dadurch auch ein Teil von diesem.

Auch wenn die oben aufgeführten Punkte die Hypothese teilweise bestätigen können, wurde im Laufe der Interviews deutlich, dass Shared Spaces mehr Motor als Ausdruck eines laufenden Transformationsprozesses sind.

Die meisten von der Forschungsgruppe untersuchten Projekte sehen sich selbst als eine Art Vorbild für weitere Projekte. Das CRCLR House will mit seinem Haus für zirkuläre Wirtschaft einen Prototypen schaffen, der zeigen soll, wie man das Thema Nachhaltigkeit im urbanen Kontext umsetzen kann. Durch neue Formen des Arbeitens und Lebens sollen weitere Personen oder auch Institutionen inspiriert und angeregt werden, im Sinne einer zirkulären Wirtschaft zu handeln.

Funktionale Stadt:
Die funktionale Stadt ist ein im Jahr 1933 im Rahmen der Charta von Athen entwickeltes Stadtplanungskonzept. Kern des Konzeptes ist eine Neuorganisation der Städte durch Bodenaufteilung, Verkehrsregelung und Gesetzgebung mit dem Ziel, den städtischen Raum unter ausschließlichem Einsatz moderner Architektur rational nach den Funktionen von Wohnen, Arbeiten und Erholen zu ordnen (vgl. Niclas, B., 2009, S.15).

Gleichzeitig will das CRCLR House auch Plattform für Menschen sein, die sich bereits mit der Thematik auseinandersetzen oder auch schon konkrete Ideen für diverse Projekte haben (vgl. Gaedke, F., Z.19-22).

Weiter dienen Shared Spaces dazu, kulturelle, politische und ökonomische Selbstverständlichkeiten zu hinterfragen (vgl. Baier, A., Z.108). So kann beispielsweise durch Repair Cafés die Lebensdauer von unterschiedlichsten Produkten verlängert werden. Ökonomische Phänomene, wie geplante Obsoleszenzen, werden dadurch größtenteils eliminiert und Produkte können länger und somit nachhaltiger genutzt werden.

Auch das Projekt ExRotaprint kann Modellcharakter haben und inspirierend auf andere Menschen an anderen Orten wirken (vgl. Frank, S., Z.186-187). Jeder Interessierte kann sich die Räumlichkeiten anschauen, eine Führung machen und sich darüber informieren, wie das Projekt funktioniert, wie es organisiert ist und wie die Verträge aussehen. Zusätzlich hält das Planungsteam auch oft Vorträge zu unterschiedlichen Anlässen an diversen Universitäten. Dadurch entsteht eine gewisse Strahlkraft, die sich sowohl in den Kiez selber, als auch über dessen Grenzen hinaus verteilt. Mit diesen Informationen können weitere Projekte entstehen, die wiederum selbst als Leuchtturmprojekt dienen können.

Für Melanie Humann von Urban Catalyst können Projekte wie der Holzmarkt am Spreeufer in Berlin ebenfalls Modellcharakter haben und wegweisend sein. Dort können Vorstellungen entwickelt werden, „wie Stadt auch anders funktionieren kann" (Humann, M., Z.194,195).

Der Holzmarkt zeigt auf, wie aus einer Zwischennutzung eine dauerhafte Nutzung entstehen kann, indem man das Grundstück aus dem Kapitalmarkt herauslöst (vgl. ebd., Z.203).

Auch der Interviewpartner Prof. Dr. Ibert vom Leibniz-Institut für Raumbezogene Sozialforschung sieht Shared Spaces mehr als Motor statt als Ausdruck eines laufenden Transformationsprozesses. Er sagt, dass sich solche Projekte meistens in urbanen Räumen wiederfinden, da die dortigen Bedingungen prädestiniert dafür sind. Trotzdem sind Shared Spaces auch für den ländlichen Raum interessant, da die gesellschaftliche Strömung die hinter diesen steckt, auch über Stadtgrenzen hinaus geht. Es ist allerdings schwerer im ländlichen Raum eine kritische Masse aufzubringen, die einen solchen Ort kreieren kann (vgl. Ibert, O., Z.199-208). Demnach können Projekte in urbanen Räumen als Leuchtturmprojekte fungieren und Katalysator für die Entwicklung von Projekten im ländlichen Raum sein.

Weiter wurde beobachtet, dass sich Creative Labs, die die Projektgruppe ebenfalls als Shared Spaces einordnet, ausschließlich in Stadtquartieren in dynamischen Aufwertungsprozessen befinden. Die Labs finden sich meistens in gemischten Innenstadtquartieren, die sich gerade im Umbruch befinden. Es besteht also eine enge Korrelation mit Aufwertungs- und Gentrifizierungsprozessen.

„Es besteht allerdings noch keine Einigkeit darüber, welche Richtung diese Kausalität hat - also, ob die Labs Gentrifizierung befördern, oder ob sie auch eine aufsteigende Dynamik brauchen, um entstehen zu können."

(vgl. Ibert, O., Z.61-68)

Die oben genannte Hypothese lässt sich aufgrund der aufgeführten Punkte nicht eindeutig bestätigen. Einige Ergebnisse der Interviews sprechen dafür, dass Shared Spaces Ausdruck eines laufenden Transformationsprozesses sind. Allerdings überwiegen die Ergebnisse dahingehend, dass der Transformationsprozess noch ganz am Anfang steht und die von uns untersuchten Projekte mehr Modellcharakter haben und somit eher Vorbild und Inspiration für weitere Projekte sind. Aus diesen Gründen müsste die Hypothese daher lauten: Shared Spaces sind mehr Motor als Ausdruck eines laufenden Transformationsprozesses.

NACHHALTIGKEIT

Der Hypothese, dass Shared Spaces Nachhaltigkeit hinsichtlich der sozialen, ökologischen und ökonomischen Dimensionen fördern, kann durchaus entsprochen werden. In Anlehnung an die in Teil 3 betrachteten Aspekte von Nachhaltigkeit konnten aus dem Datenmaterial pro Dimension jeweils vier Aspekte herausgefiltert werden, die bei den Projekten in unterschiedlicher Ausprägung anzufinden sind. Jedes Projekt weist demnach mindestens einen Aspekt pro Dimension auf, der über die reine Motivation hinausgeht und mindestens 2 Punkte in der Werte-Skala erreicht, wie in den Abbildungen 7, 8, 9 und 10 zu sehen. Nachfolgend soll insbesondere auf diese Nachhaltigkeitsaspekte eingegangen werden.

Suffizienz als Treiber

Shared Spaces sind getrieben von Nachhaltigkeit. Die Grundlage dafür bildet ihre ökologische Wertorientierung. Alle interviewten Projekte zeigten eine Ausprägung von 2-4 im Suffizienz-Bereich, wobei die thematische Schwerpunktsetzung und der Ausprägungsgrad unterschiedlich ausfallen. So ist beispielsweise das Konzept von ExRotaprint als eine „sozial-ökologische" (Frank, S., Z.84,85) Strategie zu verstehen, welche durch eine „behutsame Entwicklung" (ebd., Z.196) langfristig „Gewerbe, Kunst und Kultur (...) und soziales Anliegen" (ebd., Z.28-31) im Kiez sichern möchte. Ähnlich sehen die Akteure von Frizz23 ihren „Konzentrationspunkt in der Nachhaltigkeit" (Jürgens, B., Griffin, M, Z.336). Ihnen geht es um eine

„bedarfsgerechte“ Entwicklung des Gebäudes, um eine „langfristige Nutzung“, ihre Nutzer*innen haben ein „grundsätzlich ökologisches Bewusstsein“ (ebd. Z.369). Auch das Nachbarschaftshaus Urbanstraße (NHU) möchte die „sozialen, ökologischen und ökonomischen Lebensbedingungen“ (Runge, M., Z.331) in seiner Nachbarschaft verändern und widmet sich ökologischen Themen in der Form, wie es an sie herangetragen wird. Beim CRCLR House liegt der Fokus auf Kreislaufwirtschaft. Mit ihrem Projekt wollen sie einen Prototypen für „Nachhaltigkeit und wie man anders leben und arbeiten kann“ (Geadke, F., Z.16ff.) schaffen und als gutes Beispiel vorangehen. Nachhaltigkeit ist bei vielen eine Art „politische Agenda“ meint Prof. Dr. Ibert vom Leibniz-Institut für Raumbezogene Sozialforschung in Erkner dazu. Auch andere Meta-Interviewpartner*innen betonen in diesem Zusammenhang, dass Shared Spaces Orte sind, wo „Nachhaltigkeit und die Ideologie sich professionalisieren“ (Humann, M., / Parson, A., Z.378).

Hierbei fällt auf, dass sich die Motivation zum nachhaltigen Handeln vor allem in holistischen Konzepten und Verfahrensweisen niederschlägt und weniger in der ökologischen Dimension. Zwar können drei von vier Projekte eine energetische Sanierung vorweisen, doch nur Frizz23 geht durch die bewusste Verwendung von langlebigen Materialien über den Durchschnitt im Bereich der Ressourceneffizienz hinaus (vgl. Jürgens, B., Griffin, M., Z.333ff.). Hinzu kommt der Einsatz von drei Gründächern, die einen Beitrag zur Emissionsminderung leisten. Bei allen anderen Projekten ist zumindest die Motivation erkennbar, den schonenden Einsatz von Ressourcen voranzutreiben oder stoßen wie CRCLR House und ExRotaprint bei der Umsetzung an finanzielle Grenzen (vgl. Geadke, F., Z.400ff.; Frank, S., Z.194).

Bei drei von vier Projekten handelt es sich ebenfalls um Umnutzungsprojekte. Die Wiederverwertung alter Baubestände wird als „an sich schon (...) ökologisch nachhaltig“ (Ibert, O., Z. 312) eingestuft und trägt zur Ressourceneffizienz bei. Bei ExRotaprint ist dies am augenscheinlichsten. Doch auch bei NHU und beim CRCLR House spielt Umnutzung eine Rolle.

Inwiefern eine gesteigerte Ressourceneffizienz durch das Teilen der Räumlichkeiten zustande kommt, konnte nicht ermittelt werden. Oliver Ibert ist dabei auch skeptisch und meint, dass dies schwer einzuschätzen oder messbar sei. Grundsätzlich könne man aber schon von „Effizienzgewinnen durch Teilen“ (Ibert, O., Z.212) ausgehen.

Bedarfsorientierung

In sozialer Hinsicht ist vor allem der Aspekt der „Lokalen Versorgung“ am deutlichsten ausgeprägt. Dieser speist sich insbesondere aus der starken Bedarfsorientierung der Projekte. Die Shared Spaces bieten Raum für kreatives Arbeiten und soziales Miteinander. Drei Projekte stellen sogar einen direkten Bezug zu den lokalen Bedürfnissen her. Das Nachbarschaftshaus Urbanstraße (NHU) ist aufgrund seiner Ausrichtung in diesem Bereich der Vorreiter. Die dort betriebene Gemeinwesenarbeit ist stetig bemüht, lokale Themen aufzugreifen und dafür entsprechende Angebote zu schaffen. Sie bieten Bildungsangebote, Begegnungsräume und Nachbarschaftshilfe (vgl. Runge, M., Z. 33-43,274-180). ExRotaprint wiederum schafft durch seine konzeptionelle Ausgestaltung des Gebäudes zu je 1/3 Mietraum für Kultur, Soziales und Gewerbe. Diese Nutzungsregelung ist im Erbpachtvertrag auf 99 Jahre festgeschrieben und bei der Auswahl der Mieter wird darauf achtgegeben, dass keine Gruppe bevorzugt wird und dass die angesiedelten Betriebe Ausbildungs- oder Praktikumsplätze zur Verfügung stellen (vgl. Frank, S., Z.29-36, 80-85). Ähnlich verhält es sich bei Frizz23. Durch ein Bürgerdialogverfahren wurden Bedürfnisse in den Bereichen Kultur, Kreativität und Bildung ermittelt und die prozentuale Aufteilung im Nutzungsvertrag auf 15 Jahre festgeschrieben (vgl. Jürgens, B., Griffin, M., Z.176-188,491,492). Die Akteure sagen selber, das Projekt sei „tief in der Nachbarschaft verwurzelt“ (Jürgens, B., Griffin, M., Z.16).

Nach diesen Befunden ist auch verständlich, warum der Aspekt „Aktivierung der Nachbarschaft“ die zweitgrößte Ausprägung in der sozialen Dimension aufweist. Aufgrund der Nutzungsmischung ist es drei von vier Projekten möglich unterschiedliche Nutzer*innengruppen anzusprechen und zu aktivieren. Das NHU bietet Nachbarschaftshilfe an, betreibt eine Freiwilligenagentur oder schafft Maßnahmen für Langzeitarbeitslose, zeitgleich hat es auch kulturelle und sportliche Angebote (vgl. Runge, M.,

Z.66ff.). Gleiches gilt auch für ExRotaprint und Frizz23, welche mit ihren unterschiedlichen Mietern oder Eigentümern unterschiedliche Gruppen in der Nachbarschaft ansprechen. Das Spektrum reicht dabei von Erwachsenenbildung, Schülerbetreuung und Flüchtlingshilfe über Kleingewerbe und Ausbildungsbetriebe bis hin zu Veranstaltungsräumlichkeiten.

Der Aspekt „Zugang und Teilhabe" kann durchaus kontrovers diskutiert werden. Zwar schaffen viele Shared Spaces Möglichkeiten eine gesteigerten Teilhabe, z.B. für Nachbarn oder Arbeitslose, um an Veranstaltungen teilzunehmen (CRCLR House) oder ihre Themen und Anliegen einzubringen (Nachbarschaftshaus Urbanstraße), oder sie wenden sich durch ihr Konzept an unterschiedliche Nutzer*innengruppen. Ihr Wirkungskreis ist aber gerade durch die Nutzergruppen beschränkt und geht nur in den seltensten Fällen darüber hinaus, was mit großen Mühen verbunden ist, wie Markus Runge vom Nachbarschaftshaus Urbanstraße (NHU) im Interview erzählte (vgl. ebd., Z. 159ff). Auch die Meta-Interview-Partner sind getrennter Meinung. Andrea Baier meint, dass Shared Spaces „interessanterweise oftmals Orte sind, wo sehr unterschiedliche Leute aus unterschiedlichen Schichten zusammenkommen" (Baier, A. Z49f), auch wenn ihre Gründer*innen meist dem kreativen Milieu angehören. In vielen urbanen Gemeinschaftsgärten pflanzt und erntet eine sozial heterogen zusammengesetzte Gruppe gemeinsam das Gemüse, und auch in ein Repair Café kommen, so Baier, Menschen aus unterschiedlichen sozialen Milieus. Dem entgegen vertritt Prof. Dr. Oliver Ibert (IRS) die Meinung, dass dieselben Orte für eine „sehr schmale, spezielle Gruppe relativ große Möglichkeiten der erweiterten Partizipation" (ebd., Z.264) bieten und einen Großteil der Bevölkerung ausschließen.

Subsistenzorientierung

In der ökonomischen Nachhaltigkeitsdimension sind es vor allem die Aspekte der Standortsicherheit und der lokalen Beschäftigung, die auffallend ausgeprägt sind. Beide Aspekte erklärt sich zunächst aus den jeweiligen Konzepten der Shared Spaces. Das auf Kreislaufwirtschaft bedachte CRCLR House versucht beispielsweise lokale Getränkeproduzent*innen in das Projekt mit einzubinden und bietet in ihrem CoWorking-Space Arbeitsraum für die lokale Kreativszene. Es verfügt über einen Impact-Investor, welcher dem Projekt ermöglichen soll, innerhalb der nächsten fünf Jahre selbst seine Kosten tragen zu können (vgl. Geadke, F., Z.349-358). Das Nachbarschaftshaus Urbanstraße kann durch seine diversen Einrichtungen wie Kitas und Jugendfreizeiteinrichtungen immer wieder Beschäftigungsstellen im sozialen Bereich anbieten und stellt bei Gewinneinnahmen neue Honorarkräfte ein (vgl. Runge, M., Z.362,363). Frizz23 wiederum siedelt kulturelles Kleingewerbe an der Friedrichstraße in Berlin an und schafft durch die vertragliche „Nutzungsbindung für 15 Jahre" (Jürgens, B., Griffin, M., Z.491) Raum in den Bereichen Bildung, Kreativität und Gewerbe. ExRotaprint kann aufgrund der im Erbbaurechtsvertrag festgelegten Nutzungsregelung auf 99 Jahre eine Mischung aus je 1/3 an Kultur, Sozialem und Gewerbe lokal sicherstellen. Zudem legt das Projekt bei seinen gewerblichen Mietern Wert darauf, dass diese Ausbildungs- oder Praktikumsstellen aufweisen (vgl. Frank, S., Z. 82,83).

Um nachhaltig wirken zu können, sind Shared Spaces darauf angewiesen langfristig an einem Ort bleiben zu können (Standortsicherheit) und bedienen sich deshalb wie bereits angedeutet unterschiedlichster Finanzierungsmodelle. Den Gipfel bildet ExRotaprint mit dem 99 Jahre währenden Erbbaurechtsvertrag. Dem folgt Frizz23 mit einer Nutzungsbestimmung auf 15 Jahre, und selbst danach bleibt das Gebäude Eigentum der Akteure aufgrund des Baugemeinschaftsmodells. Das CRCLR House kann mit dem Impact-Investor auf fünf Jahre seinen Standort sichern, danach muss es sich selbst tragen. Zur Standortsicherheit des Nachbarschaftshaus Urbanstraße (NHU) können keine Angaben gemacht werden.

Fast schon selbsterklärend ist in diesem Zusammenhang, dass alle Projekte ihre erzielten Gewinne wieder reinvestieren und oder dies zumindest anstreben, sobald es soweit ist, wie beim CRCLR House (vgl. Geadke, F., Z.349ff). So müssen die gemeinnützigen Träger, wie bei ExRotaprint oder NHU, grundsätzlich ihre Gewinne dem Zweck gemäß wiederverwenden (vgl. Frank, S., Z.99 und Runge, M., Z.356). Auffällig ist aber dabei, dass auch die kommerziell ausgerichteten Projekte (CRCLR House und Frizz23) keine großen Gewinnabsichten hegen, sondern, wie Andrea Baier von der anstiftung es beschreibt, eher „eine Subsistenzorientierung als eine Waren- oder Komsumorientierung" (ebd., Z.128) an den Tag legen. Dies bestätigt auch Prof. Dr. Oliver

Ibert vom IRS Erkner, indem er sagt, dass es bei den Shared Spaces vor allem um das „Sich-Einbringen" (ebd., Z.302) geht, sie als Selbstzweck dienen, ohne von Geld extrinsisch motiviert zu werden (vgl. ebd.).

Shared Spaces fördern also Nachhaltigkeit, indem sie holistische Konzepte anbieten die sowohl die soziale, ökonomische und ökologische Dimension mit einbeziehen. Anhand der Auswertung der Nachhaltigkeitsdimensionen wurde aber vor allem deutlich, dass jedes Projekt pro Dimension anders aufgestellt ist. Das heißt, jedes Projekt besetzt andere Themen und legt entsprechend unterschiedlich Wert auf gewisse konzeptionelle Ausprägungen hinsichtlich der Nachhaltigkeit. Wie ausgeprägt die Dimensionen sind, hängt dabei stark von der inhaltlichen Ausrichtung ab, die sich aus den Werte- und Motivationshaltungen der Shared Spaces ergeben.

FAZIT

Im Folgenden soll abschließend noch einmal fokussierter auf die Beantwortung der Forschungsfrage eingegangen werden. Die Forschungsfrage lautet: Wie wirken sich Shared Spaces in urbanen Räumen auf die drei Dimensionen der Nachhaltigkeit aus und welche Rolle spielen dabei Motivation und Organisation? Dazu werden die Ergebnisse aus den vorangegangenen Abschnitten in Verbindung gesetzt und daraus Ableitungen gebildet, die Aussagen treffen über die Verhältnismäßigkeit von Werte- und Zielvorstellungen der Projekte, zu deren Ausprägung von Nachhaltigkeit. Im besten Fall zeigt sich, welche Motivation und Organisationsformen Nachhaltigkeit am meisten fördern.

Commercial-Communal Mediated (kommerziell/gemeinschaftlich vermittelt) – CRCLR House

Das kommerziell/gemeinschaftlich-vermittelnd agierende CRCLR House ist stark von seinem Schwerpunktthema Kreislaufwirtschaft geprägt (vgl. Geadke, F., Z. 17) und besitzt damit die vergleichsweise stärkste Ausprägung im Bereich der Suffizienz. Dies erklärt sich aus der Motivation, mit dem CRCLR House einen „Prototypen" (Geadke, F., Z. 20) für zirkuläres Wirtschaften in Berlin schaffen zu wollen und entsprechend das Thema sowohl im eigenen Handeln als auch durch Veranstaltungen voran zu bringen. Dies hat starke Auswirkung auf das Zielpublikum, die den gleichen Werten entsprechen sollten. Dennoch birgt das Schwerpunktthema vor allem positive Nebeneffekte für die soziale Dimension von Nachhaltigkeit. Hinzu kommen Bemühungen im Bereich der Ressourceneffizienz. Schlusslicht ist bisher die ökonomische Dimension, was sich vor allem dadurch erklären lässt, dass das Unternehmen finanziell noch auf seinen „Impact-Investor" angewiesen ist.

Abbildung 7: Interviewauswertung - CRCLR House
Eigene Darstellung basierend auf den Aussagen der Interviewpartner*innen

Communal Mediated (gemeinschaftlich vermittelt) – Nachbarschafthaus Urbanstraße (NHU)

Das als gemeinschaftlich-vermittelnd eingestufte NHU ist im sozialen Bereich am ausgeprägtesten, dafür aber im Bereich der Ökologie am schwächsten aufgestellt. Dies liegt insbesondere am sozial-räumlichen Ansatz des Nachbarschaftshauses, dessen Arbeit als Gemeinwesenarbeit oder Stadtteilarbeit beschrieben werden kann. Dies erklärt auch, das schlechte Abschneiden hinsichtlich der ökologischen Dimension. Zwar ist es ein erklärtes Ziel des Nachbarschaftshauses, die „... ökologischen Lebensbedingungen" (Runge, M., Z.331) in der Nachbarschaft zu verändern. Selbst aktiv werden sie in diesem Bereich weniger, auch aufgrund ihrer Struktur und finanziellen Lage (vgl. Runge, M., Z. 312-319). Trotz, oder gerade wegen ihrer gemeinnützigen Ausrichtung, können sie aber nicht nur im Sozialen sondern eben auch in ökonomischer Hinsicht einen Mehrwert für die lokale Umgebung bieten.

Abbildung 8: Interviewauswertung - NHU
Eigene Darstellung basierend auf den Aussagen der Interviewpartner*innen

Communal Sozio-Cultural (gemeinschaftlich soziokulturell) – ExRotaprint

ExRotaprint steht für einen gemeinschaftlich, soziokulturellen Bereich des Teilens und kann durch seinen „sozial-ökologischen" (Frank, S., Z.85) Ansatz die stärksten Ausprägungen in den Aspekten Standortsicherheit und „Lokale Versorgung" nachweisen. Diese starken Ausprägungen sind anhand des Konzeptes zu erklären, dass aus der Motivation heraus entstanden ist, das Gebäude und verschiedene soziale, kulturelle und gewerbliche Nutzungen langfristig an diesem Ort zu sichern. Aber auch im Bereich der ökologischen Dimension kann das Projekt durchaus ein paar positive Aspekte vorweisen, wie die Umnutzung des Gebäudebestands oder die energetische Sanierung, sodass wir hier zum ersten Mal eine etwas ausgewogenere Ausprägung in den Nachhaltigkeitsdimensionen haben wie in den vorher genannten Projekten.

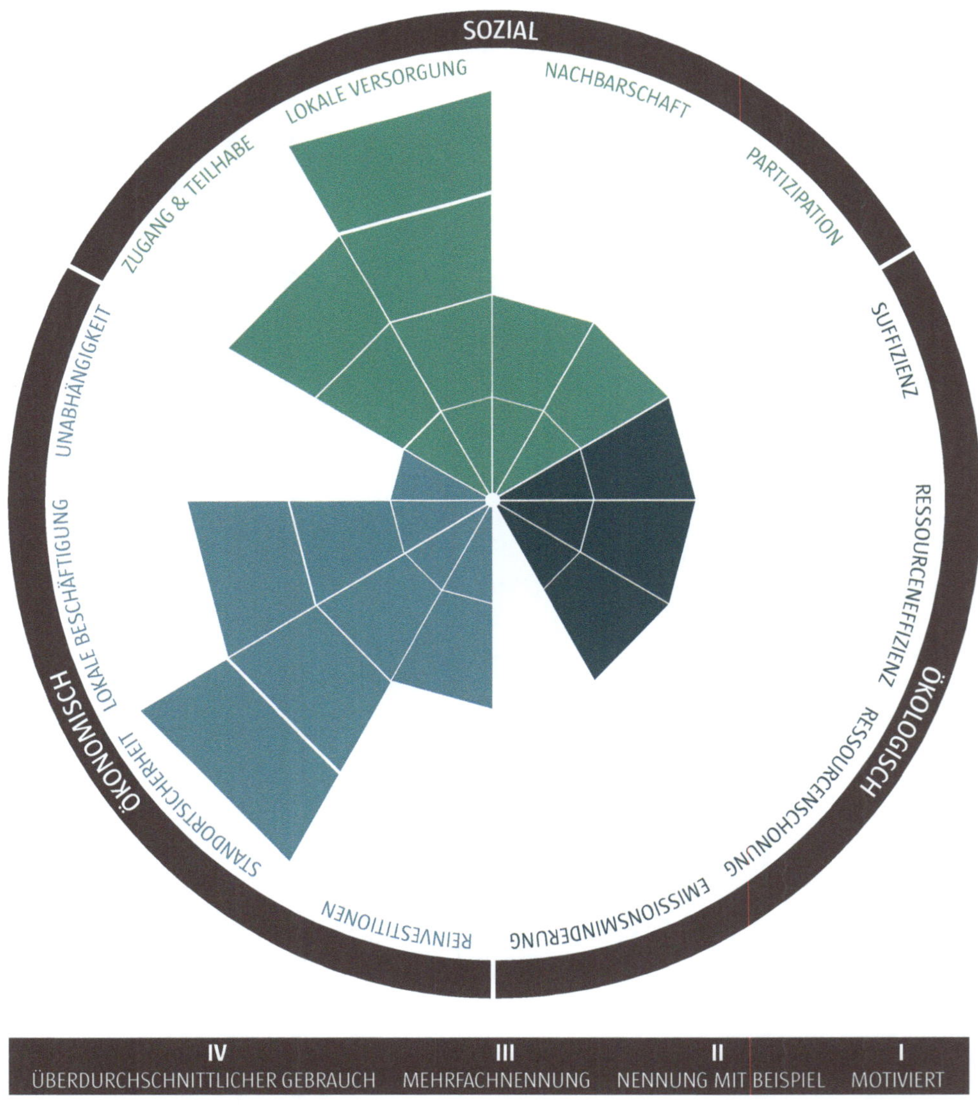

Abbildung 9: Interviewauswertung - ExRotaprint
Eigene Darstellung basierend auf den Aussagen der Interviewpartner*innen

Commercial Socio-Cultural (kommerziell soziokulturell) – Frizz23

Ähnlich ausgewogen verhält es sich im kommerziell, soziokulturellen Bereich des Teilens, wobei Frizz23 als einziges Projekt pro Dimension mindestens einen Aspekt aufweisen kann, der den Wert 3 erreicht und somit am ausgewogensten in Sachen Nachhaltigkeit ist. Dies liegt zum einen, wie bei ExRotaprint, am nutzungsgemischten Konzept und der hohen Bedarfsorientierung bei der Entwicklung des Konzepts. Die Akteure sind motiviert „eine neue Art von Stadtentwicklung voranzutreiben" (Jürgens, B., Griffin, M., Z.41ff.), engagieren sich für eine „selbstgemachte, lokal-organisierte Stadt" (ebd.) und sehen auch ihren „Konzentrationspunkt in der Nachhaltigkeit" (ebd., Z.336). Mit dem Baugemeinschaftsmodell haben sie zudem ein Finanzierungsmodell gefunden, dass zwar nur einen „sehr kleinen Kreis" (ebd., Z.195) einschließt, ihnen aber die Möglichkeit gibt, effizienter die Ressourcen einzusetzen und ökologisch besser aufgestellt zu sein.

Abbildung 10: Interviewauswertung - FRIZZ23

Eigene Darstellung basierend auf den Aussagen der Interviewpartner*innen

Bei der Betrachtung fällt auf, dass die soziokulturellen Shared Spaces, sowohl im kommerziellen als auch gemeinschaftlichen Bereich des Teilens die holistischsten Konzepte haben und somit auch am nachhaltigsten aufgestellt sind. Gemeinschaftlich-vermittelnde Shared Spaces, wie das Nachbarschaftshaus Urbanstraße sind dafür etwas sozialer ausgeprägt. Und das kommerziell/gemeinschaftlich-vermittelnde CRCLR House ist das Projekt mit dem konkretesten Nachhaltigkeitsthema.

Abschließend gilt es aber zu betonen, dass durch diese Betrachtung nur in Ansätzen gezeigt werden konnte, wie unterschiedliche Motivationen und Organisationsformen die Förderung von Nachhaltigkeit unterstützen. Sicherlich ist es deshalb auch etwas verfrüht, hier allgemeingültige Aussagen zu treffen. Was die Ergebnisse aber zulassen, ist die Interpretation, dass mit unterschiedlichen Herangehensweisen, Grundwerten oder Zielvorstellungen wiederum unterschiedliche Formen des Teilens zustande kommen und somit auch unterschiedliche Aspekte von Nachhaltigkeit bedient werden. Shared Spaces fördern demnach Nachhaltigkeit durch ihre Unterschiedlichkeit.

6. TEIL
REFLEXION & AUSBLICK

Zu Beginn des Projektes war die Begriffsauswahl für die von der Forschungsgruppe untersuchten Orte schwierig. Während der Literaturrecherche kamen viele unterschiedliche Begrifflichkeiten auf, die oftmals durchaus Gemeinsamkeiten aufwiesen, sich jedoch in kleinen Aspekten immer wieder unterschieden. Aufgrund dieser Problematik entschloss sich die Forschungsgruppe einen eigenen Begriff zu kreieren und definieren. Dies war für das weitere Vorgehen erforderlich.

Ebenfalls sehr wichtig war die Anwendung des Sharing Paradigm. Hierdurch konnte zu Beginn des Forschungsprozesses eine Differenzierung der zu untersuchenden Projekte hergestellt werden und somit eine adäquate Auswahl getroffen werden. Rückblickend erwies sich das Sharing Paradigm jedoch nicht als optimal für die Untersuchungen. Im Zuge der Auswertung der Interviews wurde deutlich, dass eine klare Zuordnung der Projekte in die einzelnen Quadranten schwierig ist, da die Eigenschaften der Projekte sich in mehreren Quadranten wiederfinden und die Übergänge fließend und vage definiert sind.

Das parallele Entwickeln zweier unterschiedlicher Leitfäden für die Experteninterviews erwies sich als äußerst hilfreich. Zum einen konnte man durch die Abgrenzung in Praxis- und Metapartner zwei verschiedene Perspektiven auf die Thematik gewinnen. Zum anderen sorgten die Leitfäden für eine thematische Eingrenzung und sicherten somit eine gewisse Struktur und Vergleichbarkeit der verschiedenen Projekte, was bei der späteren Auswertung mit Hilfe des thematischen Kodierens äußerst wichtig war.

Die Auswahl bzw. Definition passender Indikatoren zur Messung der Nachhaltigkeit stellte sich als weitere Schwierigkeit heraus. Die Projektgruppe versuchte mit Hilfe einer sogenannten „Nachhaltigkeitsspinne" die Aussagen der Interviewpartner zu den einzelnen Dimensionen zu zu vergleichen. Hierbei wurden die einzelnen Dimensionen jeweils in vier Punkte untergliedert. Basierend auf diesen Punkten wurde ausgewertet, wie stark die Projekte jeweils in den drei Dimensionen aufgestellt sind. Allerdings entstand hier das Problem, dass sich die verschiedenen Punkte auf unterschiedliche Ebenen der Nachhaltigkeit beziehen. Sie zielen teilweise auf die untersuchten Projekte selbst, teilweise auf die direkte Nachbarschaft und teilweise auf den gesamten Stadtteil ab. Somit sind innerhalb der „Nachhaltigkeitsspinne" verschiedene Größenordnungen vorhanden. Deshalb ist es fraglich, ob dieses Vorgehen eine ausreichende Transparenz aufweist und somit ein fundiertes Ergebnis liefern kann.

Aus diesen Gründen wäre für zukünftige Forschungen vermutlich eine andere Methodik zur Messung von Nachhaltigkeit von Vorteil, obwohl die Messung von Nachhaltigkeit stets eine Schwierigkeit darstellen kann. Eine klare Definition von Indikatoren kann hierbei sehr hilfreich sein. Weiter ist eine klare Definition der Begrifflichkeiten für zukünftige Forschungsprojekte, die sich mit geteilten Räumen im urbanen Kontext auseinandersetzen dringend nötig. Eine Analyse, Definition und Abgrenzung bestehender Begrifflichkeiten könnte

Gegenstand zukünftiger Untersuchungen sein.

Eine höhere Quantität im Sinne von mehr untersuchten Projekten hätte die Validität der Ergebnisse erhöht. Die Ergebnisse des Forschungsprojekt bieten einen guten Überblick über das Potenzial und die Eigenschaften von Shared Spaces. Eventuelle Anschlussforschungen könnten diese Erkenntnisse weiter vertiefen. So könnten beispielsweise die in den Projekten entstehenden Synergieeffekte tiefer gehend untersucht werden. Die fokussierte Analyse einer Nachhaltigkeitsdimension wäre ein weiteres Thema für zukünftige Forschungen, genauso wie die bereits genannte Analyse, Definition und Abgrenzung bereits bestehender Begrifflichkeiten. Weiter könnte auch die Untersuchung von Transformationsprozessen im urbanen Kontext in Bezug auf deren Motoren Gegenstand zukünftiger Arbeiten sein.

Das Forschungsfeld rund um Shared Spaces ist sehr weit und noch wenig untersucht, weshalb es viel Raum für weitere Forschungen bietet.

QUELLEN- UND LITERATURVERZEICHNIS

PRINT

Ampatzidou, C., Bouw, M., Klundert, F. van de, Lange, M. de, Waal, M. de (2014): The hackable city: a research manifesto and design toolkit. Amsterdam: Knowledge Mile.

Bach, V., Schneider, L., Berger, M., Finkbeiner, M. (2014): Methoden und Indikatoren zur Messung von Ressourceneffizienz im Kontext der Nachhaltigkeit. Recycling und Rohstoffe, 7, 87-101.

Baier, A., Müller, C., Werner, K., Kerber, I. (2013): Stadt der Commonisten: Neue urbane Räume des Do it yourself. Bielefeld: Transkript.

Belk, R. (2010): Sharing: Journal of Consumer Research 36 (5), 715 - 734.

Breuer, B. (2013): Ziele nachhaltiger Stadtquartiersentwicklung: Querauswertung städtebaulicher Forschungsfelder für die Ableitung übergreifender Ziele nachhaltiger Stadtquartiere. Bonn: BBSR.

Buttenberg, L., Overmeyer, K., Spars, G. (Hg.) (2014): Raumunternehmen: Wie Nutzer selbst Räume entwickeln. Berlin: Jovis Verlag.

Flick, U. (2007): Qualitative Sozialforschung. Eine Einführung. Hamburg: Rowohlt Verlag.

Haubold, D. (1999): Nachhaltige Stadtentwicklung und urbaner öffentlicher Stadtraum. BIS Verlag.

Lietzmann, H. J., Ehlers, A. (2014): Teilhabe, In: Buttenberg, L., Overmeyer, K., Spars, G.(Hg.) (2014): Raumunternehmen: Wie Nutzer selbst Räume entwickeln. Jovis Verlag Berlin.

McLaren, D., Agyeman, J. (2015): Sharing Cities: A Case for Truly Smart and Sustainable Cities. Urban and Industrial Environments Verlag.

Meuser, M., Nagel, U. (2005): ExpertInneninterviews - vielfach erprobt, wenig bedacht. Ein Beitrag zur qualitativen Methodendiskussion. In: Bogner, A., Littig, B., Menz, W. (Hrsg.): das Experteninterview. Theorie, Methode, Anwendung. 2. Auflage. Wiesbaden: VS Verlag für Sozialwissenschaften, 71-93.

Müller, C. (2011): Guerilla Gardening und andere Strategien der Aneignung des städtischen Raums. Eigensinnige Geographien, 281-288.

Niclas, B. (2009): Funktional geplant: Der Versuch der Realisierung der Charta von Athen in Chandigarh und Brasilia. Carl von Ossietzky Universität Oldenburg.

Pfadenhauer, M. (2005): Auf gleicher Augenhöhe reden. Das Experteninterview – ein Gespräch zwischen Experte und Quasi-Experte. In: Bogner, A., Littig, B., Menz, W. (Hrsg.): Das Experteninterview. Theorie, Methode, Anwendung. 2. Auflage. Wiesbaden: VS Verlag für Sozialwissenschaften, 113-130.

Ring, K. (2013): Senatsverwaltung für Stadtentwicklung und Umwelt Berlin (Hg.). Selfmade City. Berlin: Jovis Verlag.

Schmidt, S., Ibert, O., Kuebart, A., Kühn, J. (2016): Open Creative Labs in Deutschland. Typologisierung, Verbreitung und Entwicklungsbedingungen. Erkner: Leibniz-Institut für Raumbezogene Sozialforschung.

Siebel, W. (2015): Die Stadt als Schule des Möglichkeitssinns und die Räume des Übergangs. In: Forum Stadt 4 / 2015 42. Jg.

Stadt Zürich (2012): Grundlagen für ein strategisches und handlungsleitendes Prinzip «Suffizienz» als Element der nachhaltigen Entwicklung in der Stadt Zürich.

WGBU - Wissenschaftlicher Beirat der Bundesregierung Globale Umweltveränderungen (2016): Hauptgutachten – Der Umzug der Menschheit: Die transformative Kraft der Städte. Berlin: WGBU.

Ziehl, M., Oßwald, S., Hasemann, O., Schnier, D. (Hg.) (2012): Second Hand Space: Über das Recyceln von Orten im städtischen Wandel. Berlin: Jovis Verlag.

ONLINE

Exrotaprint gGmbH (2017): ExRotaprint. URL: http://www.exrotaprint.de/, zuletzt aufgerufen am 05.09.2017.

Leibniz-Institut für Raumbezogene Sozialforschung e.V. (2017): Leibniz IRS. URL: https://leibniz-irs.de/, zuletzt aufgerufen am 06.09.2017.

Lindenberg, N., Pöll, C. (2014): Impact Investing: Nischenlösung mit Potenzial?. Deutsches Institut für Entwicklungspolitik (DIE). URL: https://www.die-gdi.de/die- aktuelle-kolumne/article/impact-investing-nischenloe-sung-mit-potenzial/, zuletzt aufgerufen am 06.09.2017.

Nachbarschaftshaus Urbanstraße e.V. (2017): Leitbild. URL: http:// www.nachbarschaftshaus.de/verein/leitbild/, zuletzt aufgerufen am 06.09.2017.

Senatsverwaltung für Stadtentwicklung und Umwelt (2017): Agenda 21. URL: http://www.stadtentwicklung.berlin.de/agenda21/, zuletzt aufgerufen am 06.09.2017.

Senatsverwaltung für Stadtentwicklung und Umwelt (2017): Berliner Nachhaltigkeitsprofil. Berliner Potenziale und Begabungen für die nachhaltige Entwicklung nutzen. URL: http://www.stadtentwicklung.berlin.de/planen/foren_initiativen/ nachhaltige_stadtent-wicklung/download/Berliner-Nachhaltigkeitsprofil- barrierefrei.pdf/, zuletzt aufgerufen am 06.09.2017.

Stiftungsgemeinschaft anstiftung & ertomis gemeinnützige GmbH (2017): Anstiftung. URL: https:// anstiftung.de/, zuletzt aufgerufen am 06.09.2017.

URBAN CATALYST GmbH (2017): Urban catalyst. URL: http://www.urbancatalyst-studio.de/de/aktuell.html/, zuletzt aufgerufen am 06.09.2017.

ABBILDUNGEN

Abbildung 1: Sharing Paradigm
Eigene Darstellung adaptiert nach McLaren, D., Agyeman, J. 2015, 15.

VERHALTENSVERÄNDERUNG ZU GUNSTEN DER UMWELT

Welche Handlungsempfehlungen führen bei Lebensereignissen zu einer Verhaltensveränderung zu Gunsten der Umwelt - am Beispiel von Potsdam?

AUTOR*INNEN

Sebastian Gütte
Judith Lenz
Nadine Neidel

INTERVIEWPARTNER*INNEN

Ronald Benke
Mitarbeiter für Stadtentwicklung und Stadtplanung der Stadt Frankfurt (Oder)

Gregor Heilmann
Referent der Geschäftsführung ProPotsdam - Wohnungsunternehmen in Potsdam

Marlies Hopf
Leiterin eines Energiesparprojektes der Verbraucherzentrale Brandenburg e.V.

Dr. phil. Melanie Jaeger-Erben
Wissenschaftliche Mitarbeiterin der Technische Universität Berlin, im Forschungsprojekt: „Lebensereignisse als Gelegenheitsfenster für eine Umstellung auf nachhaltige Konsummuster"

Dr. habil. Fritz A. Reusswig
Potsdam-Institut für Klimafolgenforschung, Konsortium Masterplankonzept

Dr. Karin Sadowski
Abteilungsleiterin Marketing der Stadtwerke Potsdam

Tilo Wolf
Assistent der Geschäftsführung der ViP-Verkehrsbetriebe Potsdam, Fachgebiet Elektro-Mobilität

1. TEIL

EINLEITUNG

„Die Beweisaufnahme im Indizienprozeß ist abgeschlossen. Der Täter ist überführt - der Mensch verändert das globale Klima. Jetzt können wir noch das Strafmaß - das Ausmaß an Schäden beeinflussen."

(Hans Joachim Schellnhuber, deutscher Klimaforscher)

Städte besitzen in Anbetracht des globalen Klimaschutzes eine tragende Rolle für die Zukunft der Menschheit, wobei neben städtischen Akteuren oder Akteuren auf Landes- und Bundesebene auch die Zivilgesellschaft ein wichtiger Treiber für den Klimaschutz ist. Eine Forschungsgruppe des Masterstudienganges Urbane Zukunft an der Fachhochschule Potsdam hat sich aus diesem Grund mit den Potentialen von Einsparungsmöglichkeiten privater Haushalte in der Stadt Potsdam auseinandergesetzt. Ziel des Forschungsvorhabens ist es, Handlungsempfehlungen an Akteure der Stadt zu richten, die die Bevölkerung von Potsdam zu einem niedrigeren Energie- und CO2- Emissionen-Verbrauch führen sollen. Damit einhergehend wurden Lebensereignisse als „Gelegenheitsfenster" betrachtet, bei denen aus umweltpsychologischer Sicht, die Bereitschaft, das Verhalten zugunsten der Umwelt zu überdenken, erhöht ist. Das Forschungsvorhaben wurde methodisch durch Interviews und Szenarioanalysen durchgeführt, um die Handlungsempfehlungen zu formulieren, wissenschaftlich zu reflektieren und grafisch abzubilden.
Im Rahmen der Forschung hat die Auseinandersetzung mit folgender Forschungsfrage stattgefunden:

Welche Handlungsempfehlungen führen bei Lebensereignissen zu einer Verhaltensveränderung zu Gunsten der Umwelt - am Beispiel von Potsdam?

Dieser Abschlussbericht gliedert sich in drei Abschnitte. Zu Beginn werden die wissenschaftlichen Grundlagen, die aus der Theorie und Praxis gewonnen wurden, erläutert. Dabei konzentrieren wir uns auf die Stadt Potsdam und das Klimaschutz-Förderprogramm, die Masterplankommune, der methodologische Ansatz vorgestellt und die umweltpsychologischen Betrachtungen in diesem Forschungsansatz erläutert. Auf weitreichende Erläuterungen des Themenspektrums globaler und lokaler Klimaschutz wird an dieser Stelle verzichtet und ausschließlich gezielt bei den jeweiligen Handlungsempfehlungen eingegangen. Der zweite Part besteht aus drei Handlungsempfehlungen aus den Bereichen Wohnen, Konsum und Mobilität, die an unterschiedliche städtische Akteure gerichtet sind. Zuletzt werden die Ergebnisse der Forschung zusammengetragen, weitere Potentiale und Schlüsselfaktoren, auf die nicht eingegangen wurde, erläutert und die Forschungsarbeit reflektiert.

2. TEIL

WISSENSCHAFTLICHE GRUNDLAGE

Der globale Klimaschutz umfasst ein äußerst komplexes System aus unterschiedlichsten Faktoren, die relevant für den Erhalt der Umwelt und des Klimas sind. Dabei können diverse Handlungsfelder, wie beispielsweise die Luftverschmutzung, Wasserverschmutzung, die Biodiversität usw. betrachtet werden. Je Handlungsfeld spielen verschiedene Indikatoren, wie Treibhausgase, Bakterien, Tierarten oder Niederschlag, wiederum eine relevante Rolle. Das Ausmaß und die Wechselwirkungen vieler Faktoren ist enorm. Aus diesem Grund fokussiert sich die Forschungsarbeit auf das Themengebiet der CO2- Emissionen und die damit einhergehende Energienutzung.

„Städtische Räume spielen [...] eine Schlüsselrolle, denn sie sind etwa für 70% der globalen Energienutzung und der globalen energiebedingten CO2- Emissionen verantwortlich."

(WBGU 2016: 73)

Besonders die globalen Auswirkungen sind im Vergleich zu lokalen Problemen weniger deutlich sichtbar und zeigen meist eine verzögerte Wirkung (vgl. WBGU: 69). Aus diesem Grund ist vor allem das Umweltbewusstsein und Verständnis für die komplexen Zusammenhänge im globalen Klimaschutz ein besonders wichtiger Baustein, um zu einem umweltschützenden Verhalten zu gelangen.

„Sollte die globale Bevölkerung bis 2050 auf 9 Mrd. (Prognose UN DESA, 2014) oder mehr anwachsen, könnte allein der Aufbau der neuen, zum großen Teil urbanen Infrastrukturen rund 470 Gt CO2- Emissionen verursachen. Das entspricht fast der Hälfte der insgesamt noch tragbaren Emissionen, wenn die 2°C-Leitplanke eingehalten werden soll."

(ebd.)

Die aus dem WBGU stammende Feststellung soll an dieser Stelle exemplarisch die Notwendigkeit und Dringlichkeit der Thematik hervorheben. Betrachtet man den ökologischen Fußabdruck urbaner Räume, steigt dieser mit dem Entwicklungsgrad und Urbanisierungsgrad steil an (vgl. WBGU: 70). Die Prognosen für Potsdam zeigen einen weiterhin stetigen Zuzug und damit einhergehendes weiteres städtischen Wachstum an, was mit einem höheren ökologischen Fußabdruck einhergeht (vgl. Amt für Statistik Berlin-Brandenburg 2015).

Folglich ist die verstärkte Auseinandersetzung mit dem Klimaschutz in Bezug auf lokale und globale Auswirkungen für die Stadt Potsdam unabdingbar. Wissenschaftlich betrachtet muss eine **Transformation der Städte zur Nachhaltigkeit** stattfinden. Besonders die wirtschaftliche Entwicklung und zunehmende Urbanisierung verschärfen vor allem lokale Umweltprobleme (vgl. WBGU: 71). Das ist unter anderem der Anlass für die Zielsetzung der Stadt Potsdam, bis 2050 klimaneutral zu werden.

2°C-Leitplanke:
Die planetarische Leitplanke stellt ein Konzept dar, bei dem eine Erhöhung der globalen gemittelten Temperatur um mehr als 2° C gegenüber dem vorindustriellen Wert verhindert werden soll.

Transformation der Städte zur Nachhaltigkeit:
Mit der Transformation der Städte zur Nachhaltigkeit, auch urbane Transformation zur Nachhaltigkeit genannt, ist die Übertragung von fundamentalen Änderungen der urbanen Landnutzungs-, Energie- und Transportsysteme gemeint, da die globale Transformation ohne einen Beitrag der Städte nicht möglich ist.

KLIMASCHUTZ: POTSDAM UND DIE MASTERPLANKOMMUNE

Potsdam hat sich, als einzige Kommune Brandenburgs, mit insgesamt 22 anderen Kommunen in Deutschland qualifiziert, an dem geförderten Modellprojekt Masterplan 100% Klimaschutz des Bundesumweltministeriums teilzunehmen. Ziel ist es, die Treibhausgas-Emissionen im Vergleich zu 1990 um 95% sowie die Endenergie um 50% zu senken. In der ersten Phase des Projektes wurde ein Gremium aus Experten und Expertinnen zusammengestellt, das einen Masterplan erarbeitet, der im September 2017 veröffentlicht wird. In diesem sollen Maßnahmen zur kurz-, mittel- und langfristigen Umsetzung erstellt werden. In der zweiten Phase sollen die Empfehlungen der Experten und ExpertInnen umgesetzt werden. Die Förderdauer des Projektes beträgt fünf Jahre.

Zentral für den Erfolg des Projektes ist hierbei „[...] der zivilgesellschaftliche Prozess zur Bewusstseinsbildung von Bürger*Innen sowie die Einbindung von lokalen Unternehmen und weiteren kommunalen Schlüsselakteuren" (BMUB, 2015).

Bis 2014 wurden bereits ca. 40 % Einsparungen an Treibhausgas-Emissionen erreicht. Hauptursachen für den Rückgang sind die Umrüstung des Heizkraftwerks der Energie und Wasser Potsdam GmbH (EWP) Mitte der 1990er Jahre, die Gebäudesanierung der vergangenen 20 Jahre und zum kleineren Teil eine Reduktion im Kraftstoffverbrauch. 2014 sank die Pro-Kopf-Emission bereits unter ca. 5 Tonnen. „Das langfristig angestrebte Klimabündnisziel von 2,5 Tonnen bis 2050 erscheint mittlerweile vorstellbar und erreichbar" (Potsdam 2014: 16).

Das Ziel des Masterplans, „[...] ca. 0,5 Tonnen je Einwohner, bedeutet hingegen eine nahezu komplette Abkehr von der Erzeugung von Treibhausgasemissionen."

(ebd.)

Anteile der Sektoren am Treibhausgasausstoß 2014

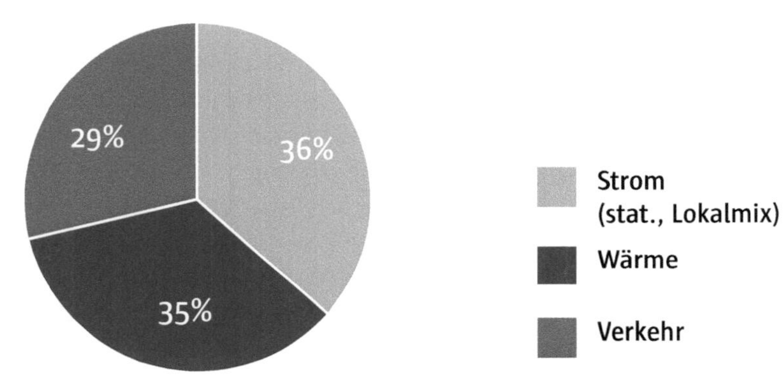

Abbildung 1: Anteile der Sektoren am Treibhausgasausstoß 2014
Eigene Darstellung adaptiert nach Klimaschutzbericht Potsdam 2014

In Zukunft liegen die größten Potenziale für weitere Reduktionen in der weiteren Gebäudesanierung, Einsparungen im Verkehrsbereich, der Integration von Fernwärme und erneuerbaren Energien, der integrierten Planung auf Quartiersebene und nicht zuletzt im Erhalt und der Renaturierung von Grün- und Moorflächen in Potsdam. Diese Maßnahmen haben jedoch einen Zeithorizont bis ca. 2030 und genügen allein nicht, um die Ziele zu erreichen. Dafür sind zum einen ineinandergreifende Maßnahmen auf Bundes- und Landesebene nötig, zum Beispiel die Anpassungen im Sanierungsrecht und praktikable Förderung des sozialen Wohnraums. Gerade die aktuellen baulichen Maßnahmen der Stadt Potsdam, die CO2- Belastung zu senken, wird von einigen Bewohner*innen als eher nachteilig betrachtet. Viele verbinden mit der Reduzierung der Treibhausgas-Emissionen negative Aspekte, bespielweise in Form von persönlichen Einschränkungen. Als Beispiel steht hier die Zeppelinstraße in Potsdam, die für den Autoverkehr einspurig verengt wird. Dieser Straßenumbau soll so zur Reduzierung der Treibhausgasbelastung beitragen. Grund ist die Grenzwertüberschreitung der gesundheitsschädlichen Luftschadstoffe. Wichtig sind daher die Einbindung der Bevölkerung durch Beteiligungsmodelle und wissensvermittelnde Maßnahmen zum Klimaschutz (vgl. Interview Fritz Reusswig).

Energieverbrauch gesamt, gegliedert nach Bereichen

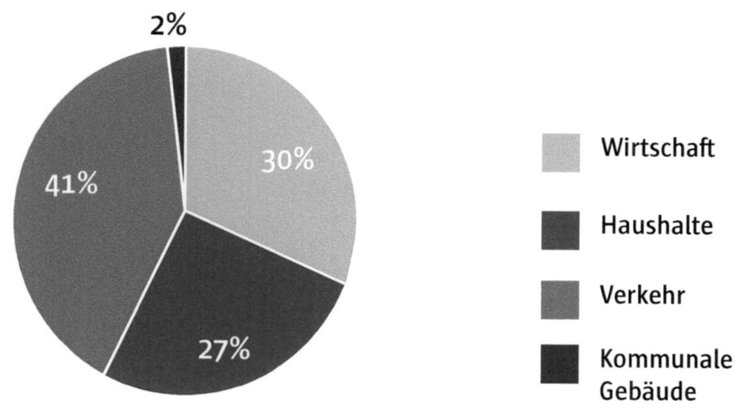

Abbildung 2: Energieverbrauch gesamt, gegliedert nach Bereichen
Eigene Darstellung adaptiert nach ECO-Region

Insbesondere Abbildung 2, bei der der Energieverbrauch nach Bereichen in Potsdam aufgeteilt dargestellt ist, zeigt deutlich, dass die privaten Haushalte 1/3 des gesamten Energieverbrauchs ausmachen. Die Aktivierung der privaten Haushalte ist wichtig bei der Umsetzung der gesetzten Ziele zur Reduzierung der Treibhausemissionen. Dieser Punkt hebt die Relevanz und die Möglichkeit der Bevölkerung von Potsdam hervor, einen Beitrag für den Klimaschutz leisten, auch wenn durch technische und finanzielle Rahmenbedingen Grenzen bei der Energieeinsparung gesetzt werden.

METHODOLOGISCHER ANSATZ

Als wissenschaftliche methodische Grundlagen für diese Arbeit wird das Leitfadengestütze Interview und die Szenarioanalyse genutzt. Mit Hilfe dieser beiden Techniken wurden Handlungsempfehlungen und Maßnahmen bezugnehmend auf die Forschungsfrage erstellt.

Szenarioanalyse

Die Szenarioanalyse ist eine Methode zur möglichen Darstellung von potentiellen Zukunftsentwicklungen. „[...] die Arbeit mit Szenarien oder Szenarios gehört zu den zentralen und verbreitetsten Methoden der Zukunftsforschung“ (Kosow, Gaßner 2008: 6). Sie dient zur Reflektion der Handlungsempfehlungen und sind für die Identifizierung relevanter Parameter von Bedeutung.

Für die Szenariomethodik gibt es eine große Anzahl an Definitionen, da sie in der Zukunftsforschung auf verschiedenste Themen angewendet wird. Einigkeit besteht darin, dass mit dieser Methode der Verlauf eines Prozesses sowie ein potentiell zukünftiger Zustand aufgezeigt werden kann“(ebd., S. 10-11). „Im Unterschied zu einem Zukunftsbild, das lediglich einen hypothetischen zukünftigen Zustand darstellt, beschreibt ein Szenario auch die Entwicklungen, Dynamiken und treibenden Kräfte, aus denen ein bestimmtes Zukunftsbild resultiert” (ebd.). Es werden keine exakten Zukunftsprognosen erstellt, der Fokus soll gezielt auf bestimmte Bereiche im Hier und Jetzt gerichtet werden. Deshalb werden bei dieser Methode bestimmte Aspekte und Ereignisse absichtlich berücksichtigt oder nicht berücksichtigt. Es handelt sich also um einen hypothetischen Aufbau, der mittels Daten zur Annahme von diversen möglichen oder erhofften Zukunftsentwicklungen erstellt wird (vgl. ebd.).

Das Trichtermodell in der Szenario-Analyse

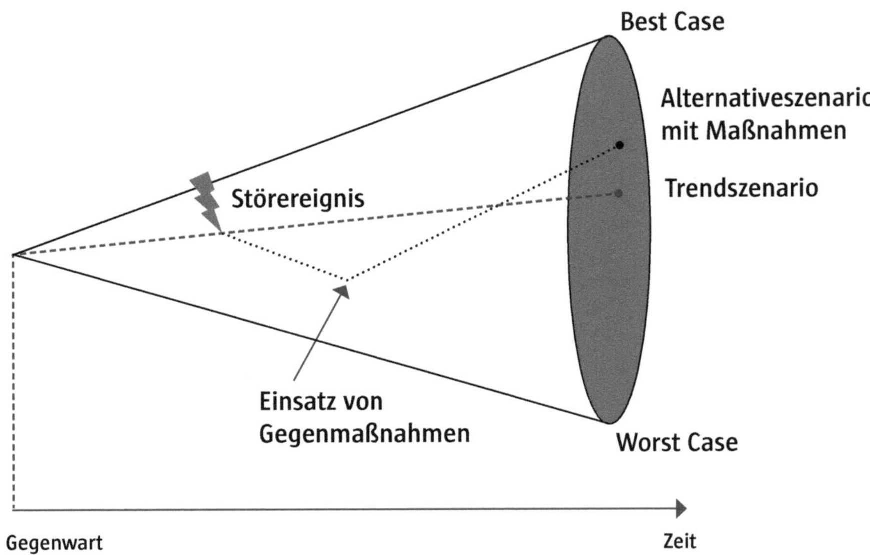

Abbildung 3: Das Trichtermodell in der Szenario-Analyse
Eigene Darstellung adaptiert nach Becker, H. E. (2017)

Zur Darstellung von Szenarien wird das Trichtermodell (Abbildung 3) verwendet. Dieses stellt den Blick von der Gegenwart auf die Zukunft dar. Je größer die Zeitspanne zwischen der Gegenwart und der Zukunft ist, desto mehr spannt sich der Trichter auf, der die diversen möglichen Zukunftsentwicklungen aufzeigen soll. Je weiter man die Zeitspanne streckt, desto umfangreicher aber auch unschärfer werden die möglichen zukünftigen Spielräume. Es gilt, die sinnvollste Darstellung herauszuarbeiten. Es gibt unzählige mögliche Prognosedarstellungen, dennoch ist es sinnvoll, individuell die passende Darstellungsform auszuwählen. Dadurch wird die Darstellung der Szenarien verständlicher und überschaubarer. So werden z.B. Best-Case-Szenario (die bestmögliche Entwicklung), Worst-Case-Szenario (die negativste Entwicklung) oder das Trendszenario (zukünftiger Verlauf der derzeitigen Situation) dargestellt (vgl. Becker 2017).

Für die Szenarioanalyse gibt es verschiedene Herangehensweisen, welche auf unterschiedlicher Basis beruhen. In der Regel werden für den Zeitverlauf vier Phasen angenommen, wie auch bei diesem Forschungsvorhaben.

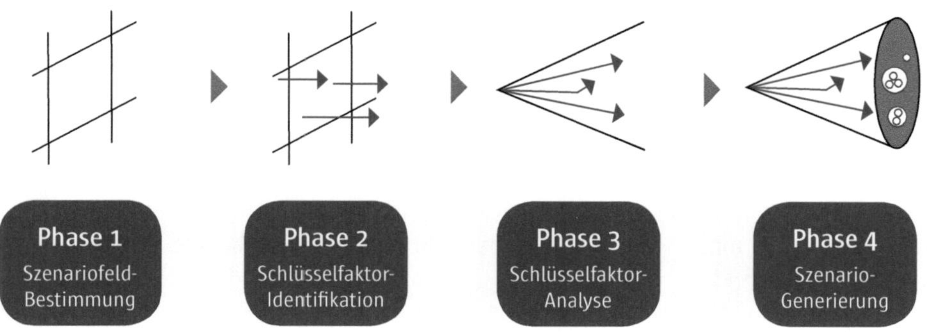

Abbildung 4: Phasen des Szenarioprozesses
Eigene Darstellung

1. Phase Szenariofeld-Bestimmung

In der ersten Phase wird definiert, was genau untersucht werden soll – der Fokus wird festgelegt. Welche Probleme stehen im Vordergrund und was genau soll thematisiert werden? Es werden bestimmte Bereiche ausgegrenzt und sich auf einen zentralen Mittelpunkt konzentriert (vgl. Kosow, Gaßner 2008).

2. Phase Schlüsselfaktoren-Identifikation

Die bedeutendsten Aspekte sind die Schlüsselfaktoren, die in Form von Größen und Kennzahlen festgelegt werden. „Schlüsselfaktoren sind diejenigen Variablen, Parameter, Trends, Entwicklungen und Ereignisse, die im weiteren Verlauf des Szenarioprozesses zentral betrachtet werden“ (Kosow, Gaßner 2008: 21).

3. Phase Schlüsselfaktor-Analyse

In dieser Phase öffnet sich der Szenariotrichter. Die Faktoren werden im Vorhinein gegeneinander abgewogen, um später Schlüsselfaktoren zu analysieren und mögliche zukünftige Auswirkungen zu untersuchen. Aus den Schlüsselfaktoren werden alternative Möglichkeiten für die Zukunft erstellt (vgl. ebd.).

4. Phase Szenario-Generierung

In diesem Schritt werden durch die Kombination der Schlüsselfaktoren verschiedene Szenarien herausgearbeitet. Die Szenarien werden dann miteinander verglichen und deren Wahrscheinlichkeiten analysiert. Darauf aufbauend werden mögliche Maßnahmen und Handlungsempfehlungen erstellt (vgl. dbv 2015).
Anhand dieser vier Schritte werden letztlich die Szenarien erstellt.

Eigenschaften von Szenarien

„Szenariotechniken werden in der Literatur häufig grundsätzlich in explorative und normative Verfahren unterteilt“ (Kosow, Gaßner 2008: 24). Sie können ebenfalls qualitativ oder quantitativ charakterisiert werden.

Explorative Szenarien sollen mögliche zukünftige Ereignisse beschreiben, wobei deren Wünschbarkeit ungeachtet bleibt. „Was-wäre-wenn“-Fragen werden hier in den Mittelpunkt gestellt. Aus der Gegenwart heraus wird ein Ereignis untersucht und verschiedene Zukunftsentwicklungen dargestellt (vgl. Dirks 2012).

Zentraler Punkt der normativen Szenarien hingegen ist die Wünschbarkeit. „Wie soll die Zukunft sein?“, „Wo wollen wir hin?“ und „Wie kommen wir dahin?“. Anders als bei den explorativen Szenarien werden hier von der Zukunft in die Gegenwart Entwicklungen dargestellt. Sie haben die Funktion der Zielbildung und Strategieentwicklung (vgl. Kosow, Gaßner 2008: 24).
Szenarien können einen qualitativen oder quantitativen Charakter besitzen. Es kommt darauf an, welche Daten

gebraucht werden und welche zur Verfügung stehen. Es „[...], werden unterschiedliche Analyseinstrumente zur Identifikation und Analyse von Schlüsselfaktoren und unterschiedliche Verfahren zur Generierung von Szenarien eingesetzt“ (ebd.).

Für quantitative Szenarien werden statistische Daten zugrunde gelegt, die bearbeitet werden, um zukünftige Entwicklungen quantifizierbar zu machen. Die „[...] feste Definition einer reduzierten Anzahl von Faktoren [...] ist ausschlaggebend für die Wahl der Schlüsselfaktoren“ (ebd., S. 25).

Qualitative Szenarien hingegen beruhen auf narrativ-literarischen Verfahren. Die Wahl der Schlüsselfaktoren erfolgt aufgrund einer „[...] inhaltlich-sinnhaften Betrachtung von Details und Nuancen ohne strenge Auswahl von Faktoren [...]“ (ebd.).

Aufgrund der zunehmenden Unsicherheiten bei der Fortschreibung quantitativer Daten im Zeitverlauf bietet sich die entsprechende Methode vor allem für Untersuchungen mit einem kurz-bis mittelfristigen Zeithorizont, die qualitativ literarische Methode hingegen eher für Untersuchungen mit einem langfristigen Zeithorizont an (vgl. ebd.).

Bei den Referenz-Szenarien verändern sich die **Parameter** der Gegenwart nicht. Hier wird die derzeitige Entwicklung in die Zukunft projiziert ohne Veränderungen vorzunehmen. Es soll dargestellt werden, wie sich die Zukunft ohne veränderte Maßnahmen entwickelt. Referenz-Szenarien dienen auch als Vergleichsinstrument, mit Szenarien, die an Handlungsempfehlungen und Maßnahmen orientiert sind (vgl. ebd.).

Warum Szenarioanalyse?

Die Szenarioanalyse wird genutzt, um Zukunftsszenarien zur Energieeinsparung in Potsdam aufzuzeigen. Es werden alternative Zukunftsentwicklungen dargestellt und miteinander verglichen. Bei der Analyse können Prognosen und Strategien zur nachhaltigen Entwicklung erstellt werden. Hierbei werden verschiedene Daten zu den drei Themenbereichen Mobilität, Konsum und Wohnen gesammelt. Auf Daten aufbauend soll sie verdeutlichen, warum die Handlungsempfehlungen notwendig sind und welche positiven Auswirkungen diese auf den CO_2 Verbrauch in Potsdam hätten. Das Ziel ist es, bei Lebensereignissen anzusetzen, bei denen eine potenzielle Veränderung im Verhalten zu Gunsten einer bestmöglichen CO_2- Einsparung besteht. In diesem Forschungsvorhaben finden explorative Szenarioanalysen statt, die auf Basis quantitativer Daten erstellt werden.

Leitfadeninterview

Anhand der Forschungsfrage - Welche Handlungsempfehlungen führen bei Lebensereignissen zu einer Verhaltensveränderung zu Gunsten der Umwelt am Beispiel von Potsdam? - und nach intensiver Recherche und Themeneingrenzung wurden die Experten und Expertinnen nach den drei Themenschwerpunkten Mobilität, Konsum sowie Wohnen für Interviews ausgewählt. Zunächst wurde definiert, welche Informationen benötigt werden und wer hierzu befragt werden könnte. Darauf aufbauend wurden dann geeignete Interviewpartner*Innen ausgewählt. Die Kontaktaufnahme erfolgte schriftlich sowie telefonisch, wobei die Thematik, das Interesse und Ziel des Interviews jeweils erläutert wurden. Insgesamt wurden neun Expert*Innen für ein Interview angefragt, von denen sieben zugesagt haben.

Parameter:
Unter Parametern sind in der Szenarioanalyse Faktoren zu verstehen, die Einfluss auf die Entwicklung der Szenarien haben. Beispielsweise können dies Bevölkerungsentwicklungsprognosen oder wirtschaftliche Trends sein.

Für den Themenbereich Mobilität wurden folgende Experten*Innen interviewt:

Ronald Benke
Mitarbeiter für Stadtentwicklung und Stadtplanung der Stadt Frankfurt (Oder)

Dr. habil. Fritz A. Reusswig
Potsdam-Institut für Klimafolgenforschung, Konsortium Masterplankonzept

Tilo Wolf
Assistent der Geschäftsführung der ViP-Verkehrsbetriebe Potsdam, Fachgebiet Elektro-Mobilität

Für den Themenbereich Konsum wurden folgende Experten*Innen interviewt:

Marlies Hopf
Leiterin eines Energiesparprojektes der Verbraucherzentrale Brandenburg e.V.

Dr. phil. Melanie Jaeger-Erben
wissenschaftliche Mitarbeiterin der Technische Universität Berlin im Forschungsprojekt: „Lebensereignisse als Gelegenheitsfenster für eine Umstellung auf nachhaltige Konsummuster"

Für den Themenbereich Wohnen wurden folgende Experten*Innen interviewt:

Gregor Heilmann
Referent der Geschäftsführung der ProPotsdam - Wohnungsunternehmen in Potsdam

Dr. Karin Sadowski
Abteilungsleiterin Marketing der Stadtwerke Potsdam

Aufgrund der Experteninterviews wurden neue Themenbereiche herausgearbeitet und das Forschungsvorhaben fokussiert. Durch die Expert*Innen wurden durchgeführte Maßnahmen und Strategien, sowie Erfolgsprojekte und erfolglose Projekte vorgestellt, die die Handlungsempfehlung maßgebend geformt haben, wobei Annahmen und Hypothesen hinterfragt und teilweise bestätigt wurden. Auf diese Weise wurden Handlungsbedarfe identifiziert, die in weitere Forschungsschritte eingeflossen sind.

Alle Teilnehmer*innen haben erläutert, wie wichtig und auch schwierig die Akzeptanz, Aktivierung und Partizipation durch die Bevölkerung sind, um erfolgreiche Projekte durchzuführen. Es ist ebenfalls deutlich geworden, wie schwierig es ist Menschen für die Teilnahme an Projekten, die sich mit der Klimaneutralität beschäftigen, zu gewinnen.

UMWELTPSYCHOLOGIE

Das Umweltbewusstsein in Deutschland wurde 2016 in einer gleichnamigen repräsentativen Bevölkerungsumfrage durch das Bundesministerium für Umwelt, Naturschutz, Bau und Reaktorsicherheit (BMUB) genauer untersucht und analysiert. Dabei ist eindeutig hervorgegangen, dass bei den Deutschen das „Problembewusstsein für Fragen des Umwelt- und Klimaschutzes gleichbleibend hoch" (BMUB 2017: 9) ist, trotz dass andere Herausforderungen, wie die Zuwanderungsströme, ebenfalls in den Mittelpunkt gerückt sind (ebd.)."

„[...] Drei Viertel der Befragten stimmen voll und ganz oder eher zu, dass unsere energie-, ressourcen- und abfallintensive Wirtschafts- und Lebensweise grundlegend umgestaltet werden sollte" (ebd.). Trotzdem ist das Umweltbewusstsein für viele Menschen eine Aufgabe für die Politik, die Städte, die Länder oder den Bund. Ergebnisse zeigen, dass sich immer mehr Menschen zwar **bewusster ernähren** oder Fleischkonsum reduzieren, trotzdem achtet beispielsweise nur jede oder jeder Vierte auf den nachhaltigen Lebensmittelkonsum. Ähnliche Ergebnisse hat diese Studie auch im Bereich der Mobilität ergeben.

> **„Fazit: Vielfältige neue Ansätze – aber eine Trendwende bei der Mobilität noch nicht in Sicht."**
>
> (ebd.,S.69)

Bewusste Ernährung:
Eine bewusste Ernährung beinhaltet die verstärkte Auseinandersetzung mit der gesamten Wertschöpfungskette eines Lebensmittels von der Rohstoffgewinnung bis zur Entsorgung.

Zusammengefasst beschreibt das BMUB, dass eine äußerste Dringlichkeit in Bezug auf die aktuellen Mobilitätstrends bestehen und dass ein Trendwandel stattfinden muss, um die deutsche Zielsetzung der Treibhausgasneutralität bis 2050 zu erreichen. Die Studie hat ergeben, dass die „Bevölkerung allerdings noch nicht so weit angekommen [ist], dass die Menschen schon heute ihr Mobilitätsverhalten von sich aus deutlich ändern würden" (ebd.). An dieser Stelle wird deutlich, dass eine Auseinandersetzung mit dem Bewusstsein des Menschen in Bezug auf seine Umwelt eine genauere Betrachtung bedarf. Mit diesen „[...] Wechselwirkungen zwischen individuellem Verhalten und den Veränderungen der natürlichen Umwelt sowie mit den Zusammenhängen zwischen dem Verhalten und psychischen Vorgängen" (Siebenhüner 1996: 26) befasst sich die Umweltpsychologie. Teil davon ist das Umweltbewusstsein, welches in der Wissenschaft unterschiedlich betrachtet wird. In der Sozialpsychologie gibt es jedoch mehrere Ansätze die vertreten, dass das Bewusstsein Werte, Einstellungen und Handlungen beeinflusst.

> **„In der Psychologie wird Umweltbewusstsein als allgemeine Einstellung konzipiert, die eine kognitive, affektive und konative Komponente bezüglich des Objekts „Umweltschutz" umfasst (z.B. Weigel & Weigel, 1978)."**
>
> (Fritsche et al. 2015: 20)

Nichtsdestotrotz spielt je nach theoretischem Ansatz das Bewusstsein oftmals nur bei der Abwägung von Verhaltensentscheidungen eine Rolle (vgl. Siebenhüner: 39).

Das Umweltverhalten der Menschen wird in der Regel in verschiedene Verhaltenstypen unterschieden, wobei mittlerweile Studien ergeben haben, dass häufig eine Verhaltensinkonsequenz vorkommt. Dabei entstehen teilweise schwache und sogar negative Korrelationen von Verhaltensweise. „D.h., eine Person kann sich in einem Bereich (z.B. Recycling) sehr umweltfreundlich verhalten, in einem anderen (z.B. Mobilität) hingegen sehr umweltschädlich" (Fritsche et al. 2015: 19). Theoretisch begründet wird dieses Verhalten einerseits durch das Abwägen von Kosten- und Zeiteinsparungen, geprägt durch die Normen und Werte der aktuellen Gesellschaftstrends, und andererseits wird die Theorie aufgestellt, dass manche Menschen auf Basis einer „[...] interne[n] Verhaltensbilanz [...]" (ebd.) entscheiden. Dementsprechend trennen sie beispielsweise den Müll, rechtfertigen damit aber mit einem guten Gewissen in den Urlaub mit dem Flugzeug fliegen zu können.

Suffizienz und simplifizierter Lebensstil

Ein weiterer Forschungszweig befasst sich in diesem Zusammenhang mit simplifizierten Lebensstilen, bei dem vor allem der **Suffizienzgedanke** im nachhaltigen Konsum eine wichtige Rolle spielt. Beim simplifizierten Lebensstil, einem freiwilligen Konsumverzicht, wird eine Lebensweise beschrieben, die mit einer Veränderung von individuellen Werten und Bedürfnissen einhergeht (vgl. Lukas 2014: 46). Ziel ist dabei durch einen minimalen bzw. simplifizierten Konsum Rohstoffverbrauch zu reduzieren.

Suffizienz: Suffizienz wird oft im Zusammenhang mit dem Begriff „nachhaltiger Konsum" gebraucht. Darunter wird die Selbstbegrenzung und Entschleunigung sowie das richtigen Maß an Konsum und Konsumverzicht verstanden.

„In früheren Zeiten entsprossen Krisen dem Mangel, heute entsprießt eine globale Krise dem Überfluss."

(Stengel 2011: 140)

Als wichtige Rahmenbedingungen gelten dabei ein Wandel von gesellschaftlichen Trends, bei dem Bedürfnisse nicht mehr über den privaten Konsum von Gütern befriedigt werden und die Etablierung einer gesellschaftlichen Akzeptanz. Dieser Lebensstil wird, wie auch das Umweltbewusstsein, vor allem durch Wissensvermittlung stark geprägt.

Lebensereignisse als Auslöser von Verhaltensveränderungen

Doch gerade alltägliche Verhaltensmuster zu verändern ist schwierig. Dabei spielen Gewohnheiten eine wichtige Rolle. Essentiell bei Routinen ist das unbewusste und habitualisierte Wissen, das meistens erst in Krisensituationen, die eine Veränderung der Gewohnheitsmuster notwendig machen, bewusst reflektiert wird (Christanell 2009: 41ff). Diese Krisensituationen können unter Umständen Lebensereignisse darstellen, die entweder normativ, biographisch geprägt sind, oder kritisch, unerwartet und bedrohlich wirken (vgl. Montada 2008). In dieser Situation werden zuvor alltäglich verwendete Verhaltensmuster gestoppt und reflektiert. Dabei besteht eine höhere Bereitschaft, das zuvor erlernte Verhalten zu überdenken und der Situation neu anzupassen. Als Beispiel kann der Auszug eines Kindes aus dem Familienhaushalt betrachtet werden. Durch den Auszug findet ein Wohnortwechsel statt, der das Kind dazu bewegen kann, die zuvor genutzten Fortbewegungsmittel zu überdenken und der Situation neu anzupassen. Diese Lebensereignisse können als Gelegenheitsfenster und Interventionsanlässe dienen, um bestehende Verhaltensmuster zugunsten der Umwelt zu verändern (vgl. Jäger-Erben 2010: 22-25).

Umweltpsychologie und Umweltbildung

Sowohl in der Praxis als auch in der Theorie wird jedoch die Wissensvermittlung bei der Bildung eines Umweltbewusstseins und einer damit einhergehenden Umweltverhaltensveränderung als essentieller Grundbaustein betrachtet.

In einer 2008 durchgeführten Studie („Lebensereignissen als Gelegenheitsfenster für eine Umstellung auf nachhaltige Konsummuster") an der Technischen Universität in Berlin wurden konkret Umbruchphasen bzw. biographische Prozesse, die auch Lebensereignisse sind, im Zusammenhang mit dem täglichen Konsum untersucht. Dabei wurde unter anderem auch wissensbasierte Beratungsaktion in Form einer Kampagne veranstaltet, die ebenfalls auch in der Forschung evaluiert wurde. Gerade diese Kampagne, wie auch eine andere Formen der Wissenvermittlungsangeboten, zeigen Erfolge im Zusammenhang der Verhaltensveränderung zu gunsten der Umwelt (vgl. Jäger-Erben 2010).

„Klimaschutz muss man nicht verstecken, (er) ist eine eigene Marke."

(Interview Fritz Reusswig 35:12 min)

Äußerst treffend hat auch Reusswig formuliert, dass der Klimaschutz der Bevölkerung vermittelt werden muss und nicht versteckt werden darf. Dabei zeigt die wissenschaftliche Auseinandersetzung den Bedarf, die Notwendigkeit und auch den Erfolg von Wissensbildung und -transfer.

Framing

Wissensvermittlung als essentieller Grundstein des Umweltbewusstsein wurde bereits erwähnt, hierzu zählen jedoch nicht nur das Aufzeigen von Faktenwissen und Systemzusammenhängen, sondern auch die bei der Kommunikation verwendete Sprache und der dazugehörige Deutungsrahmen. Der Begriff des Deutungsrahmens, im englischen als Framing bezeichnet, wurde erstmals Anfang des 20. Jahrhunderts durch Gregory Bateson definiert (vgl. Harries-Jones 1995). Er formuliert, dass bei der Kommunikation Informationen und Fakten übertragen werden. Diese kann das Gehirn nicht einfach verarbeiten, sondern setz diese mit weiteren Information und körperlichen Erfahrungen in Verbindung. Es bildet also einen Deutungsrahmen, um den Satz oder das Wort einordnen zu können. Neben der einfachen Verarbeitung der Wörter versetzt das Gehirn den Körper in eine Simulation, plant Bewegungsabläufe und schätzt mögliche Risiken ab (vgl. Wehling 2016). Dies wird als Embodied Cognition bezeichnet (vgl. Barsalou, 2008). Das prämotorische Zentrum im Gehirn simuliert mithilfe bereits getätigter körperlicher Erfahrungen beim Wort „Hammer" so die möglichen Interaktionen mit dem Gegenstand. Dazu gehören neben den Bewegungsabläufen des Arms auch etwaige bisherige Verletzungen, die durch falsche Handhabung entstanden sind und trainiert so unterbewusst, um ein geringeres Verletzungsrisiko zu erzielen. Zudem erzeugt das Gehirn neben Faktenwissen auch Bilder, Raum und Zeit, die im Zusammenhang mit dem Wort Hammer stehen. So erinnern uns Lieder an bestimmte Vergangenheiten und rufen Emotionen und Erinnerungen auf (vgl. Wehling 2016).

Diese Funktionsweise des Gehirns zeigt sich auch in unserem täglichen Verhalten. So wurden in einer Studie über Automatismen in sozialem Verhalten, Probandengruppen Texte zum Lesen gegeben. Der erste Text beinhaltete Wörte die Langsamkeit implizierten, aber nicht direkt angesprochen wurden, wie zum Beispiel: faltig, vergesslich, grau, sentimental. Der zweite Text wurde diesbezüglich neutral gehalten. Nach Abschluss des Experiments mussten die Probanden einem langen Korridor folgen, um zum Ausgang zu gelangen. Das Ergebnis: Die Personen der ersten Versuchsgruppe mit dem langsam implizierten Text benötigten auch deutlich länger für die Strecke (vgl. Bargh 1996). In den Handlungsempfehlungen dieser Forschungsarbeit geht es vor allem um die direkte Kommunikation. Das Thema des umweltbewussten Verhaltens ist dabei von zentraler Rolle. Bei den häufig verwendeten, typisch ökologischen Begriffen werden bei den angesprochenen Personen jedoch meist schwache oder negative Deutungsrahmen hervorgerufen. Dies betrifft beispielsweise die Wörter regenerative oder erneuerbare Energien, Klimawandel oder Erderwärmung, Klimaschutz oder Klimaverschmutzung (vgl. Wehling 2016).

Zur Erläuterung: Die Worte Erneuern oder Regenerieren erzeugen den Frame der vorangehenden Zerstörung. Zudem sind es Verben die eine Handlung voraussetzen. Sie implizieren: Die Energie wird nicht nur aus Zerstörung geschaffen, sondern wir müssen auch immerfort Arbeit aufwenden, was einen hohen Aufwand bedeutet und indirekt die Effektivität dieser Maßnahmen in Frage stellt. Alternativ wäre bereits sich erneuernde Energie besser zu verwenden, um zu symbolisieren, dass eine aktive Erneuerung nicht notwendig ist. Die Worte Klimawandel und Erderwärmung hingegen zeigen eine Verharmlosung der lebensbedrohlichen Erdveränderungen. Wandel an sich ist erstmal neutral, besser wäre hier bereits das Wort 'Klimaverschlechterung' (vgl. ebd.)

Das Wort 'Erwärmung' ist sogar erstaunlich positiv konnotiert. Wärme ist angenehm: Du hast mein Herz erwärmt. Er ist ein warmherziger Mensch. Dadurch freut man sich an kälteren Tagen förmlich auf die Erderwärmung. Hier wäre das Wort Erderhitzung eindringlicher gewählt (vgl. ebd.).

Die Verwendung des Wortes Verschmutzung signalisiert eine schnell zu behebende Lösung. Schmutz kann man leicht abwaschen. Verdrecken oder Besudeln wirken dahingehend eindringlicher. Hier wäre Umweltverseuchung auch ein besserer Ersatz. Schlussendlich ist ein komplexerer Frame der des Klimaschutzes. Hier wird signalisiert, dass das Klima geschützt werden muss. In einer klassischen Schutzsituation gibt es einen Täter, ein Opfer und einen Helden. Dass alle drei Rollen eigentlich durch den Menschen belegt sind, fällt in diesem Begriff außen vor. Grundsätzlich lässt sich in der sprachlichen Wortwahl klar erkennen, dass das Thema Umwelt- und Klimaverschlechterung stark verharmlost wird und dieser gedankliche Deutungsrahmen hervorgerufen wird. Denn Framing ruft nicht nur Deutungsrahmen hervor, sondern stärkt physikalisch die

Synapsen und somit den Frame. Das mangelnde Umweltbewusstsein kann somit zum Teil auch durch eine jahrzehntelange unpassende Wortwahl zu verantworten sein (vgl. ebd.).

Das Prinzip verdeutlicht, dass Sprache eine riesige Kiste mit Erfahrungen, Informationen und Emotionen im Gehirn zur Verfügung stellt, und je nach Wortwahl öffnen sich andere Optionen der Wahrnehmung. So müssen die Handlungsempfehlungen nicht nur konzeptionell gut ausgearbeitet werden, sondern auch einen verständlichen Deutungsrahmen erzeugen, um keine negative Haltung der Zielgruppe zu bewirken. Wie Fritz Reusswig diesbezüglich während des Interviews zur Situation in der Potsdamer Zeppelinstraße erläuterte:

> **„Verkehrsdosierung wegen Luftbelastung. Ich war immer froh, dass da nie stand, Verkehrsdosierung wegen Klimaschutz. Weil die Leute fluchen alle und dann fluchen sie [...] auf die Luftbelastung."**

(Interview Fritz Reusswig 15:00 min)

3. TEIL
HANDLUNGSEMPFEHLUNGEN

KONSUM

Die aktuell stetig wachsende Konsumnachfrage geht einher mit dem Anstieg von Ressourcen- und Energieverbrauch für die Produktion und Nutzung von Waren, die wiederum eine erhöhte Umweltbelastung zur Folge haben (vgl. Lukas et al., S. 100). Ziel ist bereits seit einigen Jahren eine „[...] nachhaltige Entwicklung als gesamtgesellschaftliche[n] Transformationsprozess [...]" (vgl. ebd.) anzustreben, um den Entwicklungen der letzten Jahrzehnte und aktuellen Prognosen nachhaltig entgegen zu wirken.

Der Konsum, insbesondere der Nahrungsmittelkonsum, besitzt in der heutigen sogenannten **Konsumgesellschaft** in verschiedensten Betrachtungen hohe Potenziale (vgl. Barlösius: 31). Dabei muss jedoch die „tägliche Ernährung als komplexes Wechselspiel zwischen individuellen Präferenzen und gesellschaftlichen Rahmenbedingungen [...]" (vgl. ebd.) betrachtet werden. Der Lebenszyklus von Produkten beginnt, wie in der folgenden Abbildung deutlich gemacht wird, bei der Rohstoffgewinnung bis zur Entsorgung. Betrachtet man in jeder einzelnen Phase die Wechselbeziehungen relevanter Faktoren des Produkts, wird ein weitgreifendes Geflecht aus unterschiedlichen sozialen, technischen, ökonomischen und ökologischen Bereichen deutlich.

Konsumgesellschaft:
Eine Gesellschaft, die bevorzugt Bedürfnisse durch den Konsum befriedigt, wird als Konsumgesellschaft zum teil kritisch beurteilt.

Lebenszyklus eines Produktes entlang der Wertschöpfungskette

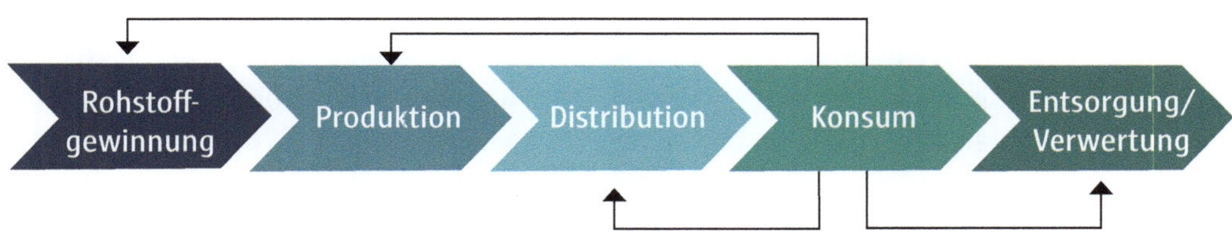

Abbildung 5: Lebenszyklus eines Produktes entlang der Wertschöpfungskette
Eigene Darstellung adaptiert nach Bundesinstitut für Bevölkerungsforschung (2017).

Zwei wichtige Faktoren werden häufig in diesem Nachhaltigkeitsdiskurs betrachtet. Zum einen sind das die effizienten Technologien für die Produktion und Infrastruktur und zum anderen die Konsumentscheidungen des Verbrauchers und der Verbraucherin. Dabei ermöglicht die Technologie prozessbezogene Einsparungserfolge, die jedoch durch einen meist gesteigerten Konsum gesamt betrachtet zu keinem geringeren Energie- bzw. Co2-Emissionen-Verbrauch führt (vgl. ebd.). Folglich ist die Entwicklung der Konsumentscheidung des individuellen Verbrauchers oder der Verbraucherin eine wichtige Komponente in der Transformation zu einem nachhaltigen Konsum.

Aus diesem Grund muss verstärkt in der Umweltbildung neben häufig vermittelten **Effizienz- und Konsistenz-Gedanken** der Suffizienz-Gedanken in diesem Zusammenhang mit einhergehen (vgl. ebd., S. 101). Dies hat bereits 1993 Wolfgang Sachs, Hochschullehrer und Forscher für Umwelt-Entwicklung-Wirtschaft, treffend formuliert:

> **„Die Effizienzrevolution bleibt richtungsblind, wenn sie nicht von einer Suffizienzrevolution begleitet wird. Eine Ökologie der Mittel muss Hand in Hand mit einer Ökologie der Ziele gehen. Nichts ist schließlich so irrational, als mit einem Höchstmaß an Effizienz in die falsche Richtung zu jagen."**
>
> (Wolfgang Sachs, 1993)

Effizienz- und Konsistenz-Gedanke:
Der Effizienzgedanke ist der meist verwendete Begriff in der Nachhaltigkeit. Im Gegensatz zur Suffizienz birgt er die Gefahr, durch Überkompensation negative Reboundeffekte auszulösen. Beispiel: Die durchschnittliche Pendlerzeit ist in den letzten Jahrzehnten nicht gesunken, obwohl die Fahrzeuge schneller geworden sind. Die Pendler fahren inzwischen aber weitere Strecken: die Fahrzeuge sind effizienter geworden, jedoch nicht nachhaltiger. Konsistenz versucht, aus Abfällen und Nebenprodukten wieder eine geschlossene Wertschöpfungskette zu erschaffen. Das Laub eines Baumes wird so nach einiger Zeit wieder zu seinem eigenen Dünger.

Daraus resultierend fokussiert diese Handlungsempfehlung die Wissensbildung für die Kaufentscheidung von Nahrungsmitteln. Dabei sollen gezielt werdende Mütter von der Wissensbildung profitieren. Adressat der Handlungsempfehlung sind Krankenkassen, die als Akteur in Kooperationen mit Schwangeren durch bildungsvermittelnde Maßnahmen und kleinen Anreizangeboten eine gesunde und nachhaltige Lebensweise vermitteln sollen.

Wissenschaftlich bewiesen, überdenken häufig junge Eltern bzw. werdende Mütter die Ernährungsgewohnheiten, wobei dieses Lebensereignis hervorragende Ansatzpunkte bietet auf eine nachhaltige Ernährung umzusteigen. Durch eine „Neuaneignung des näheren Umfelds [...]" (Interview Martina Schäfer, In: Christanell 2009:. 43), die häufig in diesem Lebensereignis stattfindet, besteht eine höhere Bereitschaft, sich zusätzlich mit neuen Themen auseinander zu setzen.

In dieser Handlungsempfehlung sollen Krankenkassen schwangere Frauen ein besonderes Beratungsangebot anbieten, bei dem vor allem der Nahrungskonsum im Zusammenhang mit Nachhaltigkeit und Gesundheit bei und nach der Schwangerschaft im Mittelpunkt steht. Ziel der Beratung soll vor allem die Informierung über nachhaltigen Konsum im Zusammenhang mit regionalen, saisonalen Produkten und fleischreduzierter Ernährung sowie der nachhaltigen Abfallwirtschaft sein. Diese Angebote sollen frühzeitig bereits während der Schwangerschaft angeboten werden, da bereits andere Studien ergeben haben, dass ein Angebot nach der Geburt häufig weniger wirksam und zu spät ist (vgl. Jäger-Erben 2010: 28-31). Förderlich ist, dass Schwangere sich nachweislich mit dem Thema Nahrung verstärkt auseinandersetzen und einen nachhaltigen Konsum sowohl an das Kind als auch an die Haushaltsangehörigen weiter vermitteln können. Studien haben ebenfalls herausgefunden, dass mit steigendem Alter eines Kindes, die Sensibilität des Themas nachlässt und eine frühzeitige Wissensbildung bzw. Erziehung längerfristig höhere Erfolge erzielt (vgl. ebd.).

Die Beratungsangebote können auf unterschiedlichste Weise stattfinden. Einerseits können temporäre Mitgliedervergünstigungen als finanzielle Anreize dienen, verpflichtende Beratungsangebote wahrzunehmen. Diese Beratungen sind auch für die Krankenkassen attraktiv, um langfristig orientiert Krankenkassen-Mitglieder zu haben, die sich bewusst gesund ernähren. Andererseits empfiehlt es sich, vor allem in Form von Freizeitveranstaltungen, quartiersbezogen Aktionen anzubieten, wie beispielsweise Kochkurse für Schwangere, da häufig dieses Lebensereignis mit einer stärkeren Auseinandersetzung der eigenen Nachbarschaft bzw. des Quartiers oder Stadtviertels und dem Bedürfnis des Austausches mit Menschen in der gleichen Lebensphase einhergeht (vgl. ebd., S. 23-31). Kooperationspartner können dabei der Verbraucherschutz Potsdam, Nachbarschaftsnetzwerke, Hebammen und Frauenärzte sein.

Im Folgenden werden durch eine Szenarioanalyse die wichtigsten Faktoren einer nachhaltigen Ernährung im Zusammenhang mit der Handlungsempfehlung verdeutlicht und die Potentiale der Umsetzungen dargestellt.

Szenarioanalyse Konsum

Für die Handlungsempfehlung Ernährung und Konsum wurden sechs Szenarien entwickelt, welche auf der Datengrundlage von Potsdam berechnet wurden. Diese stehen exemplarisch für den beeinflussbaren Handlungsspielraum und sollen auf die Potentiale der - in diesem Fall Konsumempfehlungen - hinweisen.

Die Rahmenbedingungen der Szenarioanalyse umfassen die jährlich prognostizierten Schwangeren, die bei dem **Verband der gesetzlichen Ersatzkassen** (vdek) versichert sind, mit insgesamt 1870 Schwangeren und zusätzlich einem durch Bevölkerungswachstum jährlichen Zuwachs von rund 13 Schwangeren. Die Einsparpotentiale durch unterschiedliche Ernährungsstile wurden aus Fachbeiträgen entnommen.

Verband der gesetzlichen Ersatzkassen:
Der Verband der gesetzlichen Ersatzkassen vertritt die Interessen der Ersatzkassen und ist zudem auch Dienstleister. Auf Bundes- und Landesebene vertritt er die Anliegen der Mitgliedskassen.

Durch Ernährung verbrauchte CO2-Äquivalente von in den vdek versicherten Schwangeren in Potsdam

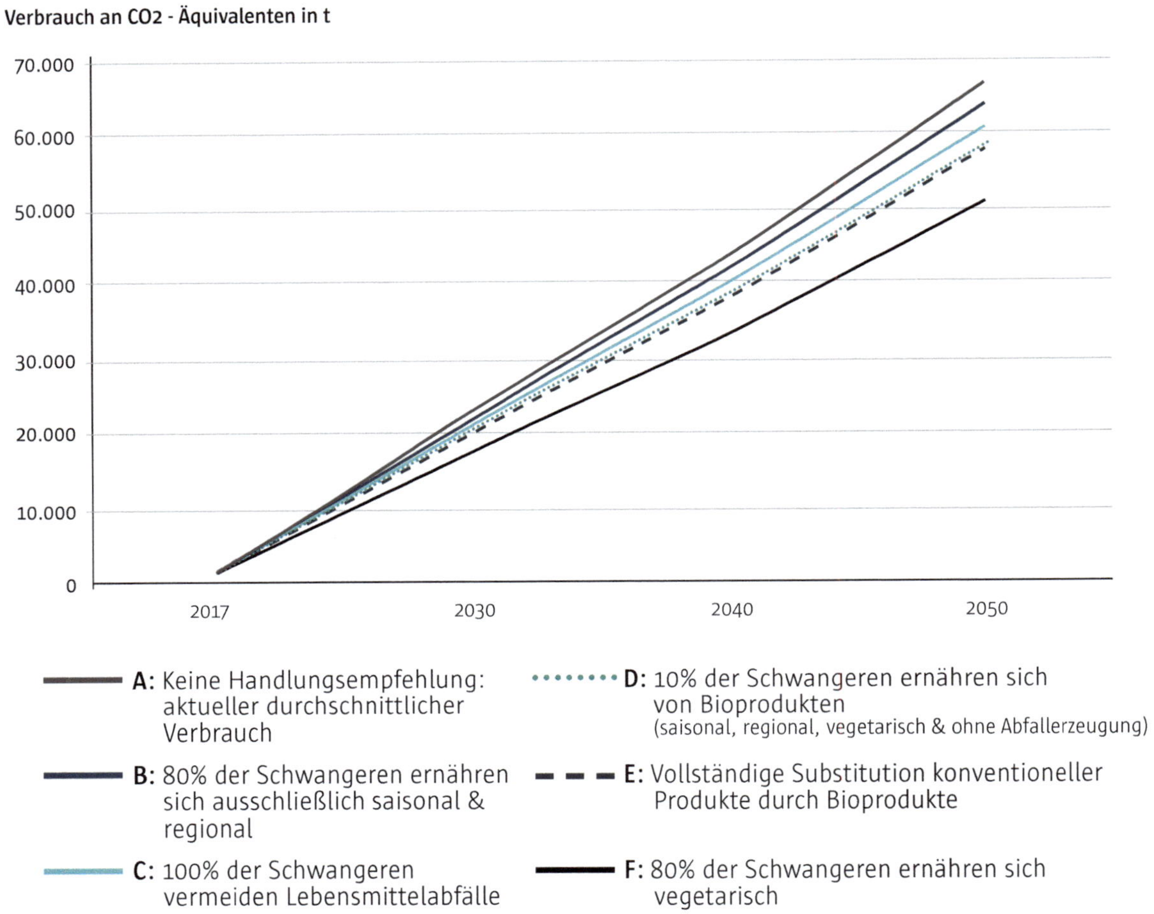

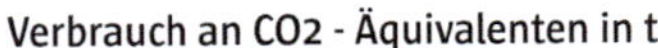

Abbildung 6: Szenarioanalyse Konsum
Eigene Darstellung

Jahr	Szenario A in t CO2	Szenario B in t CO2	Szenario C in t CO2	Szenario D in t CO2	Szenario E in t CO2	Szenario F in t CO2
2017	1.635,22	1.563,63	1.491,52	1.419,21	1.411,68	1.249,68
2030	23.228,69	22.211,70	21.187,28	20.160,09	20.053,17	17.751,95
2040	43.779,02	41.862,30	39.931,59	37.995,64	37.794,14	33.457,04
2050	66.661,62	63.743,06	60.803,21	57.855,36	57.548,53	50.944,51

Tabelle 1: Szenarioanalyse Konsum
Eigene Darstellung

Der realistische Handlungsrahmen bewegt sich zwischen Szenario A, welches einem aktuellen durchschnittlichen Ernährungsstil entspricht, sowie Szenario F welches einer Umstellung von 80% der Schwangeren auf eine vegetarische Ernährung entspricht. Die prozentualen Werte lassen sich zum einen als tatsächliche Anzahl an Schwangeren verstehen, die ihre Ernährung umstellen oder als eine um den prozentualen Wert CO_2-reduzierte Ernährungsumstellung aller Schwangeren. Szenario B stellt ein verändertes Ernährungskonzept hinsichtlich saisonal und regional dar. Hierbei wird empfohlen, auf Nahrungsmittel aus dem Ausland und außerhalb der Saison zu verzichten. Dies betrifft vor allem nicht lange haltbare Lebensmittel wie Obst und Gemüse. Da eine 100%ige regionale und saisonale Ernährung nicht möglich ist, werden in diesem Szenario alle Schwangere betrachtet, die bei 80% der Lebensmitteleinkäufe auf diese Faktoren achten.

Pro Jahr verursacht jede Person durchschnittlich 90 kg Lebensmittelabfälle. Szenario C untersucht den Einfluss, wenn alle Schwangeren sämtliche eingekaufte Lebensmittel verzehren. So werden jährlich 198 kg CO_2 pro Person eingespart. Die insgesamt rund 140 t CO_2 eingesparten Emissionen lassen sich mit 70 PKW vergleichen, die einen nahezu gleichen CO_2 Ausstoß haben (Umweltbundesamt, 2017) (Kraftfahrtbundesamt, 2017). In Szenario D sind sämtliche klimafreundlichen Ernährungsstile zusammengefasst: saisonal, regional, ausschließlich Bioprodukte, vegetarisch und Abfallvermeidung. Es zeigt sich, dass bereits 10% aller Schwangeren, die ihren Ernährungsstil umstellen, einen großen Einfluss auf die Gesamtemission haben. Auch hier kann die Handlungsempfehlung darin bestehen, dass alle Schwangeren jedes zehnte Produkt unter den ökologisch nachhaltigen Faktoren verarbeiten, um ein ähnliches Ergebnis zu erzielen. Als Black Swan Ereignis wird zudem ein Szenario bezeichnet, bei dem eine nicht vorhersehbare Situation einen starken Einfluss auf das Szenario hat. Exemplarisch hierfür wurde in Szenario E ein Gesetz erlassen, welches sämtliche konventionell erzeugten Produkte verbietet und ausschließlich unter EU-Richtlinien erzeugte Bioprodukte im Verkauf zulässt. Hierbei können 1870 Schwangere bereits 112 PKWs jährlich an **CO_2 -Äquivalenten** einsparen (vgl. Umweltbundesamt, 2017).

Schlussendlich lässt sich hinzufügen, dass eine vegane Ernährungsumstellung einen weiteren starken Einfluss auf den CO_2- Verbrauch hat, diese aber aufgrund schwierigerer Umstellung eine zusätzlich starke Belastung der Schwangeren darstellt und daher für eine Handlungsempfehlung ungeeignet scheint.

CO_2-Äquivalente: Abgesehen vom Treibhausgas Kohlendioxid (CO_2) gibt es noch weitere Treibhausgase wie beispielsweise Methan. Die verschiedenen Gase tragen auf unterschiedliche Weise zum Treibhauseffekt bei und bleiben unterschiedlich lang in der Erdatmosphäre. Das CO_2-Äquivalent ist eine Maßeinheit, die die Erwärmungswirkung einer bestimmten Menge Treibhausgas in einen zeitlichen Rahmen festlegt (i.d.R.100 Jahre). Mit Hilfe von CO_2 -Äquivalenten können Treibhausgaseemissionen leichter berechnet und verglichen werden.

MOBILITÄT

Im Bereich Mobilität werden im Zusammenhang von Energie- und CO_2- Emissionsverbrauch der privaten Haushalte die Kraftfahrstoffe im Straßenverkehr genauer betrachtet. Dabei stehen die Arbeits- und Freizeitwege sowie auch häufig die Transportwege von Konsumgütern im Mittelpunkt (vgl. Umweltbundesamt 2017a). Je nach betrachteter Systemgrenze können in diesem Zusammenhang unterschiedlichste Indikatoren Einflüsse haben, die für einen erhöhten oder niedrigen Verbrauch bzw. zu einer Verkehrsleistung individuell führen. Beispielsweise kann die Wahl des Wohn, - und Arbeitsortes, die regionale Produktion von Konsumgütern, die generelle Infrastruktur von ländlichen zu städtischen Räumen, der Wohnungs- und Arbeitsmarkt und Haushaltsgrößen eine Rolle spielen.

Den größten Teil der privaten Mobilität macht immer noch der motorisierte Individualverkehr (z.B. PKW) aus. Zwar sind die Umweltbelastungen durch die Motoren durch gesetzliche Vorgaben verringert worden, jedoch steigen die weiteren Belastungen weiter an. Ursache dafür sind die gefahrenen Kilometer pro Person, die in den letzten 10 Jahren nahezu kontinuierlich zugenommen haben. Dass heißt, dass zwar Belastungen durch die Motoren eingespart werden, jedoch die Menschen im Durchschnitt längere Strecken als zuvor fahren. Weiterhin wächst der weltweite Bestand von Personenkraftfahrzeugen stetig (in den letzten 36 Jahren verdreifachte er sich) (vgl. Umweltbundesamt 2017b).

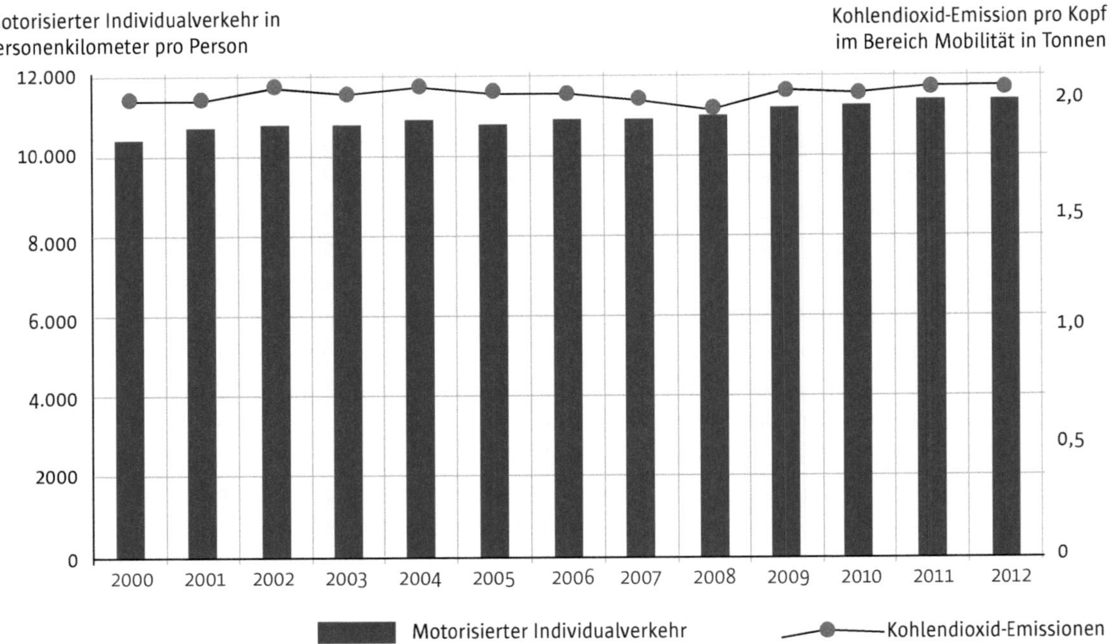

Abbildung 7: Autofahrleistung und Kohlendioxid-Emissionen pro Kopf im Bereich Mobilität
Eigene Darstellung, adaptiert nach Umweltbundesamt (2016)

Die Abbildung 7 zeigt, dass der MIV (grau) in den letzten Jahren angestiegen ist und trotz der verbesserten Technologie und weitere Gesetzesvorgaben zu CO2- Emissionen die CO2- Emissionen gestiegen sind. Potsdam hingegen ist eine fahrradfreundliche Stadt, mit einer im Durchschnitt leicht geringeren Nutzung des motorisierten Individualverkehrs (MIV) im Vergleich zu anderen gleichgroßen Städten. Das ergaben die 2013 von der Technischen Universität Dresden durchgeführten Verkehrsbefragungen (vgl. SrV Potsdam 2013). Im Durchschnitt fahren in der Stadt Potsdam 29% Fahrrad und 39% nutzen den MIV, wobei bereits je nach Ortsteil eine hohe Differenz besteht. Beispielsweise variiert der MIV von 25% bis zu 59% je nach Ortsteil. Dabei können infrastrukturelle Gegebenheiten, wie ein geringeres **ÖPNV** -Angebot und auch zu gering ausgebaute oder beschwerliche Fahrradwege eine wichtige Rolle spielen.

Nach Altersstruktur getrennt ist hervorgegangen, dass die höchste MIV-Nutzung von 40-41% der Altersgruppe 25-64 Jahren getragen wird (vgl. SrV Potsdam 2013). Im Zusammenhang mit dem demographischen Wandel, der wie in der Abbildung dargelegt eine deutlich höhere prozentuale Verteilung von Menschen ab 45 Jahren in den kommenden Jahrzehnten prognostiziert, ist folgende Handlungsempfehlung im Bereich Mobilität für Potsdam entstanden.

ÖPNV:
Der Öffentliche Personennahverkehr beinhaltet je nach Stadt die Verkehrsmittel Bus, Straßenbahn, S- und U-Bahn oder auch Fähre, die von der Öffentlichkeit genutzt werden können und durch städtische oder private Unternehmen angeboten werden.

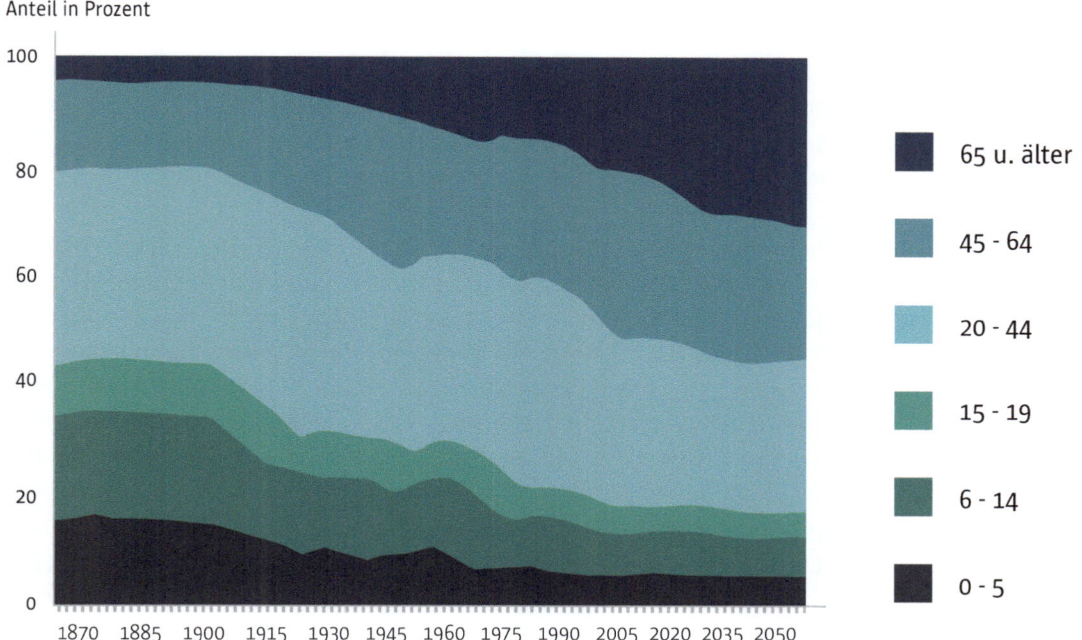

Abbildung 8: Bevölkerung in Deutschland nach Altersgruppen, 1871 - 2060
Eigene Darstellung, adaptiert nach Bundesinstitut für Bevölkerungsforschung (2017)

*1871 bis 1939 Deutschland in den jeweiligen Grenzen, ab 1950 Früheres Bundesgebiet und Gebiet der ehemaligen DDR insgesamt.
** Ab 2016: Ergebnisse der 13. koordinierten Bevölkerungsvorausberechnung des Bundes und der Länder, Aktualisierte Rechnung auf Basis 2015, Variante 2A: Kontinuität bei stärkerer Zuwanderung (langfristiger Wanderungssaldo: 200.000 jährlich).

In Anbetracht der zu erwartenden veränderten Altersstrukturen werden zukünftig in Potsdam voraussichtlich mehr Menschen ab 45 Jahren leben, die auch bis zum Alter von 65 Jahren einen hohen MIV-Beitrag in Potsdam haben. Wird das aktuelle Renteneintrittsalter betrachtet, gehen im Durchschnitt die Menschen im Alter von 64 Jahren in Rente (vgl. Deutsche Rentenversicherung Bund 2017). Auch nach dem Renteneintritt behalten jedoch viele ihr Kraftfahrzeug, auch wenn die Anzahl der MIV-Nutzung auf 34% vergleichsweise sinkt (vgl. SrV Potsdam 2013).

Die Handlungsempfehlung richtet sich an die Kommune Potsdam als Akteur mit dem Ziel, Menschen, denen ein Renteneintritt bevorsteht, zu erreichen. Mit dem Renteneintritt soll den Rentner*Innen zum einen ein temporäres kostenloses Mobilitätsticket zustehen und zudem Anderen die Nutzung von Pedelecs kostenpflichtig angeboten werden.

Die Kommune erreicht diese Menschen in Kooperation mit den Rentenversicherungen, an die sich die Menschen vor Renteneintritt wenden müssen. Über diese werden die Rentner*Innen über die Aktion und den Erhalt eines Tickets für sechs Monate informiert. Erhalten können die Menschen das Ticket über regelmäßig stattfindende Infoveranstaltungen, die die Kommune in Zusammenarbeit mit z.B. dem Verbraucherschutz oder anderen Verkehrs- und Klimaschutz aktiven Initiativen und Unternehmen veranstalten kann. Dort findet die Information über das Mobilitätsticket und die Nutzung von Pedelecs statt. Das Mobilitätsticket kann darüber hinaus nach sechs Monaten für weitere sechs Monate verlängert werden, unter der Voraussetzung einer weiteren Teilnahme an einer Infoveranstaltung. Diese Infoveranstaltung kann unterschiedlich gestaltet werden. Essentiell ist eine Wissensvermittlung über die positiven Auswirkungen der Nutzung des Ticket, wobei zusätzlich eine Befragung zum Mobilitätsverhalten stattfinden kann, die der Kommune und dem kommunalen Verkehrsunternehmen Potsdam VIP dienen kann. Mit dem Mobilitätsticket soll die Möglichkeit geschaffen und die Hürde abgebaut werden, sich mit dem ggf. noch nicht genutzten ÖPNV auseinander zu setzen. Mit dem Renteneintritt besteht sowohl mehr Zeit, als auch das Bedürfnis, die Freizeit verstärkt zu gestalten, wobei häufig ein Reiseweg besteht. Dieses Potential des Verkehrsmittelwechsels soll zu diesem Lebensereignis gezielt bei dieser Handlungsempfehlung fokussiert werden.

Die Nutzung von Pedelecs ist in den letzten Jahren in Deutschland gestiegen. Diese dienen als eine gute Alternative zum PKW, da sie weniger CO2-Emissionen verursachen. Zusätzlich besitzen sie bei Bedarf einen Motor, der im Vergleich zum Fahrrad auch das motorisierte Fahren ermöglicht. Der Kostenaufwand, sowie die Wartung als auch die Ladestation für das elektronische Fahrrad stellen die größten Hürden für die Anschaffung eines Pedelecs da (vgl. Umweltbundesamt 2014). Diese Hürden sollen abgebaut werden, indem die Kommune idealerweise in Kooperation mit städtischen Fahrradunternehmen Pedelec als Leasing-Angebot bereitstellt. Dabei kann in Form eines Mietkaufs der Rentner oder die Rentnerin ein/e jährlich oder monatliche Summe zahlen, um das Pedelecs längerfristig abzuzahlen und zu kaufen. Diesem Zeitraum werden kostenlose Wartungen angeboten. Der Ausbau gerade im Innenstadtbereich für Ladestationen wird je nach Annahme des Angebots für äußerst sinnvoll erachtet. Derzeit besteht fast keine Möglichkeit für die Aufladung von privaten Elektrofahrzeugen in Potsdam (vgl. ADAC 2017). Besonders auf kürzeren Wegen wurde festgestellt, dass Pedelecs meist sogar schneller als Kraftfahrzeuge sind. Um sowohl das Angebot zu verbreiten, aber auch Anreize und eine Wissensvermittlung zu schaffen, sollen in Form von Kooperationen Maßnahmen und Aktionen geschaffen werden. Studien haben ergeben, dass Senioren im Alter einerseits durch die medizinische Versorgung körperlich stabiler bleiben als auch besonders Freizeitangebote wahrnehmen sowie auch geistig wissbegieriger sind als in den Jahren zuvor. Beispielsweise besuchen immer mehr Rentner und Rentnerinnen Hochschulen, nutzen Gruppenausflüge und vermehrt das Fahrrad anstelle des Autos. Nichtsdestotrotz werden mehr PKWs weiterhin im Zusammenhang des demographischen Wandels von Menschen ab 65 Jahren genutzt. Um diese prognostizierte Entwicklung zugunsten der Umwelt in Form von weniger CO2- Emissions-Ausschüssen durch PKWs und den Ausbau von Infrastruktur für die PKWs zu erhalten, verspricht diese Handlungsempfehlung ein Entgegenwirken. Durch eine Szenarioanalyse werden die wichtigsten Parameter dazu erläutert und die Möglichkeiten verschiedener Zukünfte der Handlungsempfehlung dargestellt.

Szenarioanalyse Mobilität

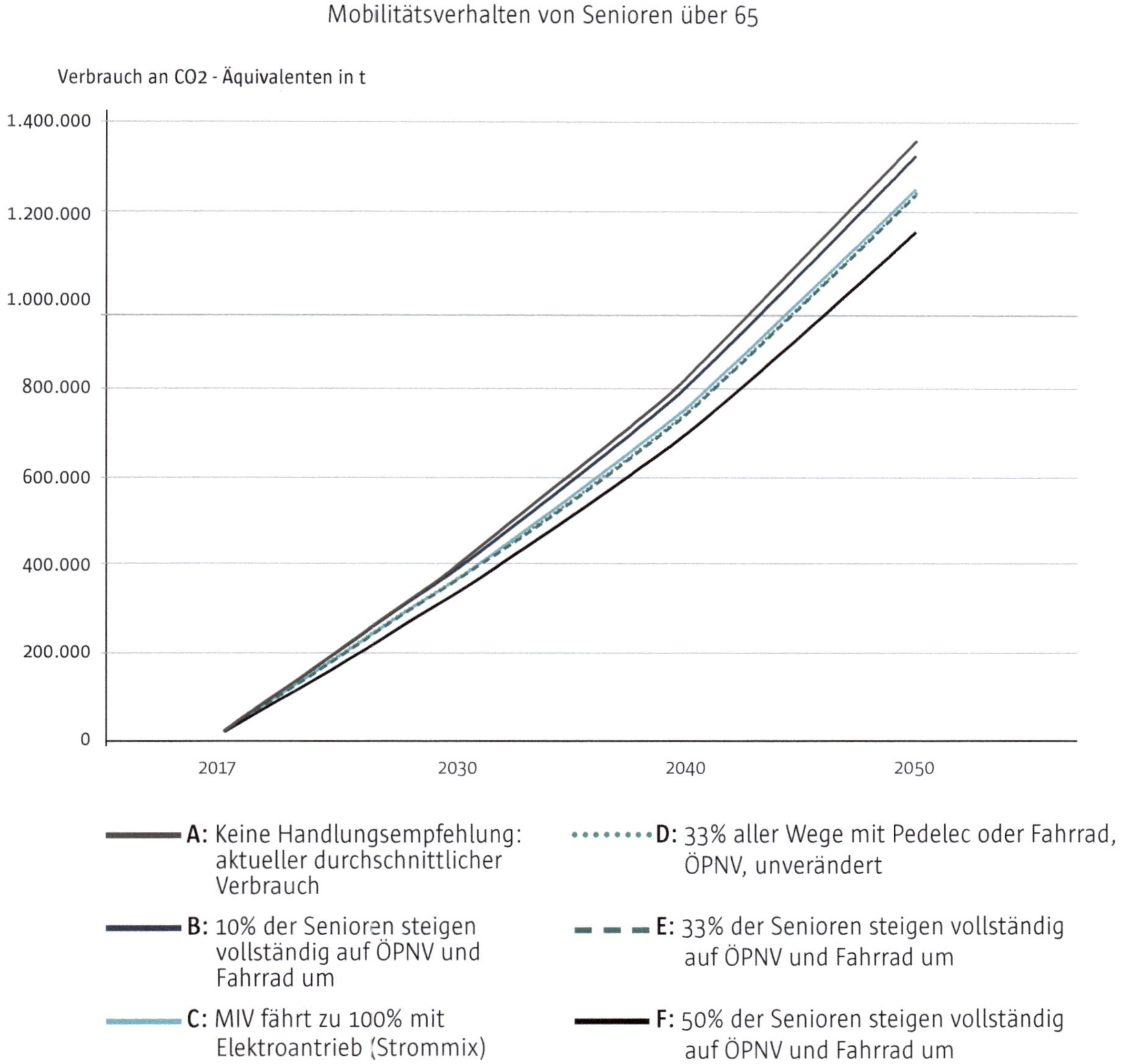

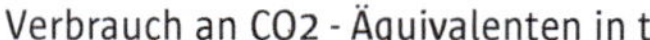

Abbildung 9: Szenarioanalyse Mobilität
Eigene Darstellung

Jahr	Szenario A in t CO2	Szenario B in t CO2	Szenario C in t CO2	Szenario D in t CO2	Szenario E in t CO2	Szenario F in t CO2
2017	23.532,17	22.825,59	21.598,05	21.326,33	21.125,84	19.636,11
2030	393.687,08	382.362,16	361.315,78	358.332,64	355.119,29	331.242,35
2040	820.130,69	797.276,37	752.673,99	748.783,47	742.298,73	694.113,75
2050	1.363.133,73	1.326.299,65	1.250.982,17	1.248.144,11	1.237.692,72	1.160.033,45

Tabelle 2: Szenarioanalyse Mobilität
Eigene Darstellung

In der Szenarioanalyse wurden 33.700 Senioren über 65 Jahren als Zielgruppe erfasst. Durch den demographischen Wandel wurden jährlich 580 zusätzliche Senioren hinzugezählt. Die jährliche Verkehrsleistung wurde mit dem Modal-Split und die durchschnittlichen CO2- Emissionen Verkehrsmittel verrechnet. Aus dem klassischen Modal Split wurde zudem der Anteil der schwerbehinderten Senioren - aktuell 24,2% - herausgerechnet. Ihnen wurde ein stark MIV-lastiger Modal Split angerechnet. Insgesamt ergaben sich so 6 Szenarien, die Bandbreite an Handlungsspielräumen darstellen. Als realistisch betrachtet werden, kann eine durch das Mobilitätsticket langfristige Verhaltensänderung bei jedem zehnten Senioren (Szenario B), welcher seinen PKW verkauft und vollständig auf ÖPNV und nicht motorisierte Fortbewegungsmittel umsteigt. Es wurde ein jährliches Ersparnis von 700 t errechnet. Bei einer durchschnittlichen Ernährung werden 2 t CO2 freigesetzt (Landeshauptstadt Potsdam, 2017), sodass 3700 Senioren mit ihrer Verhaltensänderung rund 350 Menschen mit durchschnittlichem Ernährungsstil ersetzen. Dies liegt zum einen an der hohen Anzahl an Schwerbehinderung und zum anderen an der eher geringen jährlichen Verkehrsleistung von 8.100 km. Dennoch kann das Mobilitätsverhalten bei Senioren größere Ersparnisse herbeiführen werden. Wie im Bereich Konsum wurde auch im Bereich Mobilität ein Black Swan Ereignis simuliert. Szenario C stellt die vollständige Umstellung von Verbrennungsmotoren auf Elektroantrieb dar. Anzumerken ist hierbei die Simulation mit dem aktuell vorherrschenden Strommix bei Elektroautos, die nur zu 32% mit erneuerbaren Energien fahren. Bei solch einer städtischen Intervention können so bereits 2000 t CO2 eingespart werden. Im Verhältnis zum Szenario Konsum können so anteilig weniger Erfolge erzielt werden. Erst bei einer stärkeren Einbindung der Senioren in den Verzicht auf MIV steigt auch die anteilige Einsparung. Waren es beim Konsum lediglich jede zehnte Person, so sind es in Szenario F jeder zweite Senior, der sein Mobilitätsverhalten umstellen muss um so auf 0,11 t Einsparungen jährlich pro Person zu kommen. Dies wird durch den hohen Anteil an Schwerbehinderten, welcher bis 2050 noch um 7% steigen soll, erzeugt.

HANDLUNGSEMPFEHLUNG WOHNEN

Derzeit ist der Flächenverbrauch in Deutschland enorm, ein Grund hierfür ist die steigende Wohnfläche pro Kopf. Gerade Singles und Senioren beanspruchen laut dem statistischen Bundesamt durchschnittlich ca. 70-80 m² Wohnfläche. Im Vergleich dazu haben Paare mit einem Kind durchschnittlich nur 35 m² Wohnfläche pro Person zur Verfügung. Senioren, die Eigentümer*Innen ihrer Immobilie sind, stehen durchschnittlich sogar knapp 100 m² Wohnfläche pro Kopf zur Verfügung (vgl. Statistisches Bundesamt 2011).

Aufgrund des anhaltenden Bevölkerungswachstums ist der Wohnungsmarkt in Potsdam sehr angespannt (vgl. Potsdam 2015: 5). In Potsdam leben 171.597 Menschen, laut Prognosen sollen es 177.950 Einwohner bis 2030 werden – ein Wachstum von 11,6 % (vgl. Bertelsmann Stiftung 2014). Der derzeitige Wohnungsbestand wächst langsamer als die Anzahl der Haushalte, bereits 2014 fehlten ca. 6.000 Wohnungen am Wohnungsmarkt (vgl. Potsdam 2015: 5). Trotz zusätzlicher Neubautätigkeiten, die bereits durchgeführt werden, sprechen andere Gründe für einen angespannten Wohnungsmarkt. Vor allem bleiben „[...] Haushalte länger in suboptimalen Wohnverhältnissen [...], wenn sich etwa durch Scheidung, Auszug eines Kindes oder Tod der Haushalt verkleinert. Umgekehrt verbleiben wachsende Haushalte (z.B. durch Geburt eines Kindes) aus ähnlichen Motiven in zu klein gewordenen Wohnungen, die sich strukturell eigentlich nicht mehr für diesen veränderten Haushaltstyp eignen" (Potsdam 2015: 9). Aufgrund dieser ungeeigneten Wohnungsgrößen und der damit einhergehenden niedrigen Anzahl der Umzüge, sind diese Wohnungen nicht am Wohnungsmarkt verfügbar. Mit der Nutzung von zu großzügigen Wohnungen geht auch ein vermehrter Ausstoß von Treibhausgasen einher. „Je kleiner der Haushalt und je mehr Wohnfläche pro Person in Anspruch genommen werden, desto größer ist auch der Heiz- und Strombedarf" (Nabu 2014: 1).

„Der Pro-Kopf-Energieverbrauch für Raumwärme liegt in einem Einpersonenhaushalt um fast 60% über dem Durchschnittswert."

(Statistisches Bundesamt 2008).

Aufgrund der suboptimalen Wohnverhältnisse richtet sich diese Handlungsempfehlung an wohnungssuchende Rentner*Innen, Schwangere und Familien.

Laut dem CO2- Rechner des Umweltbundesamtes, verursacht ein Single-Seniorenhaushalt in einer 90 m²-Wohnung jährlich 2,51 t CO2- Ausstoß durch die Nutzung von Strom und Heizung. Würde diese Person in eine 20% kleinere Wohnung (72 m²) ziehen, spart sie 0,31 t CO2 (vgl. KlimAktiv 2016).

Bisher gibt es in Potsdam seitens des kommunalen Wohnungsunternehmens und der Wohnungsbaugenossenschaften keine übergreifende Wohnungstauschbörse. Mit dieser wäre die Wahrscheinlichkeit, eine Wohnung mit geeigneter Wohnfläche in dem entsprechenden Wunschquartier zu bekommen, viel größer.

Die Zielgruppe wird in eine Datenbank aufgenommen, in der die Wohnungswünsche und Angaben zu der bisherigen Wohnung aufgenommen werden. Diese Datenbank ist Grundlage der Wohnungstauschbörse. Personen, die eine kleine Wohnung haben und eine größere Wohnung suchen, können mithilfe der Tauschbörse die passende Wohnung im gewünschten Wohnviertel wechseln. Eine Art Generationenaustausch könnte hier beispielhaft sein. Senioren übernehmen die kleine Wohnung einer Schwangeren oder Familie und diese deren größere Wohnung. Es besteht aber auch die Möglichkeit, sich individuell zu finden und sich an einen der teilnehmenden Akteure des Programms zu wenden. Auch können Eigentümer*Innen von Eigenheimen in das Programm aufgenommen werden, sofern sie aktiv daran teilnehmen möchten, wenn sie ihr Eigenheim gegen eine kleine Wohnung tauschen möchten. Um allerdings an dem Programm teilnehmen zu können, ist es empfehlenswert, dass die Einsparung mindestens 20% der bisherigen Wohnungsgröße betragen und darf nicht weniger als 10 m² ausmacht.

Bsp. 1: bisherige Wohnung 100 m² = neue Wohnung höchstens 80 m²;

Bsp. 2: bisherige Wohnung 55 m² = neue Wohnung nicht größer als 44 m².

Wissensvermittelnde Kampagnen und Beratungen zum Klimaschutz sind für dieses Projekt von großer Bedeutung. So soll den Bewohner*Innen bewusst werden, welch wichtigen Stellenwert die Senkung des CO2 für den Klimaschutz hat. Es soll Transparenz und Akzeptanz geschaffen werden.

Um speziell die Rentner*Innen auf dieses Angebot aufmerksam zu machen, sollten sie ganz konkret von den Wohnungsunternehmen auf diese Angebot angesprochen werden, z.B. in Form von personalisierten Anschreiben. Zur weiteren Bekanntmachung dieses Formates könnten auch Sozial- oder Pflegedienste direkt eingebunden werden.

Auch für Schwangere und Familien werden wissensvermittelnde Kampagnen erarbeitet. Bei diesen soll ihnen vermittelt werden, welch wichtigen Stellenwert die richtige Wohnungsgröße für den CO2 Verbrauch und dieser für den Umweltschutz hat.

Sobald die Personen in die Datenbank aufgenommen wurden, erfolgt eine Beratung bezüglich Energieverbrauch und Energieeinsparungen, die eine Bedingung ist, um an dem Projekt teilnehmen zu können. Für die Personen, die sich räumlich verkleinern möchten, kann eine Energieberatung z.B. durch die Verbraucherzentrale in Anspruch genommen werden. Als zusätzlichen Anreiz erhalten Rentner*Innen einen Flächenbonus von 100 € je eingesparten m². Sobald sich zwei Tauschpartner*Innen gefunden haben, erhalten beide Parteien einen Umzugsservice mit Kostenübernahme sowie eine Energieberatung durch die Verbraucherzentrale. Nach einem Jahr in der neuen Wohnung erhalten die Mietparteien eine erneute Beratung auf freiwilliger Basis, in der ermittelt wird, wieviel Energiekosten sie tatsächlich eingespart haben. Sie bekommen dann nochmals eine Bonuszahlung in Höhe der eingesparten Energiekosten.

Szenarioanalyse Wohnen

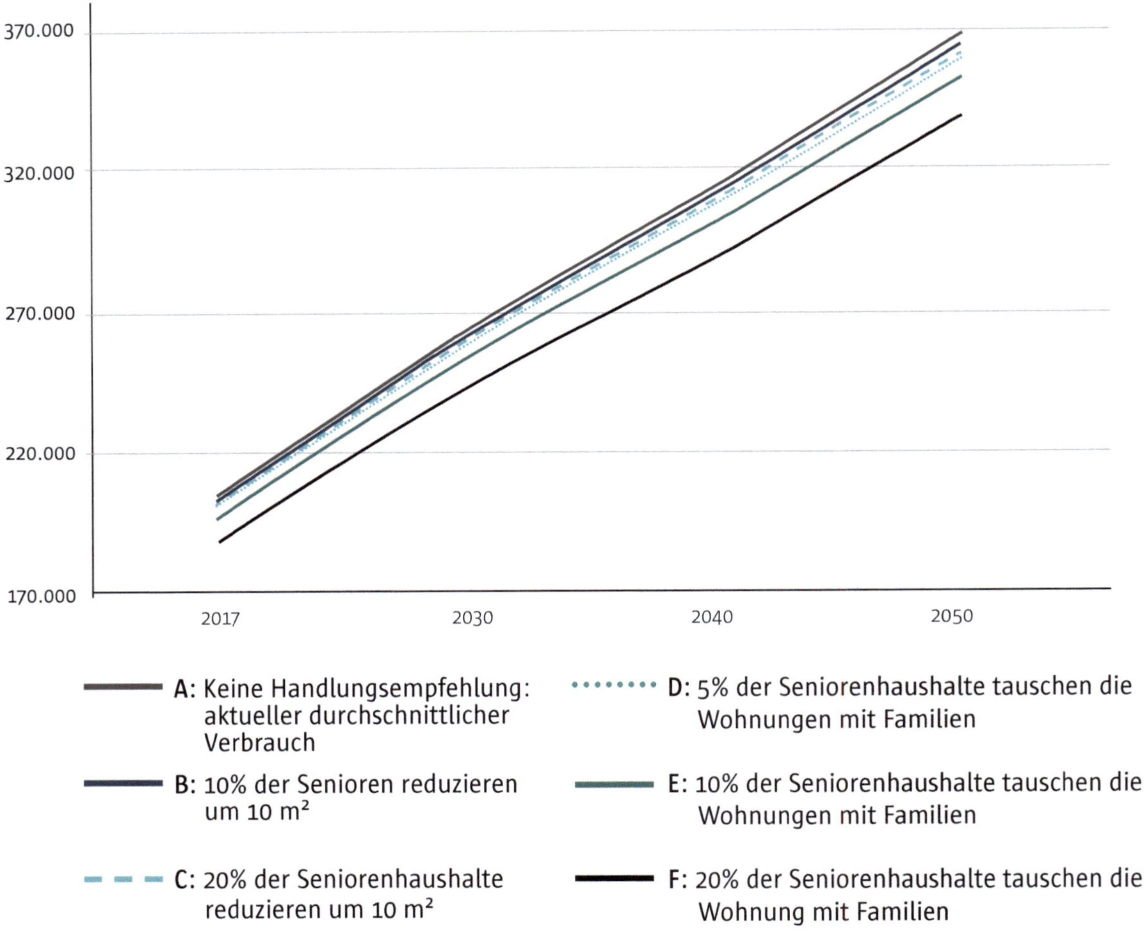

Abbildung 10: Szenarioanalyse Wohnen
Eigene Darstellung

Jahr	Szenario A in t CO2	Szenario B in t CO2	Szenario C in t CO2	Szenario D in t CO2	Szenario E in t CO2	Szenario F in t CO2
2017	204.153	202.503	200.853	200.139	196.125	188.097
2030	263.518	261.392	259.267	258.346	253.175	242.832
2040	313.528	311.001	308.474	307.380	301.232	288.937
2050	367.861	364.897	361.934	360.651	353.441	339.022

Tabelle 3: Szenarioanalyse Wohnen
Eigene Darstellung

In der Szenarioanalyse für die Handlungsempfehlung Tauschbörse wurden sämtliche Seniorenhaushalte und Familienhaushalte mit einbezogen. Insgesamt betrifft das rund 21.500 Seniorenhaushalte mit 33.700 Senioren, sowie 18.655 Familienhaushalte mit mindestens einem Kind und insgesamt rund 43.500 Familienmitgliedern. Bei der Simulation wurde von einem Wachstum der Seniorenanzahl bedingt durch den demographischen Wandel und einem allgemeinen Bevölkerungswachstum für Potsdam ausgegangen. Bei den Familien wurde ein jährlicher Zuwachsfaktor, bedingt durch das allgemeine Bevölkerungswachstum beachtet. Die Haushaltsgrößen, also die in den Haushalten durchschnittlich lebenden Mitglieder, wurden für beide Haushalte bis 2050 nach unten korrigiert. Das entspricht dem Trend und führt für Familienhaushalte einer Differenz von 0,231 Personen pro Haushalt bis 2050 und für Seniorenhaushalte zu 0,198 Personen pro Haushalt bis 2050. Der durchschnittliche Flächenbedarf für Seniorenhaushalte beläuft sich pro Haushalt auf rund 123,2 m², für Familienhaushalte liegt der Wert bei rund 74,5 m². Bei Szenario B und C werden ebenfalls die Wohnungen zwischen Familien und Senioren getauscht, aber im Gegensatz zu Szenario D, E und F nicht 1:1 sondern nur anteilige Flächen. Dies kann vorkommen, wenn eine bereits große Familienwohnung nur mit einer um 10 m² größeren Seniorenwohnung tauscht. Allgemein lässt sich sagen, dass die kleinere Einsparung der Fläche von vielen eine höhere Einsparung, als die große Flächeneinsparung von wenigen bringt. In Szenario C werden 20% der Haushalte um 10 m² reduziert. In Szenario D werden 5% der Haushalte um 48 m² - die Differenz zwischen durchschnittlichem Famiienhaushaltsfläche und Seniorenhaushaltsfläche - getauscht. Obwohl das vierfache an Haushalten teilnimmt, wird das fünffache der Fläche eingespart. Die Einsparung der Emissionen liegt bei beiden in etwa gleich. Insgesamt können allein durch 5% der Haushaltstauschvorgänge 4000 t CO_2 und damit rund 2000 PKW ersetzt werden (vgl. Umweltbundesamt, 2017) (vgl. Kraftfahrtbundesamt, 2017).

4. TEIL
FAZIT UND WEITERE POTENTIALE

Zusammenfassend bieten die drei in dem Forschungsvorhaben skizzierten Handlungsmöglichkeiten akteursbezogene Möglichkeiten, der Bevölkerung der Stadt Potsdam durch wissensbasierte Formate eine energie- und CO_2- arme Lebensweise zu vermitteln. Alle drei Empfehlungen zeigen deutlich, dass der Transformationsprozess zur nachhaltigen Entwicklung von den unterschiedlichen städtischen Akteuren getragen werden muss. Dieser Forschungsbericht soll sowohl den städtischen Adressaten dienen, als auch interessierten Bürger*Innen. Besonders die Szenarioanalysen zeigen, inwieweit bereits eine konservativ eingeschätzte Prognose der Handlungsempfehlungen längerfristig bedeutende Auswirkungen erzielen kann. Dies wird in den Handlungsfeldern deutlich.

Handlungsfelder Konsum, Mobilität, Wohnen und weitere Potentiale

Überblickend betrachtet wurden im Handlungsfeld Konsum die Handlungsempfehlung gestellt, dass Krankenkassen werdenden Müttern wissensvermittelnde Beratungen anbieten sollen, in Form von mehreren verpflichtenden Beratungen, um die Mitgliedspreise temporär zu verringern oder in Form von quartiersbezogenen Freizeit- und Vernetzungsangeboten, wie zum Beispiel Kochkurse. Durch die Szenarioanalyse wurde vor allem deutlich, dass dabei der langfristige Konsum von saisonalen Produkten ausschlaggebend positive Wirkungen erzielt. Nicht in der Szenarioanalyse betrachtet, ist jedoch die Wirkung des Nahrungskonsum auf andere Haushaltsmitglieder. Diese unbeachtete Komponente wirkt sich mit Sicherheit bei dieser Handlungsempfehlung zusätzlich noch positiv aus.

Im Bereich des Konsums wurden durch die Interviews und Recherchen erkennbar, dass vor allem der Suffizienz-Gedanke wesentlich stärker vermittelt werden muss. Beispielsweise hat ein Interview ergeben, dass viel Potential in den Haushalts- und Elektronikgeräten steckt, bei denen sich auch die Technologie stetig weiterentwickelt und energiesparsamer wird. Der gehäufte Neukauf moderner Technologie birgt jedoch durch den erhöhten Konsum gesamtheitlich betrachtet zu tendenziell höherem Energieverbrauch, z.B. durch die Produktion und die Abfallentsorgungskette. Einsparungen von bis zu 220 t CO_2-Äquivalenten jährlich wurden in der Szenarioanalyse von 1870 Schwangeren durch Veränderungen im Ernährungsverhalten ausgezeichnet. Allein bei der ökologisch nachhaltigen Ernährungsumstellung jeder zehnten Schwangeren, können so bereits 0,11 t CO_2 jährlich pro Schwangere eingespart werden. Auch die vollständige Vermeidung von Lebensmittelabfällen kann zusätzlich 0,7 t CO_2 Einsparungen bewirken. Hier ist jedoch das Mitwirken aller Beteiligten gefordert.

Im Bereich der Mobilität richtet sich die Handlungsempfehlung an die Kommune Potsdam und empfiehlt ein temporäres unentgeltliches Mobilitätsticket zu Beginn des Renteneinstiegs. Zusätzlich soll den neuen Rentner*Innen die Möglichkeit eines günstigen Leasing-Angebots für Pedelecs zur Verfügung stehen. Im Bereich der Mobilität von Rentnern stellte sich der geringste Einfluss der drei Handlungsempfehlungen auf die möglichen CO_2 Ersparnisse heraus. Dies liegt vor allem an den geringeren zurückgelegten Kilometern von Senioren und den großen Anteil an Schwerbehinderten, die notgedrungen auf motorisierte Verkehrsmittel zurückgreifen müssen. Der realistische Beitrag lag hier bei 0,11 t CO_2 Einsparungen pro Kopf.

Die wissenschaftlich Literatur im Bereich der Umweltpsychologie und Mobilität zeigt eine verstärkte Auseinandersetzung im Vergleich zu den anderen beiden Handlungsfeldern. Besonders beim Lebensereignis Umzug ist wissenschaftlich belegt, dass ein Wechsel der Verkehrsmittelwahl häufig in Betracht gezogen wird. Angestrebt wird generell, im städtischen Verkehrsaufkommen den **Modal-Split** zu erhöhen und gerade bei kurzen Wegen Menschen zu motivieren, eine Alternative zum Auto zu nutzen. Potsdam liegt im landesweiten Durchschnitt weit vorn bei der Fahrradfreundlichkeit und beim Modal-Split. Die Elektromobilität im privaten Verkehrsaufkommen ist in Brandenburg im Vergleich noch sehr dünn, wobei gerade die Elektromobilität viele Potentiale bietet.

Modal Split:
Der Modal Split beschreibt die Verteilung des Transportaufkommens auf verschiedene Verkehrsmittel. Klassischerweise hat hier der MIV (motorisierte Individualverkehr) den höchsten Anteil. Elektrisch angetriebene Fahrräder werden nicht dem MIV angerechnet.

Das letzte Handlungsfeld Wohnen fokussiert in der im Forschungsvorhaben formulierten Handlungsempfehlung auf die Wohnfläche. Gerichtet an das kommunale Wohnungsunternehmen und Wohnungsbaugenossenschaften gibt die Handlungsempfehlung vor, eine Wohnungstauschbörse anzubieten, bei der je nach Haushaltsgröße ein Bonus gegeben wird, bei der Vermittlung einer geeigneten Wohnung. Auf diese Weise sollen vor allem Rentner*Innen, die eine große Wohnung haben, mit einer werdenden Familie eine Wohnung tauschen können. Idealerweise beteiligen sich längerfristig auch private Eigentumsbesitzer oder Immobilienunternehmen. Bereits 10% der Seniorenhaushalte können bei Flächenreduktion um 10 m^2 1.650 t CO_2 jährlich einsparen und somit rund 0,5 t CO_2 pro Person einsparen.
Die Wohnungsknappheit ist in Potsdam eine sehr aktuelle und dringende Problematik, die durch den stetigen Zuzug zukünftig sicherlich bestehen bleibt. Vorbildlich ist die städtische Stromversorgung zu weiten Teilen mit Ökostrom, wobei auch dabei das Fehlen des Suffizienz-Gedanken der Bürger*Innen aus den Interviews hervorging. Das Nicht-Wahrnehmen von zum Teil kostenlosen Beratungsangeboten oder auch die Möglichkeit der bewussten Auseinandersetzung im häuslichen Strom wird größtenteils nur kurzfristig angenommen. Auch die Trends der letzten Jahre des durchschnittlichen Bedarf an Quadratmetern pro Kopf steigt, obwohl jede größere Wohnung zumeist mehr Energie benötigt.

Zivilgesellschaft als wichtiger Treiber für den Klimaschutz
Alle drei Handlungsempfehlungen und dazugehörigen Szenarioanalysen verdeutlichen die Potentiale, die die Zivilgesellschaft nutzen kann und muss, um einerseits die Leitziele im Klimaschutz zu erreichen und andererseits längerfristig das Leben des Menschen auf der Welt zu schützen. Durch fast alle Interviews ist jedoch auch deutlich geworden, dass die Aktivierung der Zivilgesellschaft durch Projekte, Aktionen oder Maßnahmen eine große Herausforderung darstellt. Diese Arbeit hat sich verstärkt damit auseinandergesetzt, inwieweit Akteure der Stadt die Zivilgesellschaft mit Bildungsvermittlung und durch das Schaffen von Anreizen bewegt, sich mit dem Thema auseinander zu setzen, was zu einer Verhaltensveränderung zugunsten der Umwelt führen soll. Außer Acht gelassen wurden dabei Empfehlungen, die die Menschen durch gesetzliche Schranken zu einem anderen Verhalten bewegen könnten.

Umweltpsychologie und Verhaltensveränderungen
Auf ausschließlich normative Lebensereignisse haben sich die Handlungsempfehlungen begrenzt, wobei der Hintergrund dafür einerseits die bisher gering vorhandene wissenschaftliche Forschung in Bezug auf kritische Lebensereignisse in der Umweltpsychologie ist. Andererseits bedarf die Entwicklung einer Handlungsempfehlung, bezugnehmend auf ein kritisches Lebensereignis, eine besondere moralische und ethische Betrachtung, die durch den kurzen Forschungszeitrahmen nicht gegeben war. Empfehlenswert ist jedoch die Auseinandersetzung und damit ggf. einhergehenden Erforschung von Potenzialen in Bezug auf Verhaltensveränderungen zugunsten der Umwelt bei kritischen Lebensereignissen.

Schlussendlich zeigte die Arbeit, dass städtische Akteure durch Wissensvermittlung Bürger*innen im Umweltbewusstsein stärker bilden und so einen großen Beitrag zum klimaneutralen Potsdam 2050 beitragen können.

QUELLEN- UND LITERATURVERZEICHNIS

PRINT

Bargh J. A., Chen, M., Burrows, L. (1996): Automaticity of social behaviour: Direct effects of trait construct and stereotype activation on action. Journal of Personality and social Psychology.

Barsalou, L. W. (2008): Grounded Cognition. 1. Auflage. Lafayette (USA): Annual Review of Psychology.

Becker, H. E. (Hrsg.) (2017): Das Sozialwirtschaftliche Sechseck: Soziale Organisationen zwischen Ökonomie und Sozialem. 2. Auflage. Wiesbaden: Springer Verlag.

Bundesministerium für Umwelt, Naturschutz, Bau und Reaktorsicherheit (BMUB) (2017): Umweltbewusstsein in Deutschland 2016: Ergebnisse einer repräsentativen Bevölkerungsumfrage. BMUB.

Bruppacher, S. (2008): Wie und warum eignen wir uns einen nachhaltigen Lebensstil an?. In: Wissenschaft & Umwelt.

Christanell, A. (2009): Nachhaltiger Konsum und gesellschaftliche Lebensrealitäten. Wien: ÖIN – Österreichisches Institut für Nachhaltige Entwicklung.

Dirks, D. (2012): Szenarioanalyse als Instrument der strategischen Vorausschau: Emissionsminderung im Fuhrpark eines mittelständischen Dienstleistungsunternehmens. 1. Auflage. Hambug: Diplomica Verlag.

Harries-Jones, P. (1995): A Recursive Vision: Ecological Understanding and Gregory Bateson. University of Toronto Press.

Kosow, H., Gaßner, R. (2008): IZT - Institut für Zukunftsstudien und Technologiebewertung: Methoden der Zukunfts- und Szenarioanalyse Überblick, Bewertung und Auswahlkriterien. WerkstattBericht Nr. 103. Berlin: IZT.

Stengel, O., Liedtke, C., Baedeker, C., Welfens, M. J. (2014): Suffizienz als Anknüpfungspunkt für ein nachhaltiges Handeln des verletzlichen Verbrauchers. In: Bala C., Müller, K. (2014): Der verletzliche Verbraucher: Die sozial-politische Dimension der Verbraucherpolitik . Bd. 2. Düsseldorf: Verbraucherzentrale NRW, 99–121.

Wehling, E. (2016): Politisches Framing - Wie eine Nation sich ihr Denken einredet und daraus Politik macht. 1. Auflage. Köln: edition medienpraxis.

WBGU - Wissenschaftlicher Beirat der Bundesregierung Globale Umweltveränderung (2016): Der Umzug der Menschheit: Die transformative Kraft der Städte. Berlin: WBGU.

ONLINE

ADAC (2017): E-Ladestationen. URL: https://www.adac.de/adac_vor_ort/hessen_thueringen/test_technik/e-tankstellen.aspx, zuletzt aufgerufen am 20.08.2017.

Amt für Statistik Berlin-Brandenburg (2015): Bevölkerungsprognose für das Land Brandenburg. URL: https://www.statistik-berlin-brandenburg.de/publikationen/stat_berichte/2015/SB_A01-0 8-00_2015u00_BB.pdf, zuletzt aufgerufen am 28.08.2017.

Bertelsmann Stiftung (2014): Statistische Daten. URL: http://www.wegweiser-kommune.de/statistik/potsdam+bevoelkerungsstruktur+2012-203 0+tabelle, zuletzt aufgerufen am 08.08.2017.

Bundesministerium für Umwelt, Naturschutz, Bau und Reaktorsicherheit (2015): Masterplan 100% Klimaschutz. URL: https://www.klimaschutz.de/foerderung/masterplan-100-klimaschutz, zuletzt aufgerufen am 09.08.2017.

Bundesministerium für Umwelt, Naturschutz, Bau und Reaktorsicherheit (2015): Klimaschutz in Zahlen Fakten, Trends und Impulse deutscher Klimapolitik. URL: http:// wwww.bmub.bund.de/fileadmin/Daten_BMU/Pools/Broschueren/klimaschutz_in_za hlen_bf.pdf, zuletzt aufgerufen am 05.07.2017.

Deutscher Bibliotheksverband e.V. (dbv) (2015): Szenariotechniken für Bibliotheken. URL: http://www.bibliotheksportal.de/themen/marketing/marktanalyse/szenariotechniken. html, zuletzt aufgerufen am 09.08.2017.

Deutsche Rentenversicherung Bund (2017): Rentenversicherung in Zahlen. URL: http:// ww.sozialpolitik-aktuell.de/tl_files/sozialpolitik-aktuell/_Politikfelder/Alter-Rente/D atensammlung/PDF-Dateien/abbVIII11.pdf, zuletzt aufgerufen am 13.08.2017.

Fritsche, I., Mues, A., Reese, G., Römpke, A.-K. und Wiersbinski, N. (2015): Psychologie in der Naturschutzkommunikation. URL: http://www.bfn.de/fileadmin/BfN/service/Dokumente/skripten/Skript423.pdf, zuletzt aufgerufen am 23.08.2017

Jaeger-Erben, M. (2010): Zwischen Routine, Reflektion und Transformation – die Veränderung von alltäglichem Konsum durch Lebensereignisse und die Rolle von Nachhaltigkeit. URL: https://depositonce.tu-berlin.de/bitstream/11303/2897/1/Dokument_12.pdf, zuletzt aufgerufen am 15.08.2017.

KlimAktiv (2016): CO Rechner. URL: http://www.uba.co2-rechner.de/de_DE/?do=reset, zuletzt aufgerufen am 08.08.2017.

Klöckner, C. (2005): Das Zusammenspiel von Gewohnheiten und Normen in der Verkehrsmittelwahl: ein integriertes Norm-Aktivations-Modell und seine Implikationen für Interventionen. URL: http://webdoc.sub.gwdg.de/ebook/dissts/Bochum/Kloeckner2005.pdf, zuletzt aufgerufen am 20.08.2017.

Kraftfahrtbundesamt (2017): Verkehr in Kilometern der deutschen Kraftfahrzeuge. URL: https://www.kba.de/DE/Statistik/Kraftverkehr/VerkehrKilometer/verkehr_in_kilome-tern_n ode.html, zuletzt aufgerufen am 11.09.2017.

Landeshauptstadt Potsdam (2014): Klimaschutzbericht Potsdam 2014. URL: https://www.potsdam.de/sites/default/files/documents/klimabericht2014.pdf, zuletzt aufgerufen am 09.08.2017.

Landeshauptstadt Potsdam (2015): Wohnungspolitisches Konzept für die Landeshauptstadt Potsdam. URL: https://www.potsdam.de/sites/default/files/documents/wohnungspolitisches_konzept_0.pdf, zuletzt aufgerufen am 09.08.2017.

Landeshauptstadt Potsdam (2017): Gutachten zur Masterplankommune. URL: https:// www.potsdam.de/sites/default/files/documents/170904_masterplan.pdf, zuletzt aufgerufen am 11.09.2017.

Lukas, M. (2011): Nachhaltiger Konsum und simplifizierte Lebensstile: Welche Perspektiven zeigen sich im Alltag. URL: http://www.budrich-journals.de/index.php/HiBiFo/article/view/13878/12051, zuletzt aufgerufen am 20.08.2017.

Naturschutzbund (2014): CO2- Emissionen durch private Haushalte. URL: https://www.nabu.de/imperia/md/content/nabude/nachbarnatur/nabu___siedlungs-entwicklung__bauen___co2-emissionen_durch_private_haushalte.pdf, zuletzt aufgerufen am 08.08.2017.

Statistisches Bundesamt (2008): Energieverbrauch privater Haushalte für Wohnen. URL: https://www.destatis.de/DE/Publikationen/STATmagazin/Umwelt/2008_12/2008_12Energieverbrauch.html, zuletzt aufgerufen am 08.08.2017.

Statistisches Bundesamt (2011): Durchschnittliche Wohnfläche pro Person nach Haushaltstyp. URL: https://www.destatis.de/DE/Methoden/Zensus_/Tabellen/Wohnsituation_HH_Zensus11_Wohnflaeche.html, zuletzt aufgerufen am 08.08.2017.

Siebenhüner, B. (1996): Umweltbewusstsein – weitergedacht ! Discussion Paper FS-II 96-402. Berlin: Wissenschaftszentrum. URL: http://bibliothek.wz-berlin.de/pdf/1996/ii96-402.pdf, zuletzt aufgerufen am 20.08.2017.

Stengel, O., Liedtke, C., Baedeker, C. & Welfens, M.J. (2008): Theorie und Praxis eines Bildungskonzeptes für eine nachhaltige Entwicklung. Umweltpsychologie. URL: http://docplayer.org/8985509-Theorie-und-praxis-eines-bildungskonzepts-fuer-eine-nac hhaltige-entwicklung.html, zuletzt aufgerufen am 28.08.2017.

Umweltbundesamt (2017a): Mobilität privater Haushalte. URL: http://www.umweltbundesamt.de/daten/private-haushalte-konsum/mobilitaet-priva-ter-haushalte, zuletzt aufgerufen am 26.08.2017.

Umweltbundesamt (2017b): Marktdaten: Bereich Mobilität. URL: http://www.umweltbundesamt.de/daten/private-haushalte-konsum/gruene-produk-te-mar ktzahlen/marktdaten-bereich-mobilitaet, zuletzt aufgerufen am 26.08.2017.

Umweltbundesamt (2017c): Emissionen im Personenverkehr. URL: https://www.umweltbundesamt.de/themen/verkehr-laerm/emissionsdaten#textpart-3, zuletzt aufgerufen am 11.09.2017.

Umweltbundesamt (2014): E-Rad macht mobil: Potenziale von Pedelecs und deren Umweltwirkung. URL: http://www.umweltbundesamt.de/publikationen/e-rad-macht-mobil, zuletzt aufgerufen am 18.08.2017.

ABBILDUNGEN

Abbildung 1: Anteile der Sektoren am Treibhausgarausstoß
Quelle: Klimaschutzbericht Potsdam 2014 (2014): URL: https://www.potsdam.de/sites/default/files/documents/klimabericht2014.pdf

Abbildung 2: Energieverbrauch Gesamt gegliedert nach Bereichen:
Eigene Darstellung nach ECO-Region

Abbildung 3: Szenariotrichter
Quelle: Becker, H. E. (2017): Das Sozialwirtschaftliche Sechseck: Soziale Organisationen zwischen Ökonomie und Sozialem. Springer Verlag, 156-157.

Abbildung 4: Phasen des Szenarioprozesses
Eigene Darstellung

Abbildung 5: Lebenszyklus eines Produktes entlang der Wertschöpfungskette
Quelle: Bundesinstitut für Bevölkerungsforschung (2017). URL: http://www.bib-demografie.de/DE/ZahlenundFakten/02/Abbildungen/a_02_18_ag_d_1871_2060_flaeche.html;jsessionid=ED091CE-A95E1E3DACAF714C36A8521DD.1_cid380?nn=3074114, zuletzt aufgerufen am 20.08.2017.

Abbildung 6: Szenarioanalyse Konsum
Eigene Darstellung

Abbildung 7: Autofahrleistung und Kohlendioxid-Emissionen pro Kopf im Bereich Mobilität
Quelle: Umweltbundesamt (2016): URL: http://www.umweltbundesamt.de/sites/files/medien/384/bilder/dateien/5_abb_co2-mobilitaet-autofahrleistung.pdf, zuletzt aufgerufen am 20.08.2017.

Abbildung 8: Bevölkerung in Deutschland nach Altersgruppen, 1871 bis 2060
Quelle: Bundesinstitut für Bevölkerungsforschung (2017): URL:
http://www.bib-demografie.de/DE/ZahlenundFakten/02/Abbildungen/abbildungen_node.htm, zuletzt aufgerufen am 15.08.2017.

Abbildung 9: Szenarioanalyse Mobilität
Eigene Darstellung

Abbildung 10: Szenarioanalyse Wohnen
Eigene Darstellung

TABELLEN

Tabelle 1: Szenarioanalyse Konsum

Tabelle 2: Szenarioanalyse Mobilität

Tabelle 3: Szenarioanalyse Wohnen

ATTRAKTIVITÄT VON STÄDTEN

Welche architektonischen und städtebaulichen Merkmale muss ein Wohnquartier unter dem Leitbild „schöne Stadt" erfüllen, um als attraktiv zu gelten?

AUTOR*INNEN

Sarah Krebs
Kyra Wohlgemuth
Carol Yousseu
Caroline Zygmunt

INTERVIEWPARTNER*INNEN

Dr. Cornelia Ehmayer-Rosinak
Gründerin und Leiterin der STADTpsychologie

Prof. Jan Kleihues
Architekt und Mitgründer von Kleihues + Kleihues

Magdalena Konieczek-Woger
Autorin und Mitarbeiterin der Senatsverwaltung für Stadtentwicklung und Wohnen

Dipl.-Ing. Wolfgang Würstlin
Architekt; Planungsbüro g8 GbR Büro für umweltgerechte Raum- und Stadtplanung

1. TEIL

EINLEITUNG

Wir befinden uns im Jahrhundert der Städte. Der demografische Wandel und eine steigende Anziehungskraft vieler Städte führt dazu, dass immer mehr Menschen ihren Wohnort in den urbanen Raum verlegen (vgl. statista 2017). Einige wachsende Städte in Deutschland wie Berlin, München oder Hamburg, stehen somit vor der Herausforderung, immer mehr Menschen mit bezahlbarem Wohnraum versorgen zu müssen. Allein in Berlin müssten jedes Jahr mehrere tausend Wohnungen entstehen, um der Nachfrage, besonders im Segment der Zwei- bis Dreizimmerwohnungen, begegnen zu können (vgl. Klupp, M. 2014). Dabei gibt es eine Vielzahl an Handlungsoptionen, wie eine Stadt weiter wachsen könnte. Es besteht die Möglichkeit, die Fläche effektiver auszunutzen, um dichter und kompakter zu bauen, insofern es das Baugesetzbuch zulässt. Mehr Dichte kann gleichzeitig auch durch Aufstockung oder Ähnlichem geschaffen werden. Bei dieser Planung gilt es, als zusätzliche Herausforderung für die Stadtentwicklung, die Attraktivität der Städte zu bewahren oder zu steigern. Die Funktion einer Stadt ist es, nicht nur ihre Bewohner*innen in ihren Grundbedürfnissen Wohnen und Arbeit zu versorgen, sondern auch einen lebenswerten und geschützten Raum zu bieten. Dazu ist es notwendig, sich mit der Frage zu beschäftigen, was Städte und ihre Quartiere attraktiv macht. Es kann nicht davon ausgegangen werden, dass allein durch Regularien der Politik und Verwaltung eine attraktive, lebenswerte Stadt entwickelt werden kann. Vielmehr benötigt es spezifische Richtwerte, die zusammenfassen, was allgemein für eine Stadt als attraktiv gilt. Dabei soll keine Normierung von Städten und ihren Quartieren geschehen, sondern es werden differenzierte Handlungsempfehlungen benötigt, die als Qualitätssicherung für Quartiere fungieren. Nach städtischen Leitbildern, wie der autogerechten Stadt, der Stadt der kurzen Wege oder der gegliederten Stadt, ist es nun an der Zeit für ein Leitbild, das sich besonders mit der Attraktivität der Städte beschäftigt. Einige Städte wie Köln oder Göttingen haben sich dieses Leitbild schon auf die Agenda gesetzt. Somit soll auch zukünftig sichergestellt werden, dass Städte einen lebenswerten Wohnraum für deren Bewohner*innen bieten können.

Ziel dieses Beitrags ist es, anhand von bestehenden Normen und Verordnungen Richtwerte für ein, aus Sicht der Bewohner*innen, attraktives Stadt- bzw. Wohnquartier zu entwickeln und zusammenzufassen. Diese Projektarbeit bezieht sich in ihrer Forschung auf den Bereich Architektur und Städtebau. Dabei beschäftigt sie sich mit der Attraktivität von Städten auf Quartiersebene, da gesamte Städte in ihrem Erscheinungsbild sehr divers sein können und es in dieser Arbeit um kleinteilige Aspekte der Attraktivität geht. Auf die Auswahl des Forschungsbereichs wird im späteren Verlauf genauer eingegangen. Daraus geht die zentrale Fragestellung hervor:

Welche architektonischen und städtebaulichen Merkmale muss ein Wohnquartier unter dem Leitbild „schöne Stadt" erfüllen, um als attraktiv zu gelten?

Zusätzlich soll überprüft werden, ob die Richtwerte verbindlich in die Stadtentwicklungsplanung integriert werden können. Dies wird unter der zweiten Fragestellung „Wie können diese Merkmale in den Planungsprozess integriert werden?" beantwortet.

In den nächsten Schritten wird zunächst auf das methodische Vorgehen genauer eingegangen. Darauf folgen die Erläuterung des Begriffs Attraktivität und die Vorstellung des Forschungsstandes. Als zentraler Punkt werden die Ergebnisse genannt. Im Anschluss folgt die Zusammenfassung unserer Ergebnisse anhand unseres Leitbildes, und es wird aufgezeigt, wie dieses in den Planungsprozess integriert werden könnte. Abschließend wird auf mögliche weitere Schritte innerhalb unseres Fazits eingegangen.

METHODISCHES VORGEHEN

In diesem Punkt werden die ausgewählten Methoden thematisiert und erläutert. Zur Bewertung von städtischer Attraktivität wurden qualitative Methoden angewandt. Da es sich bei der Qualifizierung von attraktiven Städten um ein wissenschaftlich wenig behandeltes Thema handelt, wurden wesentliche Informationen aus spezifischen Fachzeitungen und Expert*inneninterviews gewonnen. Die wissenschaftlichen Quellen gaben vor allem Auskunft über Attraktivität im allgemeinen Sinne, sie können aber durchaus auch auf Städte bezogen werden. Diese Informationen und ergänzende Literatur sind Grundlage für den theoretischen Teil der Arbeit, der die Hintergrundinformationen, den Stand der Forschung und die Definition von Attraktivität umfasst. Bei wissenschaftlich wenig erforschten Themen eignet sich zudem die Anwendung von qualitativen Methoden (vgl. Flick, U. 2009, S.14). Die Durchführung von Interviews diente der Informationsgewinnung für den analytischen Teil der Arbeit. Durch die Befragung von Expert*innen werden die Kategorisierung, Handlungsempfehlungen zur Verbesserung der Attraktivität in Wohnquartieren und die These der Messbarkeit von Attraktivität analysiert. Für die stadtspezifische Attraktivität wurden Expert*innen befragt. Im Anschluss an die Expert*inneninterviews werden diese systematisch ausgewertet und die Aussagen miteinander verglichen und gegenübergestellt. Die Ergebnisse der Interviews dienen der Herleitung von Handlungsempfehlungen und der Erstellung von Richtwerten.

EXPERT*INNEN-INTERVIEWS

Dieser Punkt beschäftigt sich mit den durchgeführten Expert*inneninterviews im Rahmen der Forschungsarbeit. In der Vorbereitungsphase wurde die Auswahl der Expert*innen festgelegt und zeitgleich der Leitfaden für die Interviews erstellt. Bei der Auswahl der Expert*innen wurde darauf geachtet, dass diese einen starken Bezug zum Themenfeld Stadt vorweisen und in unterschiedlichen Bereichen arbeiten. Die Wahl fiel auf den Architekten Jan Kleihues aus Berlin, den Stadt- und Raumplaner Wolfgang Würstlin aus Dortmund, die Mitarbeiterin der Senatsverwaltung für Stadtentwicklung und Wohnen Magdalena Konieczek-Woger aus Berlin sowie die Stadtpsychologin Cornelia Ehmayer-Rosinak aus Wien. Mithilfe der vier Expert*innen gelang es, die Stadt besonders aus architektonischer, städte- und raumplanerischer sowie stadtpsychologischer Sicht zu analysieren und damit die Forschungsfragen zu beantworten. Die empirische Untersuchung wurde in Form von Leitfadeninterviews durchgeführt. Hierfür wurde ein Fragebogen erarbeitet, den alle Expert*innen im Vorfeld erhalten haben. Die Interviews wurden persönlich, telefonisch, schriftlich und via Skype durchgeführt. Alle wurden mit Einverständnis der Interviewpartner*innen mit einem Aufnahmegerät aufgezeichnet und im Anschluss transkribiert. Der Zeitraum, in dem die Interviews getätigt wurden, umfasste Mitte Juni bis Mitte Juli 2017.

2. TEIL

DEFINITION VON ATTRAKTIVITÄT UND IHRE ÜBERTRAGUNG AUF STÄDTE

Der Begriff „Attraktivität" kommt aus dem Lateinischen „attrahere" und bedeutet so viel wie „anziehen" (vgl. Langenscheidt Digital o.J.). Auf Personen bezogen stellt Anziehung „positive zwischenmenschliche Einstellungen" oder mit anderen Worten, „eine gelernte Bereitschaft dar, gegenüber einer bestimmten anderen Person mit positiven Meinungen, positiven Gefühlen und positivem Verhalten oder Verhaltensabsichten zu reagieren" (Mikula, G.; Stroebe, W. 1991, S. 61).

Dabei sind verschiedene Arten von Attraktivität möglich, welche auf der intellektuellen oder physischen Ebene beruhen, wobei die zwei Ebenen durchaus miteinander korrelieren. Auf der intellektuellen Ebene bedeutet dies, dass die Anziehungskraft durch Eigenschaften wie Charakter, Charme und Charisma beeinflusst werden kann (vgl. Axt-Gadermann, M. 2013, S. 18f.).

Die sogenannte „physische Attraktivität“ dagegen bezieht sich auf die Anziehungskraft durch körperliche Merkmale. Somit kann der Begriff durchaus mit „Schönheit“ gleichgesetzt werden, wobei „physische Attraktivität“ eine etwas neutralere Bedeutung hat (vgl. Niketta, R. 1993, S. 163).

Kulturvergleichende Untersuchungen bestätigen, dass eine gemeinsame Auffassung des Schönheitsempfindens besteht. Demzufolge gilt Schönheit als universell und international (vgl. Iliffe, A.H. 1960; Morse S.J. et al. 1974; Henss, R. 1987).

In der Gesichtsforschung wird das Schönheitsurteil auf folgenden zwei Merkmalen gestützt:

- **Durchschnittlichkeit**, d.h. die Konformität mit dem durchschnittlichen Gesicht der Bevölkerung.

- **Symmetrie**, d.h. die Übereinstimmung zwischen linker und rechter Gesichtshälfte.
Wobei als besonders schön empfundene Gesichter gerade nicht perfekt durchschnittlich oder symmetrisch sind, sondern geringe Diskrepanzen von der Perfektion aufzeigen, wie zum Beispiel durch einen Schönheitsfleck (vgl. Asendorpf, J.; Neyer, F. 2012, S. 134).

Diese Erkenntnis wird unter anderem auch in der philosophischen Ästhetik geteilt: „Das Mittelmaß, scheint das Grundmaß und die Basis der Schönheit, aber noch lange nicht die Schönheit selbst zu sein, weil zu dieser etwas Charakteristisches erfordert wird“ (Kant, I. 1796, zitiert nach Grammer, K. 1993, S. 156). Demzufolge besteht bei der Beurteilung von Schönheit ein Spannungsfeld zwischen Durchschnitt und besonderen bzw. charakteristischen Merkmalen.

Die Attraktivitätsforschung, welche auf zwischenmenschliche Beziehungen beruht, lässt sich durchaus auf die Einstellung von Personen zu Städten übertragen. Menschen können ebenfalls gegenüber Städten positive Gefühle empfinden und sich demzufolge zu ihnen hingezogen fühlen. Dabei lassen sich ebenso hier die zwei Arten von Attraktivität auf intellektueller und physischer Ebene berücksichtigen. Auch ausgenommen von den physischen Merkmalen ist es den Städten möglich, durch beispielsweise einem regen Kultur- , Shopping- und Gastronomieangebot, einen gewissen Charme zu erzeugen und somit eine Anziehung bei den Betrachter*innen zu bewirken (vgl. EIU 2016). Dennoch spielt, neben bestimmten Merkmalen zur Erfüllung der Wohnbedürfnisse (siehe Attraktivität von Städten, S. 170), die architektonische und städtebauliche Ästhetik einer Stadt eine besonders bedeutende Rolle für die Attraktivitätsbeurteilung. Wie bei der zwischenmenschlichen Schönheitsbeurteilung lässt sich auch hier zum Teil eine gemeinsame Auffassung von architektonischer und städtebaulicher Ästhetik erkennen. Ein Beispiel für ein universelles Schönheitsmerkmal in der Architektur ist eine basale Ordnung bzw. Symmetrie in der Architektur der Stadt, was wiederum eine Parallele mit der Schönheitsforschung des Gesichtes bildet. Allerdings sollte die Architektur nicht zu ordentlich bzw. eintönig sein, da die Stadt sonst trostlos und ohne jeglichen Charakter wirken könnte. Deshalb wird von dem Bildungsunternehmen „The School of Life“ empfohlen, eine basale Symmetrie und Ordnung in der Architektur zu gewährleisten, indem beispielsweise die Höhe und Breite der Gebäude übereinstimmen. Jedoch, und dies entspricht ebenfalls der Schönheitsforschung des Gesichtes, sollten die einzelnen Gebäude etwas Individuelles bzw. Charakteristisches in der Form, Struktur oder Farbe haben (vgl. The School of Life 2015).

3. TEIL

STAND DER FORSCHUNG

Das bis heute mehrfach modifizierte Baugesetzbuch (BauGB) stellt die wichtigste Grundlage des Bauplanungsrechtes dar. Die vierteilig gegliederte Rechtsquelle hat erheblichen Einfluss auf Gestalt, Struktur und Entwicklung des besiedelten Raumes und beinhaltet Gesetzessammlungen zum allgemeinen und besonderen Städtebaurecht. Es strukturiert städtebauliche Entwicklungsmaßnahmen, die ein soziales und umweltfreundliches Lebensumfeld sichern und somit die Attraktivität und Lebensqualität von Städten gewährleisten (vgl. Bundesministerium für Umwelt, Naturschutz, Bau und Reaktorsicherheit 2017). Der Stadtplaner Wolfgang Würstlin bezeichnet das BauGB als ein „(...) Instrument, um attraktive Stadtgestalt zu sichern, insofern die Kommunalpolitik Rückgrat beweist und nicht die schnelle Vermarktung sucht" (Würstlin, W. 2017, Interview S.17).

Aus unterschiedlichen Blickwinkeln und mit verschiedenen Instrumenten betrachten Wissenschaftler*innen und Forscher*innen Stadtentwicklungen und eine damit verbundene existierende oder nicht existierende Attraktivität.

Die britische Fachzeitschrift, The Economist, bekannt für ihre globalen Berichterstattungen, veröffentlicht jedes Jahr eine **Rangliste der lebenswertesten Städte der Welt**. Insgesamt werden 140 Städte in 30 Kategorien, wie z.B. Gesundheitssystem, Kultur und Umwelt, Bildung und Infrastruktur, von Wissenschaftler*innen der „Intelligence Unit" des Economist, untersucht (vgl. EIU 2016).

Rangliste der lebenswertesten Städte der Welt:
Basierend auf dem „Lebensqualitätsindex", erstellt 2016 von der Economist Intelligence Unit, belegt die Stadt Melbourne in Australien 2016 den ersten Platz. Bewertet werden folgende fünf Bereiche: Stabilität, Infrastruktur, Umwelt, Bildungs- und Gesundheitswesen (Economist Intelligence Unit, 2016).

Gutachten in den verschiedenen Kategorien der Stadtbetrachtung und Befragungen der Menschen bilden hier die Grundlage zur Erstellung der Ranglisten. Vorher erarbeitete Kriterienkataloge dienen der Differenzierung der Befragung und helfen, das Niveau einer empfundenen Attraktivität einer Stadt messen zu können und erkennbar zu machen.

Der kanadische Journalist und Autor des Buches „Happy City", Charles Montgomery, erforscht ebenfalls die Attraktivität von Städten, bedient sich jedoch eines anderen Ansatzes. Von unterschiedlichen Stadtgeschichten, die Montgomery in seinem Werk beschreibt, leitet er ab, wie geglückt oder weniger gelungen sich eine Stadt als Ganzes entwickelt hat. Um ein Gesamtbild zu erstellen, betrachtet er die Emotionen der Menschen und ihr Verhalten sowie die urbane Gestaltung und stellt Zusammenhänge zwischen diesen her.

Montgomery versucht anhand von städtischen Beispielen das Wort „Happy" zu definieren und es zu messen. Er ist der Meinung, dass die Suche nach dem Ergebnis die Städte formen und im Gegenzug Städte die Suche gestalten. Hierzu sagt er: „It is impossible to separate the life and design of a city from the attempt to understand happiness, to experience it, and to build if for society. The search shapes cities, and cities shape the search in return" (Montgomery, C. 2013, S.18).

"The question of the purpose of human life has been raised countless times; it has never yet received a satisfactory answer and perhaps does not admit of one... We will therefore turn to the less ambitious question of what men show by their behaviour to be the purpose and intention of their lives. What do they demand of life and wish to achieve in it? The answer to this can hardly be in doubt. They strive after happiness; they want to become happy and to remain so."

(Montgomery, C. 2015, S.15)

Die Psychologin und Dozentin für „Urban Psychology“ an der Universität Zürich, Alice Hollenstein unterrichtet und untersucht die empirische Ästhetik. Sie erforscht, unter welchen Bedingungen und Umständen wem, was und warum gefällt bzw. nicht gefällt. In ihrer Präsentation nennt sie sieben Regeln mit jeweiligen Beispielen von Studien, welche die Wahrnehmung des Menschen betrachten und analysieren (vgl. Hollenstein, A. 2013).

Das Max-Planck-Institut (MPI) in Frankfurt versucht mithilfe von Testpersonen den Zusammenhang zwischen Körperreaktionen und ästhetischem Empfinden zu erforschen. Teilnehmer laufen beispielsweise durch einen, mit Kameras und Mikrofonen ausgestatteten, Konzertsaal und betrachten unterschiedliche Kunstwerke. Durch Beobachtungen, Befragungen und Messungen werden die Reaktionen der einzelnen Personen festgehalten und analysiert. Die Forscher des MPI, welche die Ästhetik als die Wissenschaft von der Wahrnehmung und Bewertung definieren, kombinieren objektive Daten der Teilnehmer mit den subjektiven Auskünften und erstellen daraus Theorien zur Ästhetikempfindung (vgl. Schindler, I., Hosoya, G., Menninghaus, W., u.a. 2017).

In der aktuellen Forschung führt die Universität Siegen mithilfe eines Online-Erhebungsinstruments Befragungen durch, welche die Attraktivität von Regionen und Kommunen messbar machen sollen. Anders als die üblichen Städte-Rankings, die auf harte Kriterien wie Infrastruktur, Wirtschaftskraft, Bildungsmöglichkeiten etc. basieren, erforscht die Universität in ihren Untersuchungen nach dem Bottom-Up-Prinzip subjektive Wahrnehmungen der Menschen, bezogen auf ihr urbanes Umfeld, um die Attraktivität von Regionen bewerten zu können (vgl. Luschei, F. Strünck, C. 2015, S. 3).

Vor allem Wissenschaftler*innen, Stadtpsycholog*innen und Planer*innen haben in der Vergangenheit gezeigt, dass sie entweder durch Formeln, harte Kriterien, Bürger*innenbefragungen oder mit einer rein psychologischen Sichtweise versuchen, die Attraktivität von Städten und Gemeinden zu definieren und zu messen. Aufgrund der Komplexität der Fragestellung und der umfangreichen subjektiven Bewertungen zum Thema Attraktivität liegen bisher wenige aussagekräftige Forschungsergebnisse und –berichte vor.

4. TEIL

FORSCHUNGSERGEBNISSE

Im folgenden Kapitel werden die Forschungsergebnisse vorgestellt, die sich zunächst auf die Attraktivität von Städten im Allgemeinen beziehen. Im zweiten Teil des Kapitels liegt der besondere Fokus auf der Attraktivität von Städten im Bereich Architektur und Städtebau mit ausgewählten Unterkategorien.

ATTRAKTIVITÄT VON STÄDTEN

In Tabelle 1 sind die Merkmale dargestellt, die einer Stadt Attraktivität verleihen. Uns war wichtig herauszufiltern, welche Kategorien definiert werden sollten, um eine möglichst große Bandbreite an Attraktivitätsmerkmalen zu sichern, die sich auf ein Wohnquartier beziehen. Die Bedürfnisse des Menschen an sein Wohnumfeld lassen sich nur unzureichend erfassen, da sich die Wohnbedürfnisse sowohl interindividuell als auch intraindividuell stark unterscheiden und keineswegs statisch sind (vgl. Ehmayer, C. 2012, S. 76). Aufgrund von unterschiedlichen Lebenszyklen, wie beispielsweise Familienbildung, sind sie einem stetigen Wandel unterzogen (vgl. Flade, A. 2006, S. 85).

Das Deutsche Urban Audit von 2015 veröffentlichte hierzu erstmalig eine umfangreiche Indikatorenliste zum Thema Lebensqualität in europäischen Städten. Diese Merkmale wurden dieser Arbeit zugrunde gelegt.
„Die Urban Audit - Datensammlung ist die einzige Erhebung vergleichbarer Städtestatistiken im Rahmen des Europäischen Statistischen Systems und umfasst über 900 Städte in den EU- Mitgliedstaaten sowie den

EFTA- und Kandidatenländern Norwegen, Schweiz und der Türkei. Die im Rahmen des Urban Audit erhobenen und von Eurostat veröffentlichten Indikatoren sind eine wesentliche Grundlage zur Erfassung und Beobachtung der Lebensqualität in den europäischen Städten" (KOSIS-Gemeinschaft Urban Audit 2015, S.5).

Folgende Kategorien wurden in die Tabelle in dieser Arbeit aufgenommen:
Architektur/ Städtebau, Wohnen, Mobilität, Ökonomie/ Versorgung, Kultur/ Freizeit, Gesundheit, Umwelt, Demographie, Sicherheit und Bildung.

Attraktivität von Städten

Kategorien	Merkmale				
Architektur / Städtebau	Dichte, kompakte Bauweise	Grün- & Freiflächen	Maßstab	Ordnung & Vielfalt	
Wohnen	bezahlbarer Wohnraum	Wohnfläche qm/Person	Zugang zu Wohnraum für verschiedene soziale Gruppen	Ausstattung der Wohnung	
Mobilität	ÖPNV Angebot	Entfernung zum ÖPNV	Ausbau der Straßen	Fahrradwege	Infrastruktur / Ausstattung der Haltestellen
Ökonomie / Versorgung	Entfernung zu Nahversorgungs-einrichtungen	Entfernung zu Versorgungsein-richtungen	Arbeitsplätze		
Kultur / Freizeit	Angebot an Kultur / Freizeit	Angebot an Sport, Gesundheit & Erholung	Angebot an Shopping, Gastro-nomie & Vergnügen	Erreichbarkeit der Kultur / Frei-zeit-angebote	
Gesundheit	Angebot an Gesund-heitseinrichtungen	Gesundheits-vorsorge	Lebenser-wartung		
Umwelt	Luftver-schmutzung	Wasserqualität	Feinstaub-belastung	Lärmbelastung	
Demographie	soziale Durchmischung				
Sicherheit	Mordrate	Überfallrate	Autodiebstähle	Wohnungsein-brüche	Sicherheits-gefühl
Bildung	Bildungsein-richtungen	weiterführende Einrichtungen	Kitaplätze		

Tabelle 1: Kategorien und Merkmale
Eigene Darstellung adaptiert nach KOSIS-Gemeinschaft Urban Audit 2015

ATTRAKTIVITÄT IN ARCHITEKTUR UND STÄDTEBAU

Von der Tabelle 1 wurden die Merkmale der Kategorie Architektur und Städtebau im Rahmen dieser Arbeit näher betrachtet.

Grün- und Freiflächen, Ordnung und Vielfalt, Dichte und kompakte Bauweise sowie Gebäudehöhe und Maßstab gliedern das Thema in weitere Subkriterien. Um die Attraktivität eines Wohnquartiers zu definieren, gelten diese Merkmale als prägnant. In den Expert*inneninterviews wurde diese Kategorisierung präferiert, begründet und ergänzt um die Faktoren Stadtidentität und Mobilität.

Grün- und Freiflächen

Grün- und Freiflächen sind für die Regeneration der Menschen in der Stadt besonders wichtig.

„Vor allem in dicht verbauten Umwelten kommt öffentlichen Freiräumen, wie Plätzen, Boulevards, Grünflächen oder Parks eine restaurative Funktion zu. In Verbindung mit natürlichen Elementen wird ihnen stressreduzierende Wirkung zugeschrieben."

(Ehmayer-Rosinak, C. 2012, S. 79).

Die Stadtpsychologin Ehmayer-Rosinak verdeutlicht hierzu in ihrer Dissertation den hohen Stellenwert von Grün- und Freiflächen im öffentlichen städtischen Raum. Diese dienen beispielsweise als Treffpunkt für alle Bewohner*innen der Stadt. Hier wird kommuniziert, Sport gemacht, gemeinsam gefeiert oder einfach nur die Natur erlebt (vgl. Ermer et al. 1996). Zudem haben Grünflächen einen deutlichen Einfluss auf das Klima der Städte und sind maßgeblich für die Wärmeregulation verantwortlich (vgl. Hellbrück, J., Fischer M. 1999, S.248).

Für die Expert*innen unstrittig ist die herausragende Bedeutung von Grün- und Freiflächen für städtische Quartiere und ihre Bewohner*innen. Die Stadtpsychologin Ehmayer-Rosinak fordert mehr zusammenhängende Grünflächen und kleine Parks innerhalb der Quartiere (vgl. Ehmayer-Rosinak C. 2017, Interview). Stadtplaner Würstlin betont, dass Grünflächen neben der räumlichen Nähe zum Wohnumfeld auch in unmittelbarer Nähe zum Arbeitsplatz benötigt werden. Des Weiteren geht er im Interview darauf ein, dass dem vermeintlichen Verlust von Grün in der Stadt durch urban gardening oder urban farming begegnet werden kann (vgl. Würstlin, W. 2017, Interview).

„(...) Urban Gardening vermehrt Grünflächen an Stellen, wo man sie nicht vermutet, und bietet Ausgleich durch Gartenarbeit auch für Städter ohne eigenen Garten; Urban Farming holt sogar Lebensmittelproduktion in die Stadt."

(Würstlin, W. 2017, S.18)

Neben Grün- und Freiflächen ist für ein attraktives Wohnquartier die Durchmischung von Versorgungs-, Kultur- und Freizeiteinrichtungen empfehlenswert. Nur wenn die Grunddaseinsfunktionen des Menschen, wie Wohnen, Arbeiten, Erholung, Bildung, Teilnahme am Verkehr, Gemeinschaft, Ver- und Entsorgen innerhalb des Wohnquartiers oder in unmittelbarer Nähe erfüllt werden, kann sich Attraktivität bilden (vgl. Würstlin, W. 2017, Interview).

Zudem haben Grün- und Freiflächen innerhalb eines städtischen Quartiers positiven Einfluss auf das Wohlbefinden und sind in der Lage, Stress und Ängste abzubauen (vgl. Stiftung Die Grüne Stadt 2012, S.10). Diesen Ansatz vertritt Stadtpsychologin Ehmayer-Rosinak. Sie sagt aus, wenn es dem Menschen in der Stadt nicht gut gehe, ginge es auch der Stadt nicht gut. Fühlen sich Bewohner*innen in ihrem Wohnumfeld wohl, steigert dies ebenso die Attraktivitätswahrnehmung des städtischen Quartiers (vgl. Ehmayer-Rosinak C.

2017, Interview). Die Stiftung „Die Grüne Stadt" berichtet in ihren Studien, welche im Global Garden Report 2012 festgehalten sind, dass die Mehrzahl der befragten Teilnehmer*innen bereit seien, mehr Geld für ihre Wohnung oder ihr Haus auszugeben, wenn sich diese in der Nähe von attraktiven Grünflächen befindet (vgl. Stiftung Die grüne Stadt, 2012).

Der Faktor Grün- und Freiflächen stellt ein ausschlaggebendes Merkmal für die Attraktivität eines Quartiers dar. Menschen wünschen und fordern Grün in ihrer unmittelbaren Nähe (vgl. Stiftung Die grüne Stadt, 2012).

Ordnung und Vielfalt

Als Goldene Regel wird hier oftmals von der Ordnung in der Vielfalt gesprochen. Ehmayer-Rosinak spricht davon, dass eine Vielfalt an Farben, Formen, Strukturen oder Elementen gewünscht wird, diese jedoch nur in einer sogenannten geordneten Form erscheinen sollte.

Architekturpsychologe Rainer Maderthaner beschreibt, wie sich die Wahrnehmung ästhetischer Gestaltung auf die Wohnzufriedenheit der Bewohner auswirkt und dass Statusaspekte der Wohngegend nicht unbedeutend für die Ortsbindung der Menschen sind (vgl. Maderthaner, R. 1995, S.4).

Gleichzeitig vertreten die Expert(inn)en die Meinung, dass Ordnung und Vielfalt zwar wichtig für die Stadt seien, jedoch keine Garanten für eine gelungene Stadtplanung bedeuten.

„Es kann unter anderem durch Ordnung und Symmetrie ein attraktives Stadtbild geschaffen werden, aber allein durch Ordnung und Symmetrie – das reicht nicht aus."

(Kleihues, J. 2017, Interview)

Der Stadtplaner Würstlin beschreibt es ähnlich und sieht Ordnung und Symmetrie eher als gestalterische Aspekte (vgl. Würstlin, W. 2017, Interview).

Um sich dem Konstrukt der Ordnung und Symmetrie weiter zu nähern, und um zu verstehen, welche Merkmale für die Attraktivität wichtig sind, muss der Blick auf die empirische Ästhetikforschung gelenkt werden. Diese beschäftigt sich im Kern damit, wie Architektur auf die Bewohner*innen und Menschen einer Stadt wirkt. In einer Vielzahl von Untersuchungen wurde ausgewertet, welche Gebäudekompositionen den Bewohner*innen am besten gefallen. In der Studie „Complexity, Age and Building Preference" von Herzog und Shier, hatten Befragungsteilnehmer*innen die Aufgabe, auf Fotos dargestellte Gebäudekomplexe zu bewerten und zu beurteilen. Das Ergebnis zeigt, dass historische Gebäudeansichten den modernen vorgezogen werden. Besonders Fassaden aus der Gründerzeit wurden als attraktiv empfunden (vgl. Herzog, T., Shier, R. 2000). Ein weiteres Merkmal, das sich positiv auf die Wahrnehmung eines Stadtquartiers auswirkt, ist Kleihues nach die Materialität, wodurch eine eigene Identifikation geschaffen wird (vgl. Kleihues, J. 2017, Interview). Zimbardo und Gerrig beschreiben in ihrem Buch „Psychologie" (2008), dass Identifikation auf Aneignung abzielt. Diese Aneignung gilt besonders bei der Ortsbindung. Ehmayer-Rosinak betont, dass die Ästhetik von Gebäuden, neben vorhandenen Grünflächen, als relevantestes Kennzeichen für die Attraktivität eines Wohnquartiers betrachtet wird (vgl. Ehmayer-Rosinak, C. 2012, S.80).

Zusammenfassend gilt, dass Ordnung und Vielfalt für ein städtisches Quartier wichtig, aber nicht ausschlaggebend für seine Attraktivität sind.

Dichte und kompakte Bauweise

Abbildung 1: Gründerzeitfassade
Quelle URL: https://pixabay.com/de/antike-architektur-gebäude- stadt-1867594.

Abbildung 2: Fassaden mit detailreichen Verzierungen
Quelle URL: https://pixabay.com/p- 1868270/?no_redirect.

Dichte ist stets stark mit Urbanität verknüpft.

> **„Der Begriff der Dichte wurde eingeführt, um Nachteile der durch die industrielle Revolution transformierten Städte zu beschreiben. Hohe Dichten wurden im Allgemeinen mit schlechten und ungesunden Wohnverhältnissen verbunden. Sie standen für das soziale Elend in der Stadt. Mit der Charta von Athen wurde als Lösung die aufgelockerte Stadt zum städtebaulichen Leitbild ausgerufen. Später wurde die bauliche Dichte als zentrales Fundament attraktiver Städte gesehen."**
>
> (Architektenkammer NRW 2016, S. 21)

Es wird deutlich gemacht, dass der Begriff der Dichte im letzten Jahrhundert einen großen Wandel vollzogen hat und es heute kaum noch vorstellbar wäre, eine Stadt mit urbanem Flair ohne Dichte zu beschreiben. Daher sind die befragten Expert*innen sich einig, dass „Urbanität nur in gut frequentierten öffentlichen Räumen möglich" (Würstlin, W. 2017, Interview S. 22) ist und Dichte somit als ein gewisses Attraktivitätskriterium gilt. Durch Dichte kann die Nähe zu Versorgungs-, Kultur- und Freizeiteinrichtungen, zu Grünflächen und idealerweise zum Arbeitsplatz gewährleistet werden, so wie es auch die Innenstadtbewohner*innen bevorzugen. Dieses Anliegen entspricht außerdem dem neueren Leitbild „Stadt der kurzen Wege", welches eine gewisse Dichte und gleichzeitig Multifunktionalität sowie Nutzungsvielfalt beabsichtigt (vgl. ebd.).

Die Stadtpsychologin Ehmayer-Rosinak würde der Dichte bzw. kompakten Bauweise gegenüber der Zersiedelung immer den Vorzug geben (vgl. Ehmayer-Rosinak, C. 2017, Interview S. 10). Allerdings, und auch hier sind sich die Expert(inn)en einig, spielt die Gestaltung der Dichte eine unverzichtbare Rolle. Dichte ist zwar zwingend erforderlich, „stößt aber durchaus an ihre Grenzen [...] und zwar dann, wenn bestimmte Funktionen für die Bewohner nicht mehr erfüllt werden" (Würstlin, W. 2017, Interview S. 22). Es gibt durchaus Personen, in den Megastädten Asiens beispielsweise, die in fensterlosen Wohnungen leben müssen. In diesem Fall ist die Dichte untragbar. Es ist also erforderlich, dass die Grundbedürfnisse der Bewohner*innen sowie die Grundqualitäten wie ausreichend Licht, Luft und Sonne erfüllt werden (vgl. Kleihues, J. 2017, Interview, S. 17). Zudem braucht Dichte eine funktionale sowie soziale Durchmischung. Ein reines Wohngebiet, welches nur über Wohnungen verfügt und keine weitere Funktionen umfasst, ist selten attraktiv. Stattdessen sollten zusätzlich Versorgungs-, Erholungs- und Vergnügungsangebote im Wohnquartier vorhanden sein, um so eine

Funktionsmischung sicherzustellen (vgl. ebd.; Ehmayer-Rosinak, C. 2017, Interview S. 10). Zu beachten ist außerdem, dass trotz Dichte akzeptable Stadträume gestaltet werden. Dies bezieht sich besonders auf den öffentlichen Raum mit beispielsweise Grün- und Freiflächen, aber es muss auch der private Rückzugsraum berücksichtigt werden (vgl. Würstlin, W. 2017, Interview S. 21).

Laut Kleihues könnten viele deutsche Städte wesentlich dichter sein. Allerdings ist die hohe **Dichte** aus der Gründerzeit mit den Vorgaben nicht mehr zugelassen. Somit ist eine ausreichende Verdichtung heute nicht möglich und das sieht Kleihues als ein großes Problem an, da es wichtig sei Städte zu verdichten, besonders heutzutage, wo viel Wohnungsnot herrscht (vgl. Kleihues, J. 2017, Interview S. 17).

Bevölkerungsdichte:
Mit 45.181 Einwohner/km² hat Wong Tai Sin die zweithöchste Bevölkerungsdichte aller Stadtteile in Hongkong. Den ersten Platz belegt Kwun Tong mit 55.204 Einwohner/km² (vgl. Census and Statistics Department 2012, S.19).

Abbildung 3: Sehr hohe Dichte in Hongkongs Stadtteil „Wong Tai Sin"
Quelle: URL: https://commons.wikimedia.org/wiki/File:Wong_Tai_Sin_Public_Housing_Estate_2010.jpg.

Gebäudehöhe und Maßstab

Der menschenfreundliche Maßstab einer Stadt ist für die Attraktivität des Wohnumfeldes besonders wichtig. Jan Gehl sagt hierzu in seinem Buch „Städte für Menschen" im Kapitel „Sinneswahrnehmungen und Größenordnung", dass die Sinneswahrnehmungen der Menschen die Basis und der Ausgangspunkt für die Planung innerhalb der Stadt sein sollte. Gehl zeigt auf, wie die Proportionen von städtischen Plätzen und anderen öffentlichen Räumen mit unserem Sehvermögen übereinstimmen. Menschen können andere Personen bis zu einer Reichweite von 100 Metern erkennen, somit ist dies beispielsweise ein weit verbreitetes Maß bei der Gestaltung von öffentlichen Plätzen (vgl. Gehl, J. 2015, S.48, 60).

Auch die Gebäudehöhe spielt bei der urbanen Raumplanung eine ausgesprochen wichtige Rolle. Es ist allerdings schwierig, eine pauschale Höhe der Gebäude in einem Wohnquartier festzulegen, da diese abhängig von den räumlichen Rahmenbedingungen der jeweiligen Standorte ist (vgl. Kleihues, J. 2017, Interview S. 19). Das Bildungsunternehmen „The School of Life" schlägt eine Gebäudehöhe von fünf Stockwerken vor, da sich Menschen ab sechs Etagen zu klein und bedeutungslos fühlen würden (vgl. The School of Life 2015). Die befragten Expert*innen sind da teilweise anderer Meinung. Für Kleihues sind fünf Geschosse in urbanen Räumen zu wenig (vgl. Kleihues, J. 2017, Interview S. 19). Auch Ehmayer-Rosinak betont, dass in früheren Zeiten vier bis fünf Stockwerke in städtischen Quartieren eher üblich waren. Heutzutage wohnen die städtischen Einwohner*innen in der Regel höher als früher. Sie vertritt die Meinung, dass sich damit auch die

Einstellung zur Gebäudehöhe geändert hat und somit mehr als fünf Stockwerke durchaus als attraktiv gelten könnten. Für die Breitenwirkung reicht laut Ehmayer-Rosinak eine Gebäudehöhe von 25 bis 30 Metern aus, was in Deutschland die Grenze zum Hochhaus bedeutet (vgl. Ehmayer-Rosinak, C. 2017, Interview S. 12). Generell sollte immer das Verhältnis von Platz- oder Straßengröße zu Gebäudehöhe beachtet werden. Ein Entwurfsprinzip lautet daher: Je größer ein Platz ist, desto höher muss die Randbebauung sein. Dabei ist die Berücksichtigung des menschlichen Maßstabs als Orientierung stets erforderlich (vgl. Würstlin, W. 2017, Interview S. 23).

Wird die Perspektive der Fußgänger*innen betrachtet, sind vor allem die Erdgeschossfronten deutlich im Blickfeld. Je höher das Stockwerk ist, desto unklarer werden die oberen Fassadenabschnitte aus dem Straßenniveau wahrgenommen (vgl. Gehl, J. 2015, S. 58).

Daher ist aus Sicht der Fußgänger*innen vor allem die Gestaltung der Sockelzone von hoher Bedeutung. Dies hängt mit einer angemessenen Beschaffenheit der Stadträume, wie beispielsweise Straßenprofile, Plätze und Kreuzungen zusammen. Ob Hochhäuser in dem jeweiligen Stadtraum geeignet sind, hängt unter anderem von diesem Faktor ab: „Das kann wunderbar sein, muss nicht wunderbar sein" (Kleihues, J. 2017, Interview S. 14). Gehl gibt in seinem Werk „Städte für Menschen" als Beispiel für eine typische Fußgängerstadt Venedig an, die von zahlreichen Gassen, kleinen Plätzen, besonderen Details und eher niedrigen Gebäuden geprägt ist. Als Gegenbeispiel wird Dubai mit einem regen Autoverkehr, breiten Straßen sowie Wolkenkratzern genannt. In dem Fall ist es wichtig, dass die Gebäude und Stadträume größer dimensioniert und leichter überschaubar sind, da ab einer gewissen Geschwindigkeit die autofahrenden Personen keine Details mehr erfassen können (vgl. Gehl, J. 2015, S. 61f.).

Wird die Perspektive der Bewohner*innen der Gebäude betrachtet, ist das Beobachten des Stadttreibens und die Kommunikation vom Boden bis zur fünften Etage möglich. Ab dem sechsten Stockwerk ändert sich dies grundlegend, da das Erkennen von Personen oder Details auf der Straße nicht mehr möglich ist. Laut Gehl gehören Wohnungen und Büros ab dieser Höhe nicht mehr wirklich zur Stadt (vgl. ebd., S. 59). Noch wichtiger als die Gebäudehöhe ist die Stellung der Gebäude: „Ein orientierungsloses Wohnen in Hochhäusern schafft keine Raumdifferenzierung" (Würstlin, W. 2017, Interview S. 23).

Abbildung 4: Der Schnoor in Bremen
Quelle: Copyright: Ingrid Krause / BTZ Bremer Touristik-Zentrale. o.J., URL: http://images.bremen-tourismus.de/index.php?/category/116.

Das gemütliche Gängeviertel ist für Fußgänger*innen gemacht und geprägt von zahlreichen Gassen, Cafés, Galerien sowie Kunsthandwerkbetrieben mit der Liebe zum Detail. Die Gebäude im Schnoor sind dem Maßstab entsprechend niedrig.

Die Stadtidentität

Was bedeutet Stadtidentität für die Attraktivität eines Wohnumfeldes und warum wird die raumbezogene Identität von Experten immer wieder hervorgehoben?

Vergleichbar mit der Corporate Identity eines Unternehmens ist die Stadtidentität zu betrachten. Entscheidend hierfür ist ihr Erscheinungsbild (Stadtdesign), ihre Kultur und ihre Kommunikation.

Infrastruktur, Architektur, Begrünung und auch ein einheitliches Stadtwappen prägen das äußere Erscheinungsbild einer Stadt und machen sie einmalig. Die Mentalitäten der in ihr lebenden Menschen, ihre Werte, Normen und Traditionen bestimmen die Stadtkultur.

Die Kommunikation der Stadt nach außen festigt und stärkt weiter ihre Identität und gibt ihr die Möglichkeit, sich in besonderer Art und Weise darzustellen und Visionen zu verkörpern. Alle drei Komponenten stehen in Wechselwirkung zueinander und definieren die Raumidentität (vgl. Deppert, J. 2009, S.4).

„Eine Stadt ist etwas, das einen gemeinsamen Körper hat. Dieser Körper ist sichtbar, da steht eine Masse von Gebäuden herum. Dieser Stadtkörper muss aber auch eine Stadtseele haben."

(Bernhard, S. 2006, zitiert nach Doppert, J. 2009, S.3)

Um das Wohlergehen der Bürger*innen in ihrem Wohnumfeld zu sichern, muss eine stadtbezogene Identität nach außen und innen wirken. Ziel ist es, dass Bürger*innen sich mit ihrem Wohnumfeld identifizieren, soziale Bezüge schaffen und ihr Umfeld aktiv mitgestalten und formen.

So wird es möglich, der Stadt eine Seele zu geben, die wiederum den Menschen das Gefühl der Heimat vermittelt. „Eine Stadt ist etwas, das einen gemeinsamen Körper hat. Dieser Körper ist sichtbar, da steht eine Masse von Gebäuden herum. Dieser Stadtkörper muss aber auch eine Stadtseele haben" (Bernhard, S. 2006, zitiert nach Doppert, J. 2009, S.3). Hierzu ergänzt die Stadtpsychologin Cornelia Ehmayer-Rosinak:

„(...) wenn Menschen dort wohnen, wo sie es als schön empfinden, dann sind sie zufriedener, engagieren sich mehr und es entsteht weniger Vandalismus (...)."

(Ehmayer-Rosinak, C., 2017, Interview, S. 6.)

Die Wurzel einer Stadtidentität ist in ihrer Geschichte und somit historisch zu begründen. Die architektonische und städtebauliche Identität von Städten und Dörfern hat sich über Jahrhunderte aufgrund von Rohstoffvorkommen, Wetterbedingungen und geographischer Lage entwickelt und die Bautradition geprägt. Als Beispiel sei hier das Münsterland mit seiner Ziegelbauweise als ältestes und einfachstes Baumaterial Europas genannt (vgl. STadtbauförderung von Bund, 2015, S. 3).

Der Architekt Jan Kleihues sagt hierzu:

„Ganz wichtig ist die Geschichte der Stadt und die Tradition. Gesunde, gewachsene Städte bauen auf gewisse Grundprinzipien, oder auf einer Grundidee, (...) einer baulichen Tradition (...) auf" (Kleihues, J. 2017, Interview S.15). Auch sagt er: „(...) es ist ganz, ganz wichtig, das Gedächtnis einer Stadt zu erhalten oder weiterzuführen. Man kann nicht einfach die Geschichte der Stadt ignorieren und sie weiterbauen. (...) weil letztendlich wird durch die Globalisierung immer alles gleicher" (ebd.).

Wissenschaftler*innen vertreten hier einstimmig die Meinung, dass Stadtidentität als ein „emotionaler Standortfaktor" bewertet und in die Prozesse der Stadtplanung integriert werden muss (vgl. Hilber, M., Götze, L. 2012, S.17).

Mobilität

In den ersten Jahrzehnten nach dem Zweiten Weltkrieg liegt der Fokus der Stadtplanung, begründet in der rasant wachsenden Verbreitung des Automobils, auf einer Verkehrsinfrastruktur, die sich nach den Bedürfnissen des Individualverkehrs richtet. Die damit einhergehenden großen Umweltbelastungen sowie die immer größer werdende Kritik nicht-motorisierter Verkehrsteilnehmer bewirken, dass dieses Konzept der autogerechten Stadt von vielen Experten infrage gestellt wird (vgl. Armstrong, P., Baldenhofer, K., Bar-Gal, Y., u. a. 2001).

Im Jahre 2015 nahm die Verkehrsfläche 5,07% der gesamten Bodenfläche Deutschlands ein (vgl. Meunier, C., Stoll, J., Schoen, L., u.a. 2017). Durch die Bodenversiegelung kann das Regenwasser weniger versickern und bewirkt, dass es bei starken Regenfällen zu Überflutungen kommt. Zusätzlich verlieren viele Tiere ihren angestammten Lebensraum und die natürliche Bodenfruchtbarkeit erfährt durch seine Versiegelung eine starke Beeinträchtigung seiner Qualität (vgl. Meunier, C., Stoll, J., Schoen, L., u.a. 2013). Durch die Verbrennung fossiler Quellen als Antrieb des Autos werden umweltschädliche Klimagase wie Kohlendioxide, Methan und Lachgas freigesetzt und sind mitverantwortlich für Treibhausgas-Emissionen. 38% der Emissionen wurden im Jahre 2015 durch den Verkehr verursacht (vgl. Meunier, C., Stoll, J., Schoen, L., u.a. 2017).

Die Massenmotorisierung trägt nicht nur zur Umweltbelastung bei, sondern beeinflusst zudem die städtischen Infrastrukturen und wirkt sich negativ auf die Wohn- und Lebensqualität aus. Die vom Verbrennungsmotor freigesetzten giftigen Luftschadstoffe wie Stickstoffoxide und Feinstaub führen nachweislich zu großen gesundheitlichen Beeinträchtigungen des Menschen und seiner Umwelt (vgl. Umweltbundesamt 2012, S.3). Das Umweltbundesamt schätzt, dass zwischen 2007 und 2015 etwa 45.300 vorzeitige Todesfälle durch Feinstaub verursacht wurden (vgl. Meunier, C., Stoll, J., Schoen, L., u.a. 2016).

Der Energieverbrauch in Deutschland:
Deutschlands Privathaushalte verbrauchen mit 30% am meisten Energie. Mit 28% folgt der Verkehr, mit 26% die Industrie und mit 16% das Gewerbe (vgl. Landeszentrale für politische Bildung Baden-Württemberg, 2008).

Charles Montgomery ist der Meinung, dass nicht nur die sozialen Beziehungen eine wichtige Rolle in attraktiven Städten spielen, sondern definiert in seinem Buch den Verkehr als deutliche Gefahrenquelle für unsere Lebensqualität und Gesundheit. „Aside from the financial burden, people who endure long drives tend to experience higher blood pressure and more headaches than those with short commutes. They get frustrated more easily and tend to be grumpier when they get to their destination" (Montgomery, C. 2015, S. 84).

Neben dem Lärm, durch den sich mehr als die Hälfte der deutschen Bevölkerung belästigt fühlt (vgl. Meunier, C., Stoll, J., Schoen, L., u.a. 2017) und die Luftverschmutzung, die die Bürger*innen einschränkt, ist es auch der Platzanspruch des Individualverkehrs, der immer größere Teile des öffentlichen Raums in Anspruch nimmt. „Gravierend ist der Flächenverbrauch durch parkende Autos. Der (...) öffentliche Raum, der vordere Bereich, die Straße ist seit langem nicht mehr Ort der Begegnung, des Aufenthaltes und der Selbstdarstellung, sondern nur noch zum Verkehrsraum, vor allem als Massenstellplatz, degradiert" (Würstlin, W. 2007, Interview, S.19).

„Weniger motorisierter Individualverkehr ist die größte Hoffnung aller Innenstadtbewohner."

(Würstlin, W. 2017, Interview S. 19)

Der Stadtplaner Wolfgang Würstlin sagt dazu: „In der Folge führt die Massenmotorisierung zu weiterer Attraktivitätsminderung der Innenstadt. Mehr Menschen ziehen an den Stadtrand und sind weiterhin auf das Automobil angewiesen. Ein Teufelskreis, den es zu durchbrechen gilt" (Würstlin, W. 2007, Interview, S. 19). Bike- und Car-Sharing-Angebote, die den Pkw-Bestand auf 10% reduzieren (vgl. Würstlin, W. 2007, Interview S. 20), der Ausbau des ÖPNVs sowie die Erweiterung von Fuß- und Radwegen sind Lösungsansätze, um den hohen Individualverkehr zu minimieren.

„Es fehlt nur aktuell der politische Wille. Aber auch da bewegt sich bereits einiges. (...) Weniger motorisierter Individualverkehr ist die größte Hoffnung aller Innenstadtbewohner."

(Würstlin, W. 2007, Interview S.19)

Abbildung 5: Stau auf Moskaus Garden Ring
Quelle: URL: https://commons.wikimedia.org/wiki/File:High_traffic.jpg.

Abbildung 6: Parkplätze in New York City
Quelle: Lot. 2007, URL: https://www.flickr.com/photos/alex92287/3379625639.

5. TEIL

INTEGRATION IN DEN PLANUNGSPROZESS

Um eine Beständigkeit der herausgearbeiteten Richtwerte sicherzustellen, soll nun überprüft werden, an welchen Stellen im formellen Planungs- und Beteiligungsverfahren die Attraktivität verankert werden kann. Auf Ebene der Bundesländer greift das Bauordnungsrecht (Anforderungen an die bauliche Beschaffenheit von Gebäuden), in dem auch das Baugenehmigungsverfahren geregelt ist (Landesbauordnung). Für Planungen im Bundes- oder Landesmaßstab finden entsprechende Fachplanungsgesetze zur Regelung spezifischer Planung Anwendung. Bei überörtlicher Planung wird sich nach dem Recht der Raumordnung und Landesplanung gerichtet, das im Raumordnungsgesetz (ROG) festgehalten ist. Für örtliche (Bauleit-) Planung ist das Städtebaurecht zuständig, welches zusammenfassend im Baugesetzbuch (BauGB) geregelt ist. Da diese Arbeit die Attraktivität von Wohnquartieren thematisiert, wird genauer auf den örtlichen Planungsprozess beziehungsweise die Bauleitplanung eingegangen. Dabei handelt es sich um das wichtigste Instrument zur Regelung des Städtebaus.

„Aufgabe der **Bauleitplanung** ist es, die bauliche und sonstige Nutzung der Grundstücke in der Gemeinde [...] vorzubereiten und zu leiten" (§1 Abs. 1 BauGB). „Die Bauleitpläne sollen eine nachhaltige städtebauliche Entwicklung, die die sozialen, wirtschaftlichen und umweltschützenden Anforderungen auch in Verantwortung gegenüber künftigen Generationen miteinander in Einklang bringt, und eine dem Wohl der Allgemeinheit dienende sozialgerechte Bodennutzung gewährleisten"
(§1 Abs. 5 BauGB).

Zur Erfüllung dieser Aufgaben werden Instrumente wie Flächennutzungspläne, Bebauungspläne, städtebauliche Verträge oder auch das Vorverkaufsrecht eingesetzt. Das Verfahren der Bauleitplanung selbst gliedert sich in zwei Ebenen, dem Flächennutzungsplan und dem Bebauungsplan. Dabei gilt:

„Im **Flächennutzungsplan** ist für das ganze Gemeindegebiet die sich aus der beabsichtigten städtebaulichen Entwicklung ergebende Art der Bodennutzung nach den voraussehbaren Bedürfnissen der Gemeinde in den Grundzügen darzustellen" (§5 Abs. 1 BauGB).

„Der **Bebauungsplan** enthält die rechtsverbindlichen Festsetzungen für die städtebauliche Ordnung. Er bildet die Grundlage für weitere, zum Vollzug dieses Gesetzbuchs erforderliche Maßnahmen" (§8 Abs. 1 BauGB).
„Bebauungspläne sind aus dem Flächennutzungsplan zu entwickeln. Ein Flächennutzungsplan ist nicht erforderlich, wenn der Bebauungsplan ausreicht, um die städtebauliche Entwicklung zu ordnen" (§8 Abs. 2 BauGB).

Der Flächennutzungsplan hat eine vorbereitende Funktion und ist nicht rechtlich bindend. Die beabsichtigte Bodennutzung wird in Grundzügen dargestellt. Der Bebauungsplan regelt die Art und das Maß der baulichen Nutzung. Es handelt sich dabei um eine Ortssatzung mit Außenwirkung, die auch rechtsverbindlich zu betrachten ist. Dabei werden verbindliche Festsetzungen für die weiteren, zum Vollzug des Gesetzes, erforderlichen Maßnahmen getroffen.

Der Ablauf des Bauleitverfahrens ist in neun Stufen im BauGB festgelegt. Um festzustellen, an welchen Stellen Richtwerte zur Sicherstellung beziehungsweise Förderung von Attraktivität greifen können, wird das Verfahren in all seinen Stufen vorgestellt. Das förmliche Verfahren beginnt mit dem Aufstellungsbeschluss des Gemeinde- beziehungsweise Stadtrats (vgl. §2 Abs. 1 BauGB). Darauf wird der Vorentwurf des Bebauungsplans erarbeitet. Der nächste Schritt beinhaltet die erste Beteiligung. Es findet eine frühzeitige Bürger(innen)beteiligung zum Vorentwurf statt (vgl. §3 Abs. 1 BauGB) und Träger öffentlicher Belange haben die Möglichkeit sich zu beteiligen (vgl. §4 Abs. 1 BauGB). Aufbauend auf den Ergebnissen der ersten Beteiligungsphase wird ein förmlicher Bebauungsplanentwurf erarbeitet. In Folge wird die zweite Stufe der Beteiligung eingeleitet. Dabei besteht die Möglichkeit nochmals eine frühzeitige Bürger*innenbeteiligung durchzuführen oder lediglich die Planunterlagen öffentlich auszulegen (vgl. §3 Abs. 2 BauGB). Im Anschluss dazu müssen die Anregungen und Stellungnahmen aus der öffentlichen Auslegung abgeschätzt und gegebenenfalls ergänzt werden (vgl. §3 Abs. 2 BauGB). Insofern keine Änderungen notwendig sind, muss die Gemeinde den Bauleitplan beschließen. Sobald der Bebauungsplan nicht aus einem Flächennutzungsplan resultiert, ist die Durchführung des Genehmigungs- oder Anzeigeverfahrens bei oberen Verwaltungsbehörden vorgesehen. Der Bebauungsplan tritt durch Bekanntmachung in Kraft (vgl. §10 Abs. 3 BauGB).

Die meisten Expert*innen befanden die frühzeitige Bürger*innenbeteiligung als essenzielles Instrument für die Attraktivitätsförderung bei der Planung von Wohnquartieren. Dabei müsste diese noch stärker verankert werden, damit sie nicht so leicht umgangen werden kann. Für Magdalena Konieczek-Woger ist es besonders wichtig zu erfahren wie sich die (zukünftigen) Bewohner*innen eines Stadtquartiers ein attraktives Umfeld vorstellen, um dies als Qualitätssicherung in den Planungsprozess miteinfließen zu lassen (vgl. Konieczek-Woger, M. 2017, Interview). Hier kann eine stärkere Einbeziehung der Bürger*innen in frühen Phasen des Bauleitplanungsverfahrens hilfreich sein. Dabei muss beachtet werden, dass es sich bei den Bewohner*innen meist um Laien handelt und das Prinzip: „not in my backyard" verfolgen, wie der Architekturexperte anmerkte und deshalb sollten diese Anregungen immer durch Planungsexpert*innen reflektiert werden und nicht nur übernommen werden (vgl. Kleihues, J. 2017, Interview). Dadurch entsteht durch die Bürger*innenbeteiligung und das Expert*innenwissen eine produktive Symbiose zur Planung attraktiver Wohnquartiere. Dazu müssten sich mehr Bürger*innen beteiligen, um eine ausreichend kritische Masse zu generieren. Auch weitere Instrumente wie städtebauliche Verträge werden als sinnvoll für die Schaffung von attraktiven Quartieren gesehen. So sieht beispielsweise der Drittel-Mix mindestens 30% sozialen Wohnungsbau vor und fördert somit eine attraktive soziale Durchmischung. Von Seiten der Senatsverwaltung werden die rechtlichen Instrumente zur Attraktivitätsförderung bereits als ausreichend und passend empfunden. Auch aus stadtpsychologischer Sicht ist die Integration von Attraktivität in den Planungsprozess nicht notwendig, die Bürger*innenbeteiligung sollte jedoch früher beginnen. Vielmehr wird nochmals betont, wie wichtig dialogorientierte und partizipative Planung ist (vgl. Ehmayer- Rosinak, C. 2017, Interview). Die Attraktivität sollte individuell in den Masterplänen für konkrete Planungsgebiete festgelegt werden.

Das BauGB entstand in den 1980er Jahren aus dem BBauG der siebziger Jahre. Damals galt es ganz andere Herausforderungen zu bewältigen als heute. Laut dem Stadtplanungsexperten stand vielmehr die Grundstücksverwertung im Vordergrund als eine attraktive Stadtgestaltung (vgl. Würstlin, W. 2017, Interview). So ist es nach §35 BauGB leichter, auf nicht erschlossenen Weise zu planen, als auf nachhaltige Weise in einem verdichteten Ortsgebiet. Das Planen im städtischen Bestand wird nicht gefördert. Die Auflagen der Bebauungspläne nehmen ständig zu und erschweren eine attraktive Stadtplanung. Die Forderungen im BauGB müssten auch nach dem Architekten überarbeitet werden und dem Attraktivitätsverständnis angepasst werden. Die Festlegung einer maximalen Dichte ist veraltert. Wie anhand von attraktiv geltenden Städten wie Paris oder Rom festgestellt wird, sind dort beliebte Quartiere deutlich dichter geplant als es für deutsche Städte möglich ist (vgl. Kleihues, J. 2017, Interview). Auch die Festlegung von monostrukturellen Gebieten gilt als unattraktiv und ist im BauGB festgelegt. Dies müsste im BauGB und schließlich in den Bebauungsplänen verbessert werden. Die übereinstimmende Expert*innenmeinung ist, dass keine neuen Instrumente von Nöten sind, sondern vielmehr der Umgang der Instrumente überdacht und angepasst werden muss.

6. TEIL

DAS LEITBILD „DIE SCHÖNE STADT"

Die attraktive Stadt kann auch als Zusammenfassung aktueller Leitbilder, wie die Stadt der kurzen Wege oder auch die nachhaltige Stadt gesehen werden. Somit ist auch eine Reduzierung des motorisierten Individualverkehrs vorgesehen und kurze Wege, sodass die Menschen mehr zu Fuß erledigen und sich mehr bewegen. Attraktivität wird bei diesem Leitbild nicht nur als optisch ansprechend gesehen, sondern auch im Sinne von lebenswert und glücklich. Laut der Stadtpsychologin richtet sich das Leitbild einer attraktiven Stadt nach dem Prinzip: Das, was gesund und nicht schlecht für den Menschen ist, ist auch gut für das Wohnquartier. Eine attraktive Stadt ist gleich auch eine aktive Stadt, in der sich die Bewohner*innen beteiligen und sich auch außerhalb ihrer vier Wände aufhalten können. Aus architektonischer Sicht ist die attraktive Stadt eine Stadt, die auf ihren Wurzeln aufbaut und ihre Identität trotz stetigem Wandel nicht verliert. Gleichzeitig müssen Planer*innen immer vorausschauend denken und nicht den Status Quo zementieren, wie der Experte aus der Stadtplanung verdeutlicht.

Auf Architektur und Städtebau bezogen bedeutet dies, dass kurze Wege zu den Einrichtungen des täglichen Bedarfs bestehen. Das Wohnquartier ist überschaubar, mit zentralen Begegnungsorten gestaltet, sodass Nachbarschaftsnetzwerke gefördert werden. Die zugelassene Dichte sollte erhöht werden, sodass eine bessere Durchmischung möglich ist. Dadurch entstehen wiederum kürzere Wege. In Bezug auf die Grün- und Freiflächen sind sowohl dezentrale, kleinere Grünflächen attraktiv als auch zentrale, größere Flächen, die als naher Erholungsort dienen. Für die Architektur gilt „Ordnung in der Vielfalt", wie bei den Gründerzeitbauten, als besonders attraktiv. Die Gebäudehöhe muss sich nach der Qualität des Wohnquartiers richten. Dabei muss unter anderem auf Verschattung geachtet werden, aber auch auf eine ausreichende Dichte durch Höhe, wenn ein belebtes Quartier geschaffen werden soll. Diese Leitsätze fördern die Gestaltung von attraktiven Wohnquartieren.

7. TEIL

FAZIT

Städte stellen für immer mehr Menschen den zentralen Lebensraum dar. Es ist die Aufgabe von Planer*innen, Bürger*innen und einer Vielzahl weiterer Akteur*innen ein attraktives Stadtbild zu gestalten. Dieses befindet sich in einem stetigen Wandel und wird insbesondere durch langlebige Architektur und Infrastruktur geprägt. Ebenso langfristig und essentiell ist die Identität einer Stadt. Menschen wollen in einem schönen Wohnumfeld leben. Es gibt tatsächlich Elemente, die im städtischen Kontext als allgemein attraktiv gelten, dennoch kann dies nicht wie ein Muster auf jede Stadt übertragen werden. Daher ist die Identität einer Stadt umso bedeutsamer. Sie kann sich durch eine lokale Materialität, die Geschichte oder ein bestimmtes Flair ausdrücken. Wichtig ist, dass attraktive Städte individuell, aufbauend auf eine Geschichte geplant werden, und nicht nur funktionell und allgemeingültig zur Befriedigung der Bedürfnisse der Bewohnerschaft entstehen oder weiter-geplant werden. Um eine Stadtidentität zu fördern und zu bewahren, ist es wichtig, sich als Kommune und somit Repräsentant der allgemeinen Bauordnung deutlich zu definieren und klare Vorgaben zu vertreten, die auch für große Wirtschaftsunternehmen im Stadtgebiet verbindlich sind. Der Stadtplaner Wolfgang Würstlin sagt hierzu:

„(...) mehr Mut zu sinnvollen Lösungen, auch Mut zu Fehlern. Bürokraten und ihre Richtwerte sollten gebremst werden(...). Die Vielzahl der Regelungen und Reglementierungen führt zudem dazu, die Kreativität auszubremsen."

(Würstlin, W. 2017, Interview S. 16)

Für eine attraktive und zukunftsorientierte Stadtentwicklung benötigt es eine Überholung der vorhandenen Planungsinstrumente, die die angestrebte Planung oftmals nicht unterstützen sondern deutlich erschweren. Bei der Planung gibt es kein eindeutiges „richtig" oder „falsch". Es ist vielmehr die Kreativität und Beteiligung von diversen Akteur*innen gefragt, die natürlich durch Expert*innen geleitet werden. Hierfür müssen aktuelle Reglementierungen kritisch diskutiert und gegebenenfalls angepasst werden. Diese Arbeit hat aufgezeigt, wie das Planungsverfahren auf kommunaler Ebene geregelt ist und sie hat dargestellt, wie es in Hinblick auf eine attraktive Stadtplanung aus Sicht unterschiedlicher Akteur*innen verbessert werden kann. In weiteren Schritten könnte dies auf weiteren Planungsebenen wiederholt werden.

Ebenfalls wurden auf kleinem Maßstab (Wohnquartier), verschiedene Aspekte aus der Kategorie Architektur und Städtebau in Hinblick auf die Attraktivität eines Wohnquartiers genauer beleuchtet. In einer weiterführenden Arbeit könnte diese Untersuchung auf weitere Kategorien ausgeweitet werden. Bereits im Bereich Architektur und Städtebau wurde deutlich, dass die einzelnen Aspekte schwer getrennt voneinander betrachtet werden können, da das städtische Quartiersleben gerade ein Zusammenspiel vieler verschiedener Elemente ausmacht. Deshalb wäre dieser weitere Schritt umso interessanter. Zusammenfassend ist zu sagen, dass eine Orientierung hin zu zukunftsbewussten und nachhaltigen Leitbildern essentiell für das übergreifende Leitbild einer attraktiven Stadt ist. Eine attraktive Stadt ist, wie in der Arbeit beschrieben, auch eine gesunde Stadt.

QUELLEN- UND LITERATURVERZEICHNIS

PRINT

Asendorpf, J. B., Neyer, F. J. (2012): Psychologie der Persönlichkeit. 5. Auflage. Berlin, Heidelberg: Springer Verlag.

Axt-Gadermann, M. (2013): Warum Achterbahn fahren attraktiver macht und Schokolade vor Falten schützt: Beauty-Tipps für eine unwiderstehliche Ausstrahlung. Neueste Erkenntnisse aus der Wissenschaft. München: Herbig.

Deppert, J. (2009): Hausarbeit. Image und Identität von Städten. Wie viel Image kann Stadtmarketing wirklich schaffen? Johannes-Gutenberg-Universität Mainz.

Ehmayer-Rosinak, C. (2012): Dissertation. Die „Aktivierende Stadtdiagnose" als eine besondere Form der Organisationsdiagnose. Ein umwelt- und gemeindepsychologischer Beitrag für eine nachhaltige Stadt- und Gemeindeentwicklung. Wien.

Ermer, K., Hoff, R., Mohrmann, R. (1996): Landschaftsplanung in der Stadt. Stuttgart: Ulmer.

Flade, A. (2006): Wohnen psychologisch betrachtet. Bern: Huber.

Flick, U. (2009): Qualitative Methoden in der Evaluationsforschung. In: Zeitschrift für Qualitative Forschung 10, S. 9-18.

Gehl, J. (2015): Städte für Menschen. Berlin: Jovis Verlag.

Grammer, K. (1993): Signale der Liebe: die biologischen Gesetze der Partnerschaft. Hamburg: Hoffmann und Campe.

Hellbrück, J., Fischer, M. (1999): Umweltpsychologie. Göttingen: Hogrefe Verlag.

Henss, R. (1987): Zur Beurteilerübereinstimmung bei der Einschätzung der physischen Attraktivität junger und alter Menschen. In: Zeitschrift für Sozialpsychologie. Band 18, 118 - 130.

Hilber, M., Götze, D. (2012): Stadtidentität der Zukunft – Wie uns Städte glücklich machen. Berlin: Jovis Berlin.

lLiffe, A. H. (1960): A study of preferences in feminine beauty. Blackwell Publishing Ltd. KOSIS-Gemeinschaft Urban Audit (2015): Das deutsche Urban Audit. Daten - Indikatoren - Informationen. Mannheim.

Luschei, F., Strünck, C. (2015): Was macht Regionen attraktiv?: Entwicklung und Erprobung eines Erhebungsinstruments zur Messung subjektiver Einstellungen. Universität Siegen.

Maderthaner, R. (1995): Soziale Faktoren urbaner Lebensqualität. In: Wohlbefinden in der Stadt. Weinheim: Psychologie Verlags Union.

Mikula, G., Stroebe, W. (1991): Theorien und Determinanten der zwischenmenschlichen Anziehung. In: Amelang, M.; Ahrens, H.J.; Bierhoff, H.W. (Hrsg.): Attraktion und Liebe. Formen und Grundlagen partnerschaftlicher Beziehungen. Göttingen: Hogrefe, 61-104.

Montgomery, C. (2013): Happy City. Transforming our lives through urban design. London: Penguin Random House UK.

Montgomery, C. (2015): Happy City. Transforming our lives through urban design. London: Penguin Random House UK.

Morse, S. J. et al. (1974): The „eye of the beholder": Determinants of physical attractiveness judgments in the U.S. and South Africa. Blackwell Publishing Ltd.

Niketta, R. (1993): Das Stereotyp der physischen Attraktivität. In: Hassebrauck, M., Niketta, R. (Hrsg.): Physische Attraktivität. Göttingen: Hogrefe, 163-200.

Zimbardo, P., Gerrig, R. (2008): Psychologie. München

ONLINE

Architektenkammer NRW (2016): Stadt Wollen, Dichte und Urbanität. URL: http://www.aknw.de/fileadmin/user_upload/News-Pdfs/2016_09/aknw_manifest.pdf, zuletzt aufgerufen am 06.08.2017.

Armstrong, P., Bar-Gal, Y., Becker, C., et al. (2001): LEXIKON DER GEOGRAPHIE, autogerechte Stadt. URL: http://www.spektrum.de/lexikon/geographie/autogerechte-stadt/667, zuletzt aufgerufen am 27.08.2017.

Bundesministerium für Umwelt, Naturschutz, Bau und Reaktorsicherheit (2017): Baugesetzbuch (BauGB). URL: http://www.bmub.bund.de/themen/stadt- wohnen/staedtebaurecht/baugesetzbuch/, zuletzt aufgerufen am 01.08.2017.

Census and Statistics Department (2012): 2011. Population Census. Summary Results. URL: http://www.census2011.gov.hk/pdf/summary-results.pdf, zuletzt aufgerufen am 31.08.2017.

Herzog, Thomas und Shier, Rhonda (2000): Complexity, Age, and Building Preference. URL: http://scholarworks.gvsu.edu/cgi/viewcontent.cgi?article=1007&context=psy_articles, zuletzt aufgerufen am 24.08.17.

Klupp, M. (2014): Klein, kleiner, mikro. BundesBauBlatt online. URL: www.bundesbaublatt.de/artikel/bbb_Klein_kleiner_mikro_1987397.html, zuletzt aufgerufen am 18.08.2017.

Landeszentrale für politische Bildung Baden-Württemberg. (2008): Energie und Nachhaltigkeit. Probleme – Zielkonflikte – Lösungsansätze. URL: https://www.lpb-bw.de/1102.html?&MP=1073-8697&cHash=6a9f1ec4c2e329d1a8d92f185199bd08&tx_crilpbeventmodule_pi1%5B0%5D=0&tx_crilpbeventmodule_pi1%5BshowUid%5D=12355, zuletzt aufgerufen am 27.08.2017.

Langenscheidt Digital GmbH & Co. KG (o.J.): Latein-Deutsch Übersetzung für „attrahere". URL: https://de.langenscheidt.com/latein-deutsch/attrahere, zuletzt aufgerufen am 26.08.2017.

Meunier, C., Stoll, J., Schoen, L., Zinsius, C. (2016): Gesundheitsrisiken der Bevölkerung durch Feinstaub. URL: https://www.umweltbundesamt.de/daten/umwelt-gesundheit/gesundheitsrisiken-der-bevoelkerung-durch-feinstaub#textpart-1, zuletzt aufgerufen am Aufruf 27.08.2017.

Meunier, C., Stoll, J., Schoen, L., Zinsius, C. (2013): Bodenversiegelung. URL: https://www.umweltbundesamt.de/daten/bodenbelastung-land- oekosysteme/boden-versiegelung#textpart-4, zuletzt aufgerufen am Aufruf 27.08.2017.

Meunier, C., Stoll, J., Schoen, L., Zinsius, C. (2017): Straßenverkehrslärm. URL: https://www.umweltbundesamt.de/themen/verkehrlaerm/verkehrslaerm/strassenverkehrslaerm#textpart-1, zuletzt aufgerufen am 27.08.2017.

Schindler, I., Hosoya, G., Menninghaus, W., Beermann, U., Wagner, V., Eid, M., Scherer, K. (2017): Measuring aesthetic emotions: A review of the literature and a new assessment tool. PLOS ONE. URL: http://journals.plos.org/plosone/article?id=10.1371/journal.pone.0178899, zuletzt aufgerufen am 01.08.2017.

Städtebauförderung von Bund, Ländern und Gemeinden (2015): Memorandum der Expertengruppe Städtebaulicher Denkmalschutz. Besonders erhaltenswerte Bausubstanzen und Stadtidentität in der integrierten Stadtentwicklung. URL: www.bmub.bund.de/.../memorandum_besonders_erhaltenswerte_bausubstanz_bf.pdf, zuletzt aufgerufen am 25.08.2017.

Statista (2017): Anteil der in Städten lebenden Bevölkerung in Deutschland und weltweit von 1950 bis 2030. URL: https://de.statista.com/statistik/daten/studie/152879/umfrage/in-staedten- lebende-bevoelkerung-in-deutschland-und-weltweit/, zuletzt aufgerufen am 22.08.2017.

Stiftung Die Grüne Stadt (2012): Positionen zur lebenswerten Stadt. Auszüge aus dem Global Garden Report. URL: http://www.die-gruene-stadt.de/positionen-zur-lebenswerten- stadt-report-2012.pdfx, zuletzt aufgerufen am 24.08.17.

The Economist Intelligence Unit (2016): Global Liveability Ranking 2016. URL: https://www.eiu.com/public/topical_report.aspx?campaignid=liveability2016, zuletzt aufgerufen am 01.08.2017.

The Economist Intelligence Unit (2016): The world's most liveable cities. Liveability is declining in a fifth of cities surveyed. URL: https://www.economist.com/blogs/graphicdetail/2016/08/daily-chart-14, zuletzt aufgerufen am 27.08.2017.

The School of Life (2015): Chapter 5: Culture: Architecture. On How to Make an Attractive City. URL: http://www.thebookoflife.org/how-to-make-an-attractive-city/, zuletzt aufgerufen am 28.08.2017.

Umweltbundesamt (2012): Daten zum Verkehr. URL: https://www.umweltbundesamt.de/publikationen/daten-verkehr, zuletzt aufgerufen am 27.08.2017.

GESETZESTEXT

Baugesetzbuch (BauGB) in der Fassung der Bekanntmachung vom 23.09.2014, BGBl. I S. 2414, zuletzt geändert durch Artikel 118 der Verordnung vom 31. August 2015, BGBl. I S. 1474.

VORLESUNG

Hollenstein, A. (2016): Empirische Ästhetik. Welche Umgebungen und Objekte finden Menschen schön? [Vorlesung] 16. November 2016 Potsdam: Fachhochschule Potsdam.

ABBILDUNGEN

Abbildung 1: Gründerzeitfassade: 2016
Quelle URL: https://pixabay.com/de/antike-architektur-gebäude- stadt-1867594.

Abbildung 2: Fassaden mit detailreichen Verzierungen: 2017
Quelle URL: https://pixabay.com/p- 1868270/?no_redirect.

Abbildung 3: Wong Tai Sin Public Housing Estate: 2010
Quelle: URL: https://commons.wikimedia.org/wiki/File:Wong_Tai_Sin_Public_Housing_Estate_2010.jpg.

Abbildung 4: Der Schnoor in Bremen
Quelle: Copyright: Ingrid Krause / BTZ Bremer Touristik-Zentrale. o.J., URL: http://images.bremen-tourismus.de/index.php?/category/116.

Abbildung 5: High Traffic. Garden Ring. Moscow: 2007
Quelle: URL: https://commons.wikimedia.org/wiki/File:High_traffic.jpg.

Abbildung 6: US Open Parking
Quelle: Lot. 2007, URL: https://www.flickr.com/photos/alex92287/3379625639.

TABELLE

Tabelle 1: Kategorien und Merkmale
Eigene Darstellung, adaptiert nach KOSIS-Gemeinschaft Urban Audit 2015